# 자본의 성별

**LE GENRE DU CAPITAL**
by Céline BESSIÈRE and Sibylle GOLLAC
© Editions La Découverte, Paris, 2020

Korean translation copyright © 2024 by Book21 Publishing Group
This translation of LE GENRE DU CAPITAL first edition is published by Book21 Publishing Group by arrangement with Editions La Découverte through Suum literary Agency.

# 자본의 성별

## 가족은 어떻게
## 불평등을 재생산하는가

셀린 베시에르•시빌 골라크 지음

이민경 옮김

arte

일러두기

1 이 책은 Céline Bessière, Sibylle Gollac의 *Le genre du capital*(Éditions La Découverte, 2020)을 우리말로 완역한 것이다.

2 외국 인명 및 지명 표기는 국립국어원의 외래어표기법을 따르되, 일부는 통용되는 표기를 따랐다.

3 본문 중 [ ] 안의 내용은 저자가, 〔 〕 안의 내용은 역자가 덧붙였다.

4 원주 중 각주는 번호를 알파벳으로, 후주는 번호를 숫자로 표시해 구분했다. 역주는 내주로 〔 〕 안에 넣고 끝에 '— 옮긴이'를 달았다.

5 원서에서 강조를 위해 이탤릭으로 표시한 부분은 고딕 볼드로 표시했다.

6 도서는 『 』, 논문 등 짧은 글은 「 」, 간행물은 《 》, 영화, 음악 등은 〈 〉, 기사 및 통계조사는 ' '로 묶었다.

## 차례

## 3장 강력한 (남)자인가 비참한 (여)자인가에 따라



## 4장 평등법으로 포장된 성차별적 회계

## 5장 세금의 그늘 아래서 여성을 희생해 이룬 가족의 평화



## 6장 부의 불평등을 보상하는 정의?

## 들어가며

그의 이름은 잉그리드다. 노르망디에 흔한 그의 성은 르바바쇠르다. 노예의 노예라는 뜻이다. 그는 1987년 프랑스 외르에서 태어났다. 센강에서 멀지 않은 지역이다. 그는 자매 및 형제 세 명과 함께 어머니 손에서 컸다. 어머니는 그들을 키우며 가사도우미로, 후에는 간병인으로 일했다. 난폭한 알코올 중독자였던 아버지는 구세군에 정기적으로 도움을 받았고, 자주 자리를 비웠다. 16세 때 잉그리드는 어떤 학위도 없이 어머니의 집을 나섰다. 그는 서버, 캐셔, 전화교환원과 같은 일을 전전하다가 결혼을 하게 된다. 두 아이가 태어난다. 둘째가 태어난 지 일 년 뒤 그는 이혼한다. 잉그리드는 24세가 된다. 야간 구조대 구급대원으로 일하면서 그는 간호조무사 교육을 받는다. 잉그리드는 처음에는 공공기관에서 임시직으로 일하다가 루앙에 있는 사설 병원에서 계약직으로 일한다. 간호사가 되기 위한 학비가 없었기 때문에 간호사 되기를 포기했다. 2018년, 잉그리드는 한 달에 1250유로를 벌고, 주거 보조금 95유로, 양육비 200유로를 받는다. 이것으로 8세와 13세 두 아이를 돌봐야 한다. 잉그리드는 퐁드라르슈의 작은 집에 세들어 살고 있으며,

20킬로미터 떨어진 루앙의 직장에 다니기 위해 아이들을 돌봄센터에 맡겨야 한다. 휴가라곤 일 년에 사흘간 몽생미셸로 캠핑을 가는 게 전부다. 잉그리드는 아이들 운동화를 사거나 매달 냉장고를 채우느라 고군분투한다. 자기 자신을 위한 지출은 일절 없애 버렸다. 미용실, 스포츠, 외식 같은 건 없다. 그는 거의 시간을 내지 못한다. 2주에 한 번 정도 주말에 아이들이 아버지 집에 갈 때를 제외한다면.

잉그리드 르바바쇠르는 2018년 '노란 조끼 운동mouvement des Gilets jaunes'의 얼굴이 되었다.[1] 눈에 잘 띄는 빨간 머리카락과 보티첼리풍 이목구비를 지닌 그는 통계가 오랫동안 묘사해 온 바, 즉 한부모가족에서 심각하게 두드러지는 여성 빈곤을 미디어 속에서 드러내는 인물이 되었다. 잉그리드 르바바쇠르는 정치적 대의를 가지고 그렇게 나섰고, 2019년 봄에 이르러 자식을 혼자 기르는 여성들을 위한 활동과 양육, 주거를 제공하는 연결망을 만들어 낸다.

노란 조끼 운동은 이전에는 절대로 미디어에 등장하지 않던 서민계층의 알려지지 않은 장면들을 드러냈다. 수많은 여성들이 광장[2]이나 시위[3]에서 존재를 드러냈다. 그들 가운데 대다수는 이혼했고, 혼자서 아이를 키우고, 아이를 키울 수 있는 수단이 거의 없다. 마이크를 잡은 이들은 양육비 미지급 문제와, 제한적이나마 사회보장체계의 지원을 받는 데에서 가족수당기금CAF이 요구하는 긴 행정절차에 대해서 말했다. 그들은 어떻게 하루하루 벌어서 먹고사는지, 아이들의 욕구를 자신의 욕구보다 앞세우며 사는지 말했다. 어떤 이들은 남편과 함께 살았다. 장을 보고 비용을 함께 부담했다. 그들은 실업, 시간제 일자리, 정권에 따라서 바뀌는 주당 근무시간과 줄어든 임금에 대해서 이야기했다. 다른 이들은 월급 받는 자리를 떠나 자영업자가 되었지만, 그 말이 소득을 얻는다는 뜻은 아니었다. 은퇴한 여성들도 있었고, 이들은 때때로 과부였고, 살아가기에 불충분한 수준으로 연금을 턱없이 적게 받았다. 서민계층에서 돈 문제는 곧 여성의 문제였다.[4]

그의 이름은 매켄지다. 그는 1970년 캘리포니아 샌프란시스코의 부유한 가정에서 태어났다. 아버지는 자산관리사였고 어머니는 가정주부였다. 그는 프린스턴대학교에서 토니 모리슨의 문학 강좌를 들으며 소설가의 꿈을 키웠다.

1990년 초에, 그는 뉴욕 소재 펀드회사인 디이쇼D. E. Shaw & Co에서 일했다. 그의 말에 따르면 글을 쓸 수 있도록 '먹고살게 해 주는' 직업이었다. 그곳에서 매켄지는 미래의 남편인 컴퓨터 프로그래머 제프 베조스를 만난다. 그 역시 프린스턴에서 학위를 받았고, 헤지펀드의 수석 부사장이 되었다. 그가 매켄지를 고용했고, 매켄지 옆자리에 자기 자리를 마련했다. 1993년 그들은 결혼했다. 그때 매켄지는 23세였고, 제프는 30세였다. 다음 해, 그들은 서쪽으로 이동해 시애틀 외곽에 집을 빌려 살았다. 바로 그때 연안으로 이동하는 동안 매켄지가 운전대를 잡고 제프가 조수석에 앉아 있으면서 새로운 회사에 대한 비즈니스 플랜이 생겨났다. 인터넷을 통해서 책을 파는 서점에 대한 발상이었다. 이 회사는 이듬해 '아마존'이라는 이름으로 세상에 등장하게 된다. 창업 초기, 매켄지는 그에 많이 기여했다. 매켄지는 회계를 보고, 초기 고용에 관여하고, 전략적인 결정을 맡았다. 그리고 국제 운송 서비스를 통해서 초기 주문을 발송했다. 몇 년 뒤 회사가 세계 최대 온라인 도소매 업체가 되고 나서 매켄지는 이렇게 말했다. "차고를 개조한 사무실에서, 지하 창고에서, 바비큐 냄새가 나는 사무실 혹은 크리스마스의 홍분이 가득한 물류센터에서, 나는 그를 비롯해 많은 사람들과 함께 일했다." 1999년에는 첫아이가 태어났고, 이후 세 아이가 더 태어났다. 매켄지와 제프는 천만 달러짜리 집으로 이사했고, 이후 매켄지는 회사와 거리를 두었다. 또한 매켄지는 아이들 넷을 돌보기 위해서 소설가로서의 야망을 접어 두었다. 보모를 고용할 수도 있었지만 아이들이 학교에 가는 일정 시점에 이르기까지는 직접 아이를 돌보고 싶었다. 그리고 그는 10년 동안 짬짬이 작업한 첫 번째 소설을 2005년 내놓는다. 두 번째 작품은 2013년에 발표한다. 매켄지는 평단으로부터 좋은 평가를 받았지만, 판매량은 그저 그랬다. 몇천 부 정도가 팔려 나간 게 고작이었다(서점들은 이 책의 판매를 거부했는데, 그 이유는 남편이 운영하는 회사가 경영에 타격을 주었기 때문이었다[5]).

결혼 25년 차인 2019년 1월 9일, 매켄지와 제프는 트위터를 통해서 다음과 같이 이혼 사실을 알린다. "저희는 저희 삶에 벌어진 변화를 다음과 같이 여러분들께 알리고자 합니다. […] 저희는 이혼을 결정했고 저희 삶을 친구로서 이어 나가기로 했습니다. […] 결혼한 부부로서 저희는 아름다운 삶을 영위했고, 친구로서, 양육자로서, 회사와 프로젝트의 파트너로서, 또한 모험을 이어 가는 개인으로서 서로의 미래가 찬란하기를 바랍니다." 이 메시지는 평화롭고 성공적인 이혼을 연출하였는데, 그들의 지인을 향했다기보다는 금융시장, 투자자, 주주 들을 겨냥한 것으로 보였다. 이 일에는 세계에서 가장 규모가 큰 부의 향방이 달려 있었다. 그들의 공동재산은 1300억 달러에 해당하는 규모였고, 당연하게도 아마존 자본 가운데 커다란 부분을 차지했다(총 주식 중 16%). 그들이 거주하고 재산을 증식한 워싱턴주에서는 이혼을 할 경우 결혼 기간 동안 축적한 재산이 공평하게 둘로 분배되어야 했다. 현재 프랑스 민법상 부부 재산에 기본적으로 적용되는 '혼중취득재산공동제'도 법리상 이와 같다. 아마존뿐 아니라 항공우주기업 블루 오리진, 일간지 《워싱턴포스트》 등 주로 기업들로 구성된 베조스의 재산에 일어날 변화에 대해, 전 세계 신문 기사 수백 건이 우려를 표했다. 아마존 주식의 8%가 한 여성의 손으로 넘어갈 것이고, 따라서 아마도 제프 베조스가 통제권을 잃을 것이며, 세계 금융계가 흔들리게 될 것이었다.[6] 세 달 뒤, 이혼의 세부 사항이 트위터를 통해서 발표되었다.[7]

"다행히도 제프와의 이혼 절차가 끝났음을 여러분께 알리게 되었습니다. 염려해 주신 많은 분들 덕분에 저희는 서로를 지지하는 사이로 남게 되었습니다. […] 《워싱턴포스트》와 블루 오리진의 제 지분 전부, 아마존 주식의 75%와 제 의결권을 그의 행보와 이 멋진 기업을 지지하는 차원에서 제프에게 넘겨주었음을 기쁘게 밝히는 바입니다"라고 매켄지는 적었다. 제프 베조스는 아마존의 최대 주주로 남았고 통제권을 지키게 되었다. 그는 여전히 세계에서 가장 부유한 남자이다. 부유한 이들 가운데, 그리고 슈퍼리치들 사이에서, 자본은 남성의 얼굴을 하고 있다.[8]

## 부의 불평등, 사회계층과 성별

잉그리드 르바바쇠르와 매켄지 베조스의 삶 사이에는 대양 같은 수백만 가지의 차이가 놓여 있다. 르바바쇠르의 자산은 자동차 한 대, 약간의 저축—분명 몇천 유로 될까 말까 한 정도의 금액—정도일 것이다. 매켄지 베조스가 이혼으로 위자료 35억 달러를 얻은 것과 대비

된다. 토마 피케티Thomas Piketty가 『21세기 자본Le Capital au xxie siècle』에서 밝혔듯이, 자산 불평등은 오늘날 자본주의의 핵심적인 특징 중 하나다.[9] 소득 불평등보다 훨씬 강력한, 이 자산 불평등이 두 사람의 세계를 갈라 놓는 틈을 설명할 수 있을 것이다. 「2018년 세계 불평등 보고서」에 따르면, 유럽, 미국, 중국 인구의 상위 1%가 전체 자산의 3분의 1을, 상위 10%가 전체 자산의 70%를 소유하는 반면, 하위 50%는 총 자산의 2%밖에 가지고 있지 못하다.[10]

21세기 초에 생활여건과 사회적 지위의 차이는 가족 내 경제자본의 이동과 긴밀하게 연결되어 있다. 이 자본은 부동산 소유가 사회적으로 개인을 구별하는 표지('제대로 된' 주소를 가지고 있느냐)로 기능한다는 맥락에서 중요하게 작용한다. 안정적으로 임금노동을 할 수 있는 일자리가 점점 줄어드는 가운데, 가족의 경제적 지지는 사업을 할 때, 사업을 유지할 때, 대출을 갚을 때, 가족 자산으로부터 추가적인 수입을 얻을 때 필수로 기능하게 된다. 학력자본 역시 가족이 축적한 경제자본의 운용 여부에 점점 더 영향을 받고 있다.[11] 삶의 물질적 여건은 가장 어린 시기부터 학업성취에 영향을 준다.[12] 가족의 부가 부재한 경우에는 학업의 향방과, 학위를 취득한 이의 사회적 장래가 강하게 제약된다.

다른 말로 하자면, 잉그리드 르바바쇠르가 겪고 있는 경제적인 취약성은 아이들의 학업에 큰 영향을 미치고 이들이 사회적으로 성공할 확률도 줄인다. 다행히 그의 아이들이 학교를 훌륭히 마치고 봉급을 많이 주는 일자리를 얻었다고 해도, 이들은 자산을 축적하기 위해 시간을 추가로 벌어야만 한다. 학업으로 인해 쌓인 부채를 갚고, 보유할 만한 자산을 얻고, 저축을 할 수 있게 되기까지 시간이 든다는 것이다. 그러는 동안 매켄지 베조스의 아이들은 수많은 대학에 접근 가능할 것이다.

그의 세 아들과 딸 한 명은 집을 얻기 위해서 대출을 하지도 않을 것이고, 사업을 하기 위해서 손을 벌리지도 않을 것이다. 대학에서의 학업 성취가 나쁘더라도 그럴 것이다.

노란 조끼 운동과 '울트라 리치'의 등장은 우리 사회에서 계층이 구조화되는 데 경제자본이 얼마나 중요하게 작용하는지를 드러낸다. 하지만 마르크스가 이야기했듯 생산관계가 빈부를 낳는다고 하더라도, 이들은 시장영역에서만 존재하는 게 아니다. 가족 내에서도 가정 내 생산관계가 존재하여, 부의 축적과 전승이 이루어지고, 사회계층을 가르는 영역이 유지된다. 크리스틴 델피Christine Delphy가 1960년대에 이야기했듯이, 가족의 자산은 아내의 무료 노동을 착취함으로써 축적되고 전승되며, 이 자산에 대해서 아내의 소유권은 극단적으로 제한되어 있다.[13] 사회적인 위계는 여성을 수단화함으로써 재생산되는 것이다. 대부분 임금노동을 통해서 살아가는 오늘날의 사회에서는 어떨까? 여성 배우자와 남성 배우자의 권리, 더 일반적으로 말하자면 여성과 남성의 권리는 조금씩 평등해져 가고 있을까?

잉그리드 르바바쇠르와 매켄지 베조스의 운명은 정반대를 향하고 있지만, 그럼에도 이 두 여성에게는 약간의 공통점이랄 게 존재한다. 부부 내에서 이 여성들은 양육의 의무를 맡고 있으며 가정경제를 잘 유지할 의무를 갖고 있다. 그리고 이들은 직업적인 차원에서 스스로를 희생했으며, 자신이 원하는 프로젝트를 포기하거나 미루어야 했다. 그들의 직업은 하나의 커리어를 유지한다기보다는 여러 가지 활동을 부분 부분 이어 가는 형태였다. 둘은 모두 이혼을 했고, 법적 조언을 받아서 이혼을 진행했다(잉그리드에게는 변호사가 한 명이었겠지만 매켄지에게는 여러 명이었으리라는 점에서는 분명한 차이가 있겠다). 이 여성들에게, 이혼은 이전 상황에 비한 빈곤화를 불러왔다. 한 달에 아이당 양육비 100유로를 받아서는 잉그리드가 아이들의 교육비와 생활비를 감당하기 힘들었을 것이다. 오늘날 누가 한 달에 100유로로 프랑스에서 아이를 먹이고, 재우고, 입힌단 말인가? 매켄지 베조스의 경우는 부부가 함께 만든 재산의 절반에 대한 권한이 있으나, 그는 이혼 시점에 전 남편에게 막대한 부를 넘기고 자기 권한을 포기했다.

사회적 사다리의 양극단에 있는 이 두 여성의 상황이 근본적인 질문을 던지고 있음을 알 수 있다. 왜 서민계층에서 돈 문제를 겪는 이들은 여성들일까? 왜 사회적 사다리를 올라가 볼수록 그 맨 꼭대기에서 모든 경제적 권력을 독점하고 있는 건 남성들일까? 역사적으로 볼 때 법적 차별이 여성들로 하여금 부를 축적하지 못하도록 막는 현상은 전 세계적으로 두드러졌다. 서구 사회에서 노동권, 가족의 권리, 재산권의 평등은 19세기와 20세기에 들어서야 이뤄 낸 성취라고 할 수 있다. 하지만 공식적으로는 평등을 주장하는 이 권리들이 존재함에도, 남성들은 계속해서 여성들보다 더 많은 부를 쌓아 갔다.

## 여성의 노동, 남성의 급여

성별에 따른 경제적 불평등이 여성이 일을 덜 하기 때문에 일어난다고 생각하는 사람들에게는 여성들이 남성들만큼, 때로는 더 오래 일한다는 사실을 일깨울 필요가 있다.[14]

지난 두 세기 넘게 여러 분야에서(농업, 공업, 상업, 혹은 기타 산업 등) 여성의 노동을 특징짓는 점은 그 비가시성과 법적이고 경제적인 인정의 부재라고 할 수 있다.[15] 주로 여성에 의해 가족 차원에서 이루어지는 가사노동은 무료 노동의 대표주자이자 인정도 받지 못한다.[16] 가정 내 생산은 국민계정에 포함되지 않는다. 국가의 부는 시장 차원에서의 교환을 목적으로 하는, 혹은 공공행정에 의해 만들어지는 재화와 서비스의 생산만을 집계한다.[17] 예를 들어서 보육 서비스는 국부에 포함된다고 보지만 어머니가 같은 활동을 할 때에는 집계하지 않는다. 가정 내 생산이 계산에 포함된다면, 2010년 기준 프랑스의 국내총생산은 33%, 영국은 63%, 독일은 43%, 2014년 미국의 국내총생산은 23% 더 높았을 것이다.[18]

이 비가시적인 데다 무료인 국내 생산은 대체로 여성에 의해서 수행된다. 2010년 프랑스에서 유자녀 부부 가운데 여성은 주에 54시간 노동하는데, 이 중에서 34시간은 무료 노동이며 20시간은 직업노동으로 분류된다. 같은 가정에서, 남성은 51시간으로 주에 3시간 덜 일한다. 남성들의 경우 가사노동을 하는 시간은 18시간이고 33시간은 직업적인 노동을 한다.[19] 결국 여성의 노동에 무료 노동이 훨씬 더 많이 포함된다.

프랑스통계청INSEE(이하 통계청)이 여성과 남성의 활동 기록을 바탕으로 집계한 이 수치들은, 여성의 노동시간이 가사노동에서건 직업노동에서건 지나치게 분산되는 것을, 다른 이들의 필요를 위해서 끊임없이 중단되는 것을 고려하지 않는다.[20] 여성들은 또한 급여를 받는 노동을 하는 중에도 가사노동에 대한 **정신적 부담**을 계속해서 지게 된다.[a] 탁아소나 학교에서 아이가 아플 때 먼저 부르는 건 엄마 쪽이다. 여

a 　'정신적 부담'이라 함은 과업과 관련된 심리적인 무게로, 가사노동 영역

성들은 여러 가지 과업을 동시에 수행한다(아이를 지켜보는 동시에 살림을 한다거나). 또한 필요에 따라 계속해서 방해를 받는다. 그러나 남성들의 활동은 직업노동이든 가사노동이든(조립, 보수, 정원일, 혹은 요리) 시공간적 측면에서 한계가 덜하다. 1980년대에, 프랑수아 드 생글리François de Singly는 통계를 통해서 여성들의 가사가 그들의 커리어에는 방해가 되고 배우자에게는 도움이 된다고 밝혔다.[21]

따라서 임금 불평등은 가족 내에서, 임금노동 시장에서, 그리고 직업적 위계의 상하위에서 누적된 수많은 불평등이 압축된 것이다.[22] 여성들은 보수를 덜 받는 영역—주로 교육 혹은 돌봄—에 종사한다(잉그리드 르바바쇠르는 요양보호사라는 점에서 전형적이었다). 가족을 돌보아야 하기 때문에 여성들은 시간제노동을 택하곤 한다. 그들의 커리어가 진척되는 속도는 더 느리고, 많은 경우 급여를 더 받는 위치로 승진하는 것을 막는 유리천장에 부딪히게 된다.[23]

오늘날, 서구사회는 여남 간의 급여 평등을 주요한 문제로 다루는 듯 보인다. 하지만 안타깝게도 동일노동 동일임금이라는 접근으로도 모든 것을 해결할 수는 없다. 통계와 정치의 레이더에는 포착되지 않는 여성과 남성 간의 경제적 불평등이 존재하는데, 문제는 이 통계와 정치

과 직업노동 영역 모두에서 존재한다. 이는 과업을 수행하는 일 자체뿐 아니라 이를 해야 한다고 생각하고, 언제 어떻게 할 것인가를 생각하는 일을 포함한다. 예를 들어, 일을 할 때에도 저녁에 무엇을 먹을 것인지, 어떻게 장을 보아야 하는지, 아이를 하교시키고 방과후 교실에 데려다주고 숙제를 도와주는 사이에 어떻게 시간을 배분할지 고민하는 문제라고 할 수 있다.

가 개인의 사회경제적인 위치와 향방을 구조화하고 이를 집적하며 그 다음 세대로 전승한다는 데 있다.

## 소득 불평등에서 자산 불평등으로

따라서 경제적 불평등을 측정하기 위해서는 소득뿐 아니라 자산에도 관심을 가져야 한다. 개인 수준에서, **자산**patrimoine, **부**richesse, **자본**capital은 전부 현대의 경제 연구에서 동의어로 쓰이며 한 사람이 특정한 시점에 소유하고 있는 자원을 일컫는 용어로 쓰인다. 땅일 수도, 부동산일 수도, 금융자산 혹은 법인일 수도 있다. 자산은 가치를 보유(다른 말로 **축적**)하고 있는 경제적 자원이며 그 가치를 실현해서(예를 들면 매각해서) 미래에 유동성을 보장할 수 있는 속성을 지니고 있다.[b] 개인의 자산은 소득과 독립적일 수 없으며, 그의 자산을 구성하는 재화를 축적 혹은 획득하게 해 준다(예를 들어 자동차나 아파트를 구입할 때). 그러나 시장을 거치지 않고 가족 내에서 생산되고, 교환되고, 계승되는 부 역시도 중요한 요인이다.

b 토마 피케티의 『21세기 자본』 82~89쪽에 언급된 정의를 인용한다. 고전 마르크스주의 정의와는 반대로, 피케티는 **자본**이라는 개념을 소유자가 현금화를 기대하는 생산과정에서 사용된 자산의 요소로 국한하지 않고, 땅과 자연에서 얻은 자원도 포함하였다. 소유주로서의 권리를 행사할 수 있다면 자산은 가치를 지닌다(예를 들어 금과 같이). 따라서 그의 **자본** 개념 정의는 경제학에서 **부** 혹은 **자산**의 정의와 동일하다고 볼 수 있다.

여남 간 자산 불평등은 최근 조명받고 있는 연구 주제다. 통계 분석 결과는 오늘날 전 세계에서 남성이 여성보다 더 많은 부를 거머쥐고 있음을 드러낸다.[24] 성별에 따른 소득의 불평등을 생각해 보면 그 이유를 듣지 않는다 하더라도 놀랍지는 않다. 그러나 이는 프랑스와 같은 국가들에서 결혼 생활 내에 부부가 투자로 얻은 결실을 공평하게 나누는 제도로 여겨지는 혼중취득재산공동제 같은 법적 기제에 실은 한계가 있다는 의미이기도 하다. 이성애 결합은 여성을 가정 내 생산에, 남성을 직업적인 영역에 특화시킨 데 따른 이득을 공평하게 나누지 않는다. 특히나 가장 최근 통계자료에 따르면, 프랑스 내에서 여남 간 부의 격차는 점점 증가하고 있다. 그 격차는 1998년 9%였다가 2015년 16%로 늘어났다.[25] 여남 간 부의 불평등 증가는 가구 간 부의 불평등 증가보다 훨씬 덜 알려져 있으나, 그에 못지않게 인상적일 뿐 아니라 가계에 따른 부의 불평등에 실로 동반되는 것으로 보인다. 그러나 **여남 간 자산 불평등**은 분석단위가 부적합하기 때문에 적절하게 측정할 수 없는 문제로 인해 여전히 거의 문서화되지 않은 실정이다.

자산이 여러 사람(특히 부부)이 동시에 소유하고 있는 무언가를 뜻하고, 연구가 한 지붕 아래 사는 사람들을 모은 **가구**라는 척도를 중심으로 진행된다고 할 때, 어떻게 여성과 남성 개개인의 자산을 측정할 수 있는가? 개인별 자료에 접근하기 어려운 문제로 인해, 자그마치 950페이지에 달하는 토마 피케티의 『21세기 자본』에는 성별이라는 변인이 누락되어 있다.[26] 여남 간 자산 불평등을 다루기 위해서는 명료한 통계자료가 뒷받침되어야 하나 자료가 충분하지 않다. 여남 간 자산 불평등을 이해하기 위해서는 가족관계의 속살을 낱낱이 살펴야 한다.

## 가족이 생산하는 부의 불평등 연구하기

여성과 남성 사이의 자산 불평등은 월스트리트가 아니라 가족의 일상에서 생겨난다. 이 불평등은 아내, 남편, 어머니, 아버지, 딸, 아들, 자매, 형제가 조용히 자기 역할을 수행해 나가는 동안 만들어진다. 불평등은 자산이 부채, 동산, 저축 계좌에 든 몇천 유로, 교외의 별장, 파리의 아파트, 시골 가정집으로 구성되어 있는지, 아니면 임대 부동산, 회사 지분, 예술작품으로 구성되어 있는지 여부에 따라서, 서로 다른 사회적 배경마다 상이한 형태로 나타난다. 이 점을 드러내기 위해서는 가족을 새로운 시선으로 바라보아야 한다. 가족은 부를 생산해 내는 단위이기도 하지만, 순환과 통제, 평가를 포함하여 **가족 내 경제구조**라고 부르는 것을 이루고 있기도 하다. 사회학자로서 우리들은 20년 동안 현대 프랑스 사회에 존재하는 가장 빈곤한 수준부터 가장 부유한 수준에까지 위치한 평범한 가정들의 경제구조를 분석해 왔다. 비가시화된 이 구조는 무척 상이한 형태를 띨 수 있다. 예를 들면 보증금, 재정적 원조, 무상거주, 무이자 융통, 증여, 상속, 추천, 학업 지원, 노인 돌봄, 동거, 육아, 양육비 등. 가족관계는 사적 영역으로 간주되어, 가족의 경제적 영역에 대해 언급하는 것은 때로 거북함을 불러일으킨다.[27] 이 주제에 대해서 연구하기 위해서는 자료와 방법을 다양화해야 했다.

우리는 우선 **가족에 대한 모노그래프**를 작성하였다. 즉 많은 사람들에 대해 참여관찰과 심층면담을 때때로 반복하거나 서로 교차시켜 진행했다는 뜻이다.[28] 연구 참여자들은 자신들의 일상을 공유하기를 허락해 주거나, 결혼식, 장례식, 축제 등 특별한 가족 행사에 참여하게 해 주었다. 그들은 우리를 재워 주기도 했다. 또한 이들은 우리에게 공증문서 혹은 호적, 우편, 사진 등의 사적인 자료들을 보여 주기도 했다. 1997년부터 2005년까지 이 방법론을 취하면서, 본 연구의 공동연구자 중 한 명인 셀린 베시에르는 코냑 지역 와인 산지의 가업승계를 연구하였다.[29] 이와 같은 방식으로, 공동연구자 중 다른 한 명인 시빌 골라크는 다양한 계층의 가족이 취하는 부동산 전략을 연구하였다. 그중 어떤 가족에 대해서는 15년 이상 연구했다.[30]

가족 모노그래프를 연구하면서, 우리는 가족의 경제적 이전에 대해 가능한 한 자세히 묘사했다. 이전 과정을 가족 집단의 시각에서, 가족을 이루는 각 구성원 개인들의 시각에서, 그리고 가족관계의 변화 과정이라는 시각에서 장기적으로 관찰했다. 그 결과 다음과 같은 사실들을 확인할 수 있었다. 예를 들어 자매와 형제는 부모의 유산을 상속하는 과정에 대해 각각 달리 이야기했고, 계산하는 대상과 방식이 달랐고, 공정함과 상속의 의미에 대한 견해가 달랐다. 가족 내 경제구조는 결코 단지 돈과 재산에 관한 문제만이 아니다. 이는 비비아나 젤라이저Viviana Zelizer가 보여 준 대로 감정, 도덕적 의무, 가치관, 정의에 대한 원칙, 혹은 명예 문제가 혼합된 **친밀한 거래**[31]로서, 그들의 상호적인 관계가 만들어 낸 긴 역사에 새겨져 있는 것이다. 이러한 과정에서 남성과 여성은 같은 위치에 있지 않다. 그들은 서로 다른 행위를 하고, 다른 욕구를 가지며, 그들의 가족 역시 그들에게 기대하는 것이 다르다.

이와 같은 가족 이야기가 본서의 몸통이라 할 수 있다. 이 이야기들은 각 이야기의 주인공이 자신의 **일상적** 생활 속에서 의미화한 바에 최대한 가깝게 그 가족 내 경제구조를 이해하는 데 도움을 준다.[32] 물론 우리는 가족생활에 접근하게 해 준 모든 이들의 성과 이름을 익명으로 처리하였고, 그들이 사는 지역도 가렸다.[c]

하지만 가족 모노그래프로는 충분하지 않았다. 다량의 사례를 대상으로 적용하기에는 적절하지 않고, 또 상이한 사회적 배경을 가진 가족들 간 비교를 어렵게 만드는 방법론이었기 때문이다. 따라서 우리는 통계청에서 진행된 자산 조사의 통계자료를 해당 방법론과 함께 활용하였다. 여성과 남성 사이의 자산 불평등에 대한 우리의 탐구를 더 발전시키기 위해, 우리는 가족 내 경제구조의 일상적인 면이 아니라 이 경제구조를 공식적으로 구체화하고 명시하는 두 가지 비일상적인 순간, 즉 이혼과 상속에 관한 현장조사를 실시했다.

갈라서기, 물려받기. 이 두 사건은 관련 법률 조항이 존재한다는 특징이 있다. 가족법뿐만 아니라 세법과 사회보장법도 개입되며, 일상적으로 구축된 가족 내 경제구조는 가족 관련자 간에 적용되는 권리와 의무를 준수하도록 조정되어야 한다. 따라서 이러한 순간에 당도한 사람들은 관련된 법률 전문가들을 만나게 되며, 이들의 사회적 배경에 따라 그 전문가들은 이들을 더 또는 덜 적극적으로 도울 수 있다. 그리하여 우리의 연구는 새로운 장소로 이동하게 되었다. 그 장소는 예를 들면 공증사무소, 가족법 전문 변호사 사무실, 그리고 지방법원의 가정법원 등이다. 우리는 본서의 기반이 되는 가족 모노그래프 연구를 각각, 따로 진행하였지만 공증인 연구는 함께 진행하였다. 변호사들에게서 얻은 자료는 2008년 이후의 공동조사를 통해 획득한 것이다.[33] 연

c 인명의 경우, 당사자의 출생 연도에서 본명과 유사한 빈도로 나타나는 다른 이름을 가명으로 선택해 대체했다. 지명의 경우, 종종 원래 지역과 지리적으로는 멀리 떨어져 있지만 유사한 사회인구학적 특성을 가진 지역에 위치한 지명으로 대체하되 지역들 간 거리도 고려했다.

구 참여자들의 이름은 수정되었다. 이들의 직장 위치를 알아낼 수 있는 정보는 가렸고, 오로지 상황을 이해하고 분석하는 데 필요한 정보만 제공하였다. 법조인과 그들의 고객 및 고소인을 식별할 수 있는 가능성을 배제하기 위하여 상황의 세부 내용을 수정하기도 했다.

본서에서 사용한 인구통계학적 자료는 본서 끝부분의 자료 목록에 자세히 담겨 있다. 인구학적 자료를 추가적으로 더 보고 싶거나 인용된 통계자료의 원본이 궁금한 독자는 다음의 주소로 들어가면 된다. http://justines.cnrs.fr/les-actualites/le-genre-du-capital/.

## 자본의 성별

특정 사회계층은 부를 독점하고 한 세대에서 다음 세대로 이어지게 유지하는 반면, 다른 계층은 이를 지속적으로 박탈당해 온 상태로 존재한다. 또한 여성들은 남성들보다 축적하는 부의 양이 적다. 자본에 대해서, 계층 불평등과 성별 불평등을 별도로 이해할 수 있는 방법은 없다. 다른 나라, 특히 미국의 맥락에서 진행된 연구 역시 부의 불평등에서 인종적인 차원이 차지하는 바를 기록해 두었다. 우리는 이 불평등을 구성하는 요소로 연령과 세대도 고려할 것이다. 우리의 연구는 교차적인 관점에서, 복수의 지배관계를 위계화하지 않으면서 살펴보고자 한다.[34] 가족 내 경제구조를 탐구하면서, 우리는 이러한 다양한 불평등의 역동이 분리 불가능한 구체적 장소들을 연구한다.

가족의 부의 축적과 분배가 이루어지는 장소와 시간에 초점을 맞춤으로써, 가족을 자본주의적이고 냉정한 세상에서 감성적 안식처로 여기는 통념을 깰 수 있다. 오히려 가족은 생산, 유통, 통제, 평가의 경제조직으로 인정되어야 한다. 이 점을 가족과 불평등에 대한 학문적 문헌 속에 우리의 연구를 위치시키는 제1장에서 이야기할 예정이다. 제2장에서는 가족의 담론과 통계자료를 활용하여, 부의 생산, 유통, 통제 및 평가 기제가 **가족 재생산 전략**에 미치는 영향을 설명한다. 우리는 이 장에서 해당 전략이 여성의 자산 축적에 불리하다는 점을 보여 줄 것이다. 우리는 다음으로 법률 분야 전문가들의 사무실로 들어간다. 즉, 가족 내 경제구조가 법의 언어로 공식화되고, 이에 따라 공인되는 비밀 장소에 입장하는 것이다. 가족관계로 엮인 여성들과 남성들은 자신들의 사회적 배경에 따라 여러 법률 전문가들과 만나게 되는데, 이 전문가들은 다양한 수준의 지원을 제공하고 고객들이 가족법 및 재산법을 다룰 수 있도록 돕는다. 공증인과 변호사의 활동은 가장 부유한 가족들의 재산 유지와 전달을 촉진해 계층 간 경제적 불평등을 강화한다. 동시에, 이들은 여성과 남성 간 자산 불평등을 은폐하고, 정착시키며, 합법적인 것으로 만드는 데 기여한다(제3장). 상속재산의 분할과 부부 재산의 청산은 공식화된 회계로 드러난다. 이는 겉으로는 중립적이고 기술적으로 보이나, 사실 남성 중산층에게 호의적인 성별 규범을 포함한다. 이런 **성차별적 회계**는 법률 전문가들이 여성을 배제하고자 하는 명백하고 의식적인 의지를 발휘한 결과는 아니나 여성에 대한 불평등을 심화하는 데 일조하는데, 그 결과는 사회적 배경에 따라 다양한 형태로 나타난다(제4장). 가족 내 불평등은 가족의 평화를 유지하기 위하여 거의 도전받지 않으며, 이를 뒤집기 위해서는 여성들이 많은 비용을 치러야 한다. 특히 가족이 갖춘 부의 규모에 따라, 이혼과 상속 시 재산 분할 조정은 세금과의 작은 또는 큰 타협으로 이어질 수 있다. 세금 회피는 가족의 유대감을 강화시키는 강력한 재료로 작용하지만, 종종 가족 내에서 덜 부유한 구성원, 특히 가족 내의 여성들에게 손해를 입힌다(제5장). 그다음으로는, 커플이 헤어질 때(결혼한 부부이든 아니든) 사법제도가 이 성차별적인 메커니즘을 뒤집지 못함을 보여 준다. 이별의 경제적 결과를 보상하기 위한 법률적 도구와 절차는 불평등하다. 또한 판사, 특히 여성 판사들은 여성과 남성이 가족의 부의 창출에 기여하는 바를 덜 의식하거나, 성차별적인 시각에 따라 판결을 적용한다(제6장). 나눌 재산은 없지만 관리해야 할 예산의 제약이 있는 가족의 경우 남성과 여성, 아버지와 어머니 들의 경제 상황은 이혼 이후 여러 공공기관의 교차점에서 결정된다. 법원뿐만 아니라 가족수당기금과 사회복지 지원 창구도 그렇다. 여성들은 일상적인 아이 돌봄을 담당할 뿐만 아니라 생활비를 얻기 위한 모든 행정절차도 처리해야 한다. 행정당국 앞에서 여성들은 청구자의 위치에 놓이며 사회적 권위나 자신의 배우자에게 금전적으로 의존해야 한다(제7장). 아이를 돌보고, 먹이고, 숙제를 돕고, 교외 활동을 조직한다. 집안일, 인테리어, 주거공간 꾸미기를 담당하고, 안주와 커피를 제공할 준비를 갖추고, 가족모임과 친구들끼리 만나는 저녁식사를 준비하며 세상 사람들과 교류한다. 가게 출납상황을 관리하고, 말단 공무원의 지위를 이용해 사업자본 구성을 위한 대출의 보증 책임을 진다. 배우자의 해외출장을 따라가면서 고객들을 위한 저녁식사도 준비한다……. 부르주아적이든 혹은 좀 더 서민적이든 간에 이러한 모든 여성적 관행[35]들은 가족의 부를 늘리는 데 기여하며, 남성들이 자신의 경력에서 제약을 받지 않게 해 준다. 이러한 실천들은 시간뿐 아니라 문화적 능력을 비롯해 다양한 능력과 자원을 동원한다. 이혼과 상속이 일어날 때, 여성들의 무료 노동으로 이루어진 부가 가족의 부를 생산하는 데 적극적으로 기여한다는 점은 대체로 인식되지 않으며, 논의는 된다고 하더라도 영향을 미치지 않는다. 피에르 부르디외Pierre Bourdieu가 그러했듯이 **자본**을 사회적 이익을 얻을 수 있는 자원의 집합[36]으로 정의한다면, 책의 결론은 다음과 같다. 바로 여성 노동이 가족의 부의 생산과 재생산에 적극적으로 기여하는 반면, 21세기의 자본은 여전히 남성에게 집중되어 있다는 것이다.

# 1

# 경제적 제도로서의 가족

2016년 9월 26일, 뉴욕주 한 대학에서 한 여성과 한 남성이 8400만 명 앞에서 마주 보는 일이 있었다.[1] 힐러리 클린턴은 화면의 오른쪽에 있다. 그는 69세이며 붉은색 의상을 입고 있다. 도널드 트럼프는 화면 왼쪽에 있다. 70세, 어두운 정장과 파란색 넥타이를 착용하고 있다. 이 장면은 미 대통령 선거에서 민주당 후보와 공화당 후보가 벌이는 세 차례의 텔레비전 토론 중 첫 번째이다. 토론이 초반 5분에 접어들 때부터 힐러리 클린턴은 공격을 시작한다. "도널드는 매우 운 좋은 인생을 살았습니다. 그에게는 좋은 일이었죠. 그는 아버지로부터 1400만 달러를 빌려 자신의 비즈니스를 시작했고, 또 그는 정말로 부자를 도와주는 게 더 좋을 거라고 생각하고 그로부터 모든 사람들이 이득을 볼 거라고 생각해요. 그러나 저는 그렇게 생각하지 않습니다! 제 경험은 다릅니다. 제 아버지는 소규모 기업가였습니다. 그는 많이 일했습니다. 그는 긴 테이블 위에서, 고급 직물을 만들기 위해 원단에 인쇄를 했습니다. 그는 원단 롤을 당기고는, 그런 다음 형판을 놓고 페인트를 바르고 연장으로 긁는 등의 작업을 했습니다. [클린턴은 팔을 움직여 직물 제조인의 동작을 흉내 낸 다음 연설대에 손을 올린다.] 그러므로 저는 중간계층에 투자해야 한다고 믿습니다. 우리가 여러분에게, 그리고 여러분의 교육, 기술, 미래에 투자할수록 우리는 더 나아질 것이고, 경제도 더 성장할 것입니다."[2] 당연하게도, 그 연설은 후보자가 상상의 테이블 위에서 직물 제조인의 동작을 모방하는 동작까지도 세심하게 사전에 준비한 결과물이다. 힐러리 클린턴은 상대방을 부유한 가정에서 태어나 행운을 누린 상속자로 그려 내며, 클린턴 자신은 스스로의 노력에만 의존해야 한다는 것을 아버지로부터 배웠다고 말한다. 도널드 트럼프가 방어한다. 그는 자기 아버지의 도움을 절하하고, 본인의 자질 덕분에 강력한 대기업을 건설해 냈다고 역설한다. "우선, 제 아버지가 1975년에 돈을 아주 조금 빌려주셨는데, 제가 이를 바탕으로 세계 최고의 자산 가운데 하나인 수십억 달러 규모의 기업을 세웠다는 점을 말하고 싶습니다. 그리고 제가 이렇게 말하는 이유는 이것이 우리 나라에 필요한 발상이기 때문입니다."[3] 각 발언이 전문적인 커뮤니케이션 팀에 의해 세심하게 준비된 텔레비전 토론에서, 클린턴과 트럼프가 각자의 아버지에 대한 이야기로 대화의 포문을 연다는 것은 놀라울 수 있다. 이런 대립이 드러내는 것 이상으로, 이 안에 감추어진 것이 있다.

## 상속자와 '누군가의 아내'

도널드 트럼프는 뉴욕의 부동산 개발자인 아버지 프레드 트럼프로부터 받은 돈을 언급하지 않으려 자신을 비즈니스맨이자 자수성가한 사람으로 소개했다. 그는 캠페인 동안, 1975년 백만 달러대의 미국

달러 대출("아주 조금")을 받았다고 주장하며 대출을 이미 상환했다고 말했다. 그러나 실제로는, 재정적 지원의 규모는 훨씬 컸다. 토론 사흘 전, 《월스트리트저널》이 증거를 제시하며 도널드 트럼프의 커리어 초반 10년 동안 프레드 트럼프가 아들에게 대출, 대출 보증, 재산 구매 등 다양한 형태로 제공한 지원을 상세히 설명했다. 모든 지원은 도널드 트럼프가 파산 직전 상태일 때 이루어졌으며, 금액은 총 1400만 달러에 이른다.[4] 이 숫자는 힐러리 클린턴이 인용한 것이기도 하다. 사실, 그가 태어난 이래로 부모가 사망한 1999년과 2000년까지 끊이지 않았던 금전 지급과 부동산 증여의 총 규모는 최소 4억 1300만 달러였다.[5] 이러한 양도는 합법적이고 불법적인 방법으로 이루어졌는데, 여기에는 부동산 자산을 과소평가하거나 가짜 유지보수 청구서를 작성하는 등의 방법이 포함된다. 이 불법적인 방법은 기부금과 상속에 대해 당시의 법에서 요구하는 55%의 세금 대신 5%의 세금만 납부하게 해 주었다. 이 내용은 2018년 《뉴욕타임스》에서 2년간 조사한 끝에 밝혀졌고, 이 조사는 퓰리처상을 수상했다.

도널드 트럼프가 뻔뻔하게 거짓말을 하는 한편 힐러리 클린턴은 자신의 이력을 선택적으로 제시하는 경향이 있다. 힐러리 클린턴이 아버지에게 빚진 바에 대해 강조하는 이유 중 하나는 그렇게 하면 전 대통령인 남편 빌 클린턴에게 빚진 바에 대해서는 언급하지 않아도 되기 때문이다. 힐러리의 선거 캠페인은 2016년 기준으로 5000만 달러로 추산되는 부부의 재산과 빌의 강연료, 책, 컨설팅 활동, 그리고 남편보다 정도는 덜하지만 힐러리의 책과 강연료로부터 발생한 것이다. 이 자산은 클린턴 재단에 의하여 관리된다. 두 후보자가 미국 유권자들에게 자신을 재현하는 방법에는 차이가 있지만, 부의 출처에서는 유사성이 있다. 둘 다 어마어마한 부를 쥐고 있으며, 둘 다 부의 출처는 자신의 가족이다. 그럼에도 불구하고 두 사람 모두 개인의 자질을 중시하는 가치관을 지지한다. 클린턴은 사회적 승진을 위한 합법적인 수단으로서의 노동을 극찬하고, 트럼프는 위험을 감수하는 기업가를 사회의 모델로 세운다. 클린턴과 트럼프는 경제성장 동력으로서의 일과 기업의 가치를 전시하며, 가족 간 부의 이전과 관련된 핵심적인 측면을 그림자에 가려지게 했다. 이들이 아버지와 아들, 남편과 아내 사이에서 일어나는 경제적 지원이 자신들의 경력에 어떤 역할을 했는지를 공개적으로 인정하는 일은 일어나지 않을 듯 보인다. 이 장은 가족이 부의 생산, 유통, 통제, 평가가 이루어지는 본격적인 경제조직임을 상기시키고자 한다.

## 상속으로부터 자유로운 가족?

가족 간 경제자원 이전의 중요도를 은폐하는 경향은 도널드 트럼프와 힐러리 클린턴에게서만 드러나는 것이 아니며, 미국에만 해당되지도 않는다. 이는 현대 자본주의사회에서 가족이 변화하는 경향과 유사하며 개혁주의자나 보수주의자 들이 두 세기 동안 이야기한 내용과 흡사한, 가족을 경제에서 분리시키려는 움직임이다. 서구 현대 가족에 대한 이 이야기는 과학적인 설명과 정치적 상상력의 경계에 위치하는데, 이를 요약하면 다음과 같다. 산업화 및 후기 산업화 사회에서 가족은 더 이상 구성원 간의 경제적 상호의존성에 기초하지 않으며 한 세대에서 다음 세대로 이루어지는 경제적인 계승에 초점을 맞추지 않는다. 가족이 경제 권력 측면에서 잃은 것을, 가족 간의 개인적인 관계, 특히 배우자 간 관계 및 부모와 자녀 간의 관계로 대체하게 되었다는 것이다. 간단히 말해, 관계가 재산을 대체하게 되었다. 현대 가족에 대한 이 장구한 이야기는 19세기 프랑스에서 시작되었다. 평등상속을 도입한 이후 의원들과 지식인들 간의 격한 논쟁이 이어졌다.[6] 1804년 나폴레옹 1세가 도입한 민법은 상속인이 직계자손인 경우 성별이나 지위에 관계없이 상속재산을 평등하게 분배하는 내용을 골자로 한다. 동시에, 새로이 독립한 미국은 유언의 자유를 보장하여 자신이 선택한 자연인 혹은 법인에 재산을 유증〔유언을 통해 다른 이에게 유산을 남기는 일—옮긴이〕하는 것이 가능하게 되었다. 1840년, 알렉시 드 토크빌Alexis de Tocqueville은 대서양 양편에서 일어난 상속 혁신에 열광했다. 이 혁신은 장자에게 독점적으로 주어지던 특권에 반한다. 토크빌에 따르면 가족은 이때 물질에서 해방되었고, 그 덕에 "〔부모에 대한〕 자녀의 애정"과 "형제 간의 우애"가 이제 완전히 열릴 수 있게 되었다.[7]

그로부터 50년이 지난 1892년, 프랑스 사회학의 창시자 에밀 뒤르켐Émile Durkheim은 정치적으로 더 급진적이었다. 상속의 종말을 예견한 것이다. 그는 "부부"[8]에 대한 강의에서 "프랑스혁명 이래로 자신의 직위와 위엄을 자식에게 물려주는 것이 허용되었으나, 어느 날 심지어 유언장에 의해서도 자식에게 재산을 남겨 줄 수 없을 것"이라고 말한 바 있다. 그는 더 공정하고 민주적인 사회를 열망했고, 출신의 우연성에 기대지 않으며 오로지 능력에 기초한 사회를 바랐다. 이 예언은 가족관계 변화에 대해 토크빌이 한 분석의 연장선에 기반을 두고 있다고 볼 수 있다. 가족은 점점 더 대인對人적인 감정적 관계에 중점을 두고 있거나 그렇게 되어야 하고, 그가 '사물'로 칭하는 것보다 중점을 덜 두거나 그렇게 되어야 한다는 것이다.

그러나 19세기 말에 프랑스에서 상속이 종지부를 찍게 되리라고 예언하는 건 극단적으로 대담한 사건이었다. 경제사를 살펴보면 '벨 에포크'라 불리는 시기('아름다운 시절'이라는 뜻으로, 19세기 말부터 제1차세계대전 발발 전까지 프랑스가 정치·사회·문화·기술적 발전으로 번영했던 시기—옮긴이)에 국가경제에서 상속이 가지는 중요성이 정점에 달했음을 알 수 있다. 이때 부의 불평등은 최고조였다. 제1차세계대전 이전, 최상위 1% 소수 엘리트 계층이 국가 재산의 45%에서 60%를, 상위 10% 부유층까지는 거의 90%를 점했다.[9] 그러나 가족이 점점 더 물질적 측면을 중심에 두지 않는다는 뒤르켐의 주장은 20세기 후반에 들어서면서 실제 시의적인 것이 되었다. 임금 고용이 발달하고, 양차 세계대전 이후 1929년 대공황, '영광의 30년'(제2차세계대전 종전 이후부터 1차 석유파동 직후까지 프랑스가 경험한 경제 호황기—옮긴이) 동안의 인플레이션, 재분배정책의 시행으로 부가 감소하며 19세기의 상속과 지대 중심 사회가 문제시되던 흐름 때문이었다. 따라서 '현대 가족'이 소유보다 유대에 기초하는 개념이라는 생각은 유럽 및 북미 사회과학에서 제법 인기를 끌었다.

1960년, 역사학자인 필리프 아리에스Philippe Ariès는 현대 초기 유럽 부유한 가정에서 "아동 감정"이라는 개념이 새로이 등장했던 순간을 기록했다.[10] 그의 주장을 따라, 이후 저자들도 가족 내에서 증가하는 정서와 감정적 관계를 문서로 남겼다. 주된 연구 주제는 부르주아 가족에서 18세기부터 나타나는 가족적인 친밀성에 대한 새로운 열망,[11] 엘리트에서 시작해 대중으로 확산되는 "개인주의적 정동"의 등장,[12] 산업혁명과 함께 등장한 "정서적 단위"였다. 결혼, 사랑, 성이 하나로 통합되는 이 단위에서는 경제적 이익은 부차적인 것이고 감정적 이익이 우위를 차지하였다.[13] 또한 경제사학자들은 산업혁명이 일으킨 변화에 더 잘 적응하는 방식인, 경영자가 이끄는 큰 기업이 유리해지면서 대를 이어 내려오는 가족기업이 쇠퇴함을 기술했다.[14] 이 모든 연구들에 따르면, 가족의 관계 가운데 정서적인 측면의 발전은 가족이 상속과 경제적인 의존으로부터 자유로워지는 현상과 동시에 일어났다.

## 경제적 상속보다 문화적 상속?

역설적이게도, 재생산에 대한 부르디외적인 분석은 사회과학이 가족 간 경제적 상속으로부터 다른 데로 관심을 돌리게 했다.

피에르 부르디외가 카빌리 지역과 베아른 지역의 농민들에 대해서 진행한 초기 연구는 경제자본인 '토지'에 대한 가족적 상속을 토대로 하는 사회에 할애된 것이었다.[15] 그러나 부르디외가 연구를 진행한 1960년대엔, 전통적인 카빌리 농촌 사회는 식민지 자본주의에 잠식당하고 있었고, 베아른 농촌 사회는 이중의 위기를 겪고 있었다. 한편에는 농장이 수익을 내기엔 너무 작아져 사라져 가고 있다는 기술적이고 경제적인 위기가 있었고, 다른 한편에는 선대로부터 땅을 상속받아 특권적인 위치를 점한 장자들이 이제는 "결혼할 수 없는" 사람이 되어 독신으로 지내는, 전에는 상상도 할 수 없었던 일이 일어난다는 사회적이고 문화적인 위기가 있었던 것이다. 1960년대와 1970년대 프랑스에서, 피에르 부르디외와 부르디외의 연구 팀은 모든 사회계층을 통틀어 개인들의 사회적 경로에서 점점 그 입지가 커지는 교육에 대해서 분석했다. 1964년에 피에르 부르디외와 장클로드 파스롱Jean-Claude Passeron

은 『상속자들Les Héritiers』에서 고등교육에 접근하는 데 대한 사회적 불평등을 설명하기 위해 '상속'이라는 개념을 사용했다. 그들이 드러내는 바, 학교는 〔개인이〕 상당 부분 가족 내에서 습득한 능력에 대해 학위증서로 인증한다. 그럼으로써 학교는 경제적 상속만큼 〔받을〕 가치가 있는 이러한 상속에 정당성을 부여한다는 것이다.[16] '상속' '재산' '소유' '특권' '대물림' '횡령' '박탈' 그리고 『재생산La Reproduction』에서 볼 수 있는 문화'자본'까지. 상속과 관련한 이 어휘들은 재생산에서 교육제도가 맡은 역할을 새로운 시선으로 바라보게 해 준다.[17]

1960년대 등장한 "학교 대폭발"은 피에르 부르디외, 뤽 볼탕스키Luc Boltanski, 모니크 드 생마르탱Monique de Saint-Martin에 따르면, 소농민에서부터 기업 대표에 이르는 중산층과 상류층이 자신들의 크고 작은 경제자본을 "교육 투자"로 전환해 자녀에게 "인증된 문화자본 형태로 자산을 물려받게" 하여, 그 자녀는 기업 구조에서 지배적인 지위에 접근할 기회를 늘릴 수 있었다.[18] 부유층 가운데 자신이 가진 자산 중 문화자본이 큰 부분을 차지하는 이들의 경우, 그들은 자신이 획득한 자격의 희소성을 유지하기 위해서 교육에의 투자를 높이는 방법을 썼다.[19] 따라서 가족의 재생산 전략에서는 문화자본이 경제자본보다 우선적으로 중요시된다. 1980년대부터 가족사회학은 국가와 교육기관을 연구의 핵심으로 두는 부르디외의 관점에서부터 발전하였다. 파스롱의 지도를 받은 프랑수아 드 생글리는 현대 가족에 대한 거대서사에 부르디외의 이론을 전반적으로 포함시켰다. 이와 관련해 드 생글리는 이익과 연관되지 않은 정서적 관계가 문화자본의 상속을 가장 잘 지지한다는 발상을 다시 채택하면서,[20] 가정 내에서 문화자본의 중요성이 커짐에 따라서 감성적인 관계가 증가하는 경향도 분석한다. "교육자본이 우선순위를 차지함으로 인해 부모와 자녀 간의 관계는 어떤 면에서는 '순수' 해졌다. 더는 부모 자식 관계가 부동산의 상속과 직접적인 연관을 갖지 않았기 때문이다."[21] 상속은 이제 상징적인 차원으로 축소된다. 유산은 망자에 관한 기억을 기리는 데 쓰인다.[22] 물려받는 재산은 개인의 원가족 내 위치, 그리고 물려주는 이와의 사적관계를 나타내며,[23] 전해지고 전해받은 물품들은 정동적 연결의 증거이자 선택받았다는 증거가 된다.[24] 본서에서 진행하는 분석은 금전, 총액, 재산, 자산, 권력 또는 지위에 대한 문제보다는, 앞선 가족사에 대한 개인의 "과거를 회고하고 결산할 권리droit d'inventaire"〔원어를 직역하면 '(상속 시) 재산목록을 작성할 권리'이나, 여기서는 비유로서 '과거를 돌이켜보며 좋았던 점과 나빴던 점을 따져 보고 미래를 위한 교훈으로 삼는다'라는 의미를 지닌다—옮긴이〕에 중점을 둔다.[25]

## 가족 간 경제적 상속이 돌아오고 있다

2000년대 초반에 첫 연구를 진행할 때부터, 우리는 현대 가족의 거대서사grand récit를 다루면서 난항을 겪었다. 우리가 연구한 사회계층—농업, 수공업, 상업 분야 자영업자뿐 아니라 자가주택을 소유하거나 소유하지 않은 월급 생활자 가족들—에서는 혈연으로 이어진 친족 내부의 경제적 이전이 개인들의 생애에서 크게 작용하는 것으로 나타났다. 거주 지역, 부동산 소유 여부, 생활수준, 직업적 미래 등과 같은 중요한 문제들이 모두 이 경제적 이전에 달려 있다. 이런 경제적 이슈들은 가끔 부모와 자식, 자매 및 형제, 배우자와 배우자, 시어머니와 며느리

사이에서 긴장을 유발하기도 했다. 우리가 연구한 가족들은 현대성과 비교적 거리가 먼, 소위 '지방'이거나 '뒤떨어진' 예외에 해당했을까?

그렇지 않다. 2000년대에 접어들 즈음엔 전 사회계층에서 교육, 일자리, 주거 등에 접근하는 데 자산 유무와 가족 내의 경제적 지원 여부가 결정적 역할을 했다. 서민계층 전체를 위태롭게 했던 사회적 위기[26]와 이 새로운 빈곤을 대처하는 과정에서 발생한 복지국가의 어려움 속에서, 정부는 "상호부조"의 미덕으로 장식된 "가족의 연대"를 재발견했다.[27]

젊은이들이 성인기에 진입할 때에 있어, 그들의 학업 기간은 길어지고 있으며 〔그 학업이〕 이제 실업 위험에 대한 상대적인 보호만 해 주게 되면서, 자원이 없는 청년들에게 대부분의 재정적 지원을 제공하는 것은 가족의 몫이다(RMI나 RSA 등 최저생계비 지원제도는 25세 이상에게만 적용된다[28]). 전 유럽에서, 무료 교육 및 공교육 모델은 공공 지출을 줄이자는 신자유주의 정책에 의해 강력히 반대받고, 이 현상은 사교육을 발달시키고 있다.[29] 따라서 이러한 방식으로 가족의 부가 이동하게 된다. 명문 중고등학교에 진학하기(혹은 '저질' 학교를 피하기)[30] 위한 "입지 좋은" 주소의 중요성, 유료로 지불해야 하는 교육(사립 또는 공립), 과외, 해외 인턴, 비싼 시험 대비 수업 등의 발달을 눈여겨본다면, 차후 소득 증대로 이어질 수 있는 학문을 공부하기 위해 필요한 가족의 재정적 투자의 무게는 점점 더 무거워지고 있는 것으로 보인다.[31] 반면, 사회주택〔우리나라의 공공임대주택에 해당하는 프랑스의 주거복지 서비스 중 하나—옮긴이〕에 접근하는 데서, 그리고 이를 지속적으로 활용하는 데서 겪는 어려움은, 일과 학업을 병행해야 하는 필요성과 겹쳐서 나타난다. 이는 학업을 하는 데 가족의 경제적 지원을 항상 받을 수는 없는 서민계층 학생들의 학업 향방에 부담으로 작용한다.

일자리가 줄어들면서, 상속, 증여, 정기적이거나 일시적인 금전적 지원, 대출할 권리의 양도, 신용 시장에서 지는 보증 등 가족으로부터 비롯되는 경제적 지원은 자영업을 하는 데 결정적일 수 있다.[32] 화덕 앞에 선 남자의 사진과 "내 아파트가 내 스타트업의 재정을 책임졌어요!" 라는 문구로 이루어진 에어비앤비 광고에서 보듯, 부동산이나 기타 자산으로부터 추가적인 수입을 얻는 것도 여기 포함된다. 확실히 프랑스에서는 자영업자들은 소수에 해당한다. 자영업자는 프랑스 인구의 약 12%를 차지하는데, 이 지위는 더 이상 자영농, 상공 분야와 같은 전통적인 분야만을 일컫지 않는다. 20세기에는 급격하게 월급 생활자가 늘어나면서 가업승계의 비중이 크게 감소했지만, 기존의 역사적 경향성은 최근 프랑스뿐만 아니라 서구 국가 전반에서 다시 나타났다.[33] 자영업자 지위의 대두는 서비스 경제와 관련된 업계(자유직업, 개인 서비스 및 기업 서비스 분야)에서 두드러졌는데, 이 현상은 특히 프랑스에서 개인사업자 지위가 도입된 이래 계속되었다.[34] 실직, 불안정한 임금노동, 그리고 사회적으로 낙인찍힌 인구집단이 고용 현장에서 경험하는 취업 차별로 인해 일부 서민계층은 사회보장이 미미한 저임금 일자리나 자영업으로 떠밀린다.[35] 이는 또한 대학을 나온 여성들이 고용시장에 재진입하는 방법이기도 하다.[36]

정부 정책이 사회주택 대신 사적 부동산 소유를 유도하고, 연금에 대한 복지를 축소하는 작금의 상황에서는 노후에 대비해 자가를 소유하는 것이 점점 더 중요해지고 있다.[37] 프랑스에서는, 자가 소유의 비중은 1950년대에는 거의 40%였다가 2014년에는 58%까지 늘어났다. 주택 소유에 대한 접근성은 서민계층에까지 확대되고, 이들은 대출을 받아서 주택을 갖기 위하여 무거운 부담을 지고 있다.[38] 주택 소유는—특히 주소에 따라—사회적인 구별 요인이 된다.[39] 또한 이는 세대 간 불평등을 만드는 주된 문제이기도 하다. 고령층 가구는 대출 없이 자가 주택을 소유하는 경우가 많지만, 젊은층 가구는 예산 대부분을 주거비로 사용하며 민간임대주택에 거주하는 경우가 많다.[40] 거시경제적 관점으로 보자면 가계 부동산 자산 증가와 세대 간 부동산 소유의 불균형 증대가 부동산 상속 비중 증가를 일부 설명해 준다.

토마 피케티를 필두로 한 새로운 경제학자 세대는 자본과 상속이 현대 자본주의의 불평등을 이해하는 데에 가장 핵심적인 요인임을 다시 한번 강조하고 있다.[41] 모두가 20세기 임금노동의 증가로 인해 줄어들 것으로 생각했던 자산 불평등은 최근 30년 동안 다시 심화되는 추세다. 2014년 프랑스에서 상위 10%는 국가의 부 가운데 약 55%를 소유하고 있는 반면, 인구의 반은 약 5%만 가지고 있다.[42]

자산을 만드는 데에는 두 가지 방법이 있다. 바로 저축을 하거나 상속을 받는 것이다. 1950~1960년대에는 프랑스 내 개인들이 보유한 사적 자산에서 상속이 차지하는 비중이 절반 이하였지만, 이 비중은 꾸준히 늘어나 2010년대에는 전체 자산의 60%를 차지하게 되었다.[43] 물론, 상속받은 자산이 개인 자산의 80%를 차지하던 1910년대 정도는 아니지만, 경제 및 인구가 지금과 같은 경향으로 이어진다면 상속으로부터 얻은 부의 비중은 21세기에 계속 증가하게 될 것이다.

통계로 본 프랑스 사회는 소수의 '울트라 리치'와 다수의 '소규모 임대인'들이 지배하는 사회로 보인다. 후자는 노동을 하기는 하지만, 그들의 부의 대부분은 증여와 상속에서 비롯된다. 반면 개인이 상속 없이 노동소득만으로 부자의 반열에 오르기는 점점 더 어려워지고 있다.[44] 프랑스에서 자료로 분명하게 확인되는 이러한 상황은 모든 서구 국가에서 대동소이하게 나타난다.[45] 피케티가 증명한 대로 자본 수익률이 노동 수익률을 능가한 시점부터, 일생 동안 노동소득에 의한 축적이 아닌 상속에 더욱 기반을 두는 심각한 부의 불평등이 부활하는 것이다. 능력주의를 찬양하는 힐러리 클린턴, 도널드 트럼프뿐 아니라 프랑스 정치인 대부분이 뭐라고 하더라도 이는 변하지 않는다.

현재의 자본주의사회에서 상속의 원칙은 사라지지 않은 정도가 아니라 사회를 만들어 내는 역동에서 또다시 핵심적인 역할을 하고 있다. 상속으로의 회귀는 가족제도를 경제의 중심으로 돌아오도록 하며, 사회경제적 불평등을 생산하고 계층 및 인종 간 경계를 강화한다.

미국의 상황을 빠르게 참조해 보면 이러한 문제의 중요성을 파악할 수 있다. 1980년대부터, 미국에서는 부의 인종 간 격차가 2007년에서 2009년에 있었던 대침체(주택 버블 붕괴 및 서브프라임 모기지 사태) 무렵에 크게 벌어졌다. 2011년, 백인 가정의 중위소득은 11만 1740달러인 반면 흑인 가정의 중위소득은 7113달러에 불과했다. 백인과 흑인 간 부의 불평등을 가장 잘 설명하는 요소는 이전 세대로부터의 상속과 증여였다. 유산이나 대출보다도 부모가 〔자녀의〕 첫 주택 구입을 위한 예치금이나 고등교육 학비를 지원하는 것이 그 예였다.[46] 흑인 가정은 백인 가정에 비해서 주택 소유자인 경우가 더 적었고, 부모가 도움을 주는 경우가 더 적으므로 주택을 갖는 시점도 더 늦었다. 또한 주택 모기지 대출을 얻기는 더 어렵고, 부담해야 하는 이자율은 더 높았다. 미국의 연구 결과에 따르면, 인종분리가 주거지역에 미치는 영향으로 인하여 백인 가정의 부동산 가치는 흑인 가정의 부동산 가치보다 더 높아

졌다. 예를 들어, 한 동네에서 부동산 가격이 떨어지려면 거주자 가운데 흑인 가족의 비율이 10%만 되어도 충분할 정도다. 이는 또한 공립학교와 지역 자원이 받는 자금에 영향을 미친다. 따라서 부동산 자산은 (흑인이든 백인이든) 가족의 부를 늘리지만, 인종 간 부의 불평등을 심화시키는 요인이 되기도 하는 것이다.[47]

프랑스에 대한 문화기술지적 연구를 보자면, 독채 주택으로 이루어진 구역에서 일부 서민계층이 자가주택을 구입하면서 이웃 간 긴장이 증가하는 경향이 밝혀졌다. 사회적 계층 상승의 희망을 자가주택 구입에 거는 일부 백인 가정은 이웃에 이주해 온 유색인 가족들로 인하여 자신들이 취약해진 것으로 느끼며, 이들이 일상적인 차원에서 인종차별을 겪게끔 한다.[48] 하지만 프랑스에서는 통계로 이를 포착할 만한 적절한 도구가 부재한 탓에 인종 간 부의 불평등을 입증하기가 어렵다. 2008년 프랑스 국립인구연구소INED가 실시한 조사인 '경로와 기원'이 유일하다고 할 수 있다. 프랑스에서 이루어진 이 연구는 마르고 들롱Margot Delon이 실시하였다. 그에 따르면 프랑스에 거주하는 알제리, 모로코, 튀니지 출신 혹은 그 후손인 이민자, 이민자의 후손 중 27%만 자가주택을 소유하는 데 반해, 포르투갈 출신과 주류 인종의 자가주택 소유 비율은 약 51%, 60%에 달한다.[49] 이민자 가족들의 본국에서의 부동산 소유 비중에 대해서도 고려해야 한다. 예를 들어, 포르투갈 출신 조사 대상자 중 19%는 프랑스 밖에서 자가주택을 소유하고 있지만, 알제리 출신 조사 대상자가 프랑스 밖에서 주택을 소유하는 비율은 10%에 그친다.[50] 부동산 자산은 이민자 출신 집단의 사회적 계층 상승 전략에서 인종에 따라 서로 다른 역할을 차지하며, 인종 집단 간 경계 구축에도 기여한다. 마르고 들롱이 말했듯, 포르투갈 출신 가족의 부동산 자산은 '백인성' 구축에 기여한다. 이들은 스스로를 식민지배 및 그 이후 시기의 인종적 소수자들과 스스로를 구분 짓고, 여러 대에 걸쳐 자신들의 사회적 계층 상승의 수단으로 활용한다.

## 사회계층 간 불평등을 촉진하는 가족적 생산

상속은 확실히 가족적 사건이다. 프랑스에서는 민법과 세제가 직계가족 간 자산 이전에 유리하게 짜여 있다. 자녀는 상속권을 박탈당할 수 없으며 그들이 받는 상속분에 대한 세금은 매우 적게 부과된다. 이러한 법적 맥락에서, 자산 이전이 대체로 가족이라는 틀 안에서 이루어진다는 사실은 놀랄 만한 일이 아니다.

가족 내 증여의 80%는 부모(금액만으로 따지면 93%)로부터, 9%는 조부모로부터 나온다. 배우자 간 자산 이전은 인터뷰 대상자들이 이를 상속으로 인식하지 않는 경우가 많으므로 제대로 집계되지 않았다. 이 부분을 제외하면, 상속은 83%의 경우(총 액수의 90%) 부모 가운데 한 명이 사망할 시, 8%의 경우 조부모 가운데 한 명이 사망할 시 이루어진다.[51] 또한, 비과세 대상인 자선 기부 및 유증은 프랑스에서 상속을 통한 이전의 0.4% 정도를 차지할 것으로 추정된다.[52] 다른 종류의 자산 이전도 존재하지만, 회사에 증여하면 세금이 60%에 달하는 등 가족 외부로의 이전은 세금이 높아 극도로 제한되어 있다고 보아야 한다.

미국에서도 상속은 가족의 일로 남아 있으며 이 부분에서 법이 강제성을 지니지 않는다. 미국에서는 유언의 자유가 존재하며 재산을 주는 이와 받는 이 간 관계가 어떻든 상속세와 증여세가 균일하나, 프랑스와 마찬가지로 상속은 가족적이며 세대를 잇는 관행이다.[53] 미국에서는 유럽보다 박애주의적인 의미에서의 자선이 더 발전했지만 자녀에게 재산을 전달한다는 사회적 규범이 매우 강력하기 때문에 자녀에게 상속하지 않는 것은 해당 자녀를 가족 집단에서 소외시키는 중대 행위로 인식된다.[54]

불평등을 완화하는 것과는 거리가 먼, 이러한 세대 간 경제적 이전은 계층 간 격차를 매우 심화한다. 최상위 부자들은 어린 나이부터 막대한 부를 이전받는다. 이때의 형태는 증여와 비공식적 재정 지원이 결합되어 있다.

통계청이 2015년 진행한 '자산' 조사에 따르면, 총 인구의 3분의 1 이상이 증여나 상속을 받은 적이 있다.[55] 부모의 자산에 대한 데이터를 바탕으로 하자면, 경제학자들은 다른 3분의 1은 미래에 상당한 경제 자산을 받을 가능성이 있다고 추산한다.[56] 그러나 마지막 3분의 1은 부모의 자산을 고려했을 때 아마 아무것도 받지 못할 것이다. 이것이 '일차적 불평등'이다. 이는 부모나 조부모가 축적한 부의 양에 따라서 부를 물려받을 수 있는지 여부가 나뉘면서 만들어지는 불평등을 뜻한다.[57] 그러나 상속의 가능성은 직업군 내에 존재하는 경제적 불평등을 상쇄하기는커녕 오히려 강화시킨다. 자유직업 가구 가운데 95%가 이미 증여나 상속을 받았고 앞으로 상속을 받을 가능성이 있으나, 노동계층(본서에서 이 용어는 마르크스가 제시한 프롤레타리아계급의 의미라기보다는, 월급 생활자-중산층에 대별되는 한 범주로서 주로 일당이나 시급으로 임금을 받아 산업노동 및 육체노동에 종사하는 계층을 의미한다 — 옮긴이) 가정에서는 상속 가능성이 40%에 그친다.[58]

이에 더하여, 상속 금액에서도 불평등이 존재한다. 이를 '이차적 불평등'이라고 할 수 있다. 2015년 통계청의 '자산' 조사에 따르면, 적어도 한 번 이상 자산 상속을 받은 개인들 사이의 상속액은 매우 상이하다. 상위 10%의 상속액이 전체 상속액의 절반 이상을 차지했다. 반면, 하위 50%의 상속액은 전체의 7%만을 차지했다.[59] 2004년 '자산' 조사를 시작으로, 앙드레 마송André Masson은 블루칼라 노동자의 자식과 자영업자의 자식 사이에 상속액이 1 대 12로 차이가 난다는 결과를 보여 주었다.[60] 전자와 후자의 상속 가능성 차이가 최소한 세 배임을 감안하면, 자영업자 자녀의 상속액은 블루칼라 노동자 자녀의 상속액보다 서른 배 이상 많다는 사실을 추정할 수 있다.[61]

'삼차적 불평등'은 임시적인 성격을 가지고 있는데, 이미 자산을 이전받은 가계와 아무것도 받지 않은(그러나 받게 될) 가계를 가른다. 이 경우에도 계층에 따라 자산 이전이 다르게 이루어진다. 서민은 상속을 덜 받지만(받지 못하게 되기도 한다) 부모의 평균수명이 짧아서 더 일찍 상속을 받는다(노동계층 남성들은 기업가 남성들보다 평균수명이 6년 더 짧고, 여성의 경우는 3년 더 짧다).[62] 그러나 반대로, 가장 부유한 가정들은 생전 증여의 수혜를 받는다. 이런 방식의 재정적 지원은 전체 가정의 10% 미만이지만, 상속액은 전체 재산 이전의 절반 이상을 차지한다.[63] 이들은 미리 상속과 증여를 예측하고 대비하기 위해 재정적 지원을 받는다(대여, 보증, 대출 권리 양도, 주거 임차, 현금 지급 등……).[64]

요약해 보자. 상류층에서는 다양한 형태의 자본 이전이 개인의 일생에 걸쳐 발생하며, 학업, 별도의 주택 마련, 직업생활 시작, 부부 결성, 자녀 출생, 노인 돌봄으로 이어지는 가족의 생애주기 내에서 가족 내 개인의 자율성을 촉진한다. 반면, 서민계층에서 세대 간 가장 주요하게 나타나는 상호부조의 형태는 상속이 아니라 동거다. 이는 인생에서 일어날 수 있는 사고(실직, 이별, 의존)에 대처하고 규모의 경제를 실현하는 데 도움이 된다.[65] 부동산이나 토지를 상속받을 때는 그 가치가 낮은 경우가 많으며, 거주할 수 있는 지역은 고용이 그다지 활발하지 않은 지역으로 한정된다. 이러한 이유로 가족이 가진 약간의 부는 지역에 얽매이는 조건에서 전달된다.

마지막으로, 월급 생활자 중산층 가구에서는 자녀 교육에 대한 투자가 부모의 자산을 줄이고 부모들이 부동산에 대한 대출금 지급보증을 위해 부동산을 담보로 제공하기 어렵게 될 수 있다.[66]

## 통계적 의미로서의 가구:
## 자산 불평등에서 성별을 숨기다

경제학자들의 자료는 사회계층 간 자산 불평등을 꽤 잘 포착한다. 기준이 되는 인물(대체로 이성애 결혼을 이룬 남성)의 사회적-직업적 범주를 통해서 가구 혹은 세대를 이해한다면 말이다.[67] 대신, 이런 자료는 조사 단위가 가구(통계조사의 경우)든 세대(세무의 경우)든 마찬가지로, 조사 단위 내부의 사회경제적 불평등은 그늘 속에 남겨 둔다.

통계청의 '자산' 조사는 가구구성원이 소유한 모든 자산 정보를 수집하는 반면, 부유세(2018년 이후 부동산 역시 부유세 신고 내역의 일부가 되었다) 신고는 세대구성원의 자산을 기록한다. 어떤 경우든 부부가 가진 자산은 공동 목록에 오르는 것이 일반적이어서, 배우자 간 부의 불평등을 측정할 수 없게 된다.

자료에 대한 통계적이고 행정적인 문제에 더하여, 자산 보유의 구체적인 방식도 문제가 된다. 어떤 자산은 여러 개인이 동시에 소유하는데 개별적인 자산 보유량을 어떻게 구분해 낼 수 있을 것인가? 급여대장은 항상 개별적이지만, 거주지는 많은 경우 법적으로 부부의 공동소유이다(배우자 간에 균등히 소유하는 경우와 그렇지 않은 경우를 모두 포함하여). 다른 유형의 자산은 종종 혈연이 함께 소유하고 있다. 가족회사는 아버지와 아들이 함께 소유하고, 자매 및 형제는 가족이 공유하는 부차적인 부동산을 공동으로 소유할 수 있다.

부동산과 관련된 통계적이고 법적인 범주가 가족적인 부의 개념에 영향을 받아서 만들어졌기 때문에, 여성과 남성의 부 및 불평등의 측정이 어려워졌다. 레미 르누아르Rémi Lenoir가 말하듯이, "가족은 가장 친숙한 사물"이다. 왜냐하면 가족은 "특히 언어, 지각 및 인식 체계, 법 및 사회의 조직 방식[…]을 통해서 인식되고 제도화되었기 때문이다. 가족은 사회구조, 노동 분담, 법, 경제구조, 보호 및 복지 체계, 그리고 보다 일반적으로 국가에서 제도화된다."[68] '가족'은 공공 통계에서의 '가구', 세무 당국에서의 '세대', 그리고 민법에서의 '공동' 및 '공유' 처럼, 많은 국가적 범주에서 암묵적으로 혹은 명시적으로 채택되는 분석단위다. 가족이라는 단위는 내부 구성원 간 불평등을 가려 버리는데, 이 때문에 부의 소유와 관련한 문제를 더 복잡하게 만든다.

국가별, 시기별로 다르게 이루어진 부의 분배를 알아보기 위해서 경제학자들은 가구 단위로 수집한 자료를 통해 개인의 '순자산'을 추정한다.[69] 어떤 정보도 활용할 수 없다면, 경제학자들은 부부가 같이 사는 경우 이들이 이룬 가구의 부를 각각 절반씩 소유한다고 가정한다.[70] 가구라는 통계적 커튼 뒤에서, 여성과 남성은 함께 산다면 둘이서 같은 수준의 생활수준과 재산을 공유한다고 간주된다. 가부장적 가족주의 이데올로기에서 비롯된 개념들, 즉 가구나 세대 같은 개념은 여남 간 부의 불평등을 알아내는 데 방해가 된다.[71] 이 개념들은 여성의 빈곤을 드러내는 데에서 성별적 요인이 보이지 않게 하고, 여성들이 겪는 참상을 드러나지 않게 한다.[72]

## 통계조사 속 자본의 성별: 의의 및 한계

통계청에서 1980년대부터 기준이 된 연구인 '자산' 조사를 살펴보자. 정기적으로, 그리고 가장 최근으로는 2018년까지 진행된 해당 연구는 약 1만 가구를 대표 표본으로 삼아 조사하고, 상세한 설문지를 통해서 각자의 자산을 구성하는 요소를 기술하게 한다. 여러 종류의 자산, 특정 자산에 대해 각 개인이 보유한 지분, 혼인관계〔및 부부재산관계〕에 대한 질문들을 상호 참조하는 까다로운 통계적 처리를 거치면, 가구 단위로 수집한 데이터로부터 여성과 남성의 개인적 자산을 재구성해 보는 것이 가능하다.

우리는 이 연구를 통해서 무엇을 배울 수 있는가? 먼저, 남성들이 여성들보다 더 많은 자본을 가진다는 사실이다.[73] 금융, 부동산, 농지, 직업 등 어떤 경로로 발생하는 것이든 관계없이 모두 해당된다. 2015년에는 평균 격차가 2만 4000유로로 추정된다. 소수의 부유층에서는 매우 큰 차이가 나고 자산을 많이 보유하지 않는 계층에서는 성별 간 차이가 작게 나타날 수 있다. 이런 격차는 최근 20년 동안 계속 커져 왔으며, 1998년부터 2015년까지 남성과 여성 간의 부의 격차는 9%에

서 16%로 전체 평균의 거의 두 배 가까이 늘어났다.[74]

그러나 이러한 수치들을 해석할 때에는 주의해야 한다. 자산에 대한 설문조사는 특정한 유형의 자산 **보유**를 설명하는 데는 상당히 유의미하지만(거주지 소유, 부동산, 생명보험 등), 자본 **가치**를 추정하는 데는 훨씬 취약하다. 실제로, 개인의 자산 구성 요소(주택, 기업, 토지, 주식 등)는 조사를 진행하는 시점에 시장에서 판매되지 않았다. 조사 대상자들에게 주어지는 설문에도 자산의 정확한 가치를 적어 달라는 질문 대신에 응답자 스스로가 자기 자산에 대해 대략적인 가치 범위를 제시하도록 되어 있다. 무응답 비율을 줄일 수 있지만, 자산 가치의 추정치를 불확실하게 만드는 질문이다.[75]

다음으로, 조사 대상자들은 자신이 실제로 가진 자산을 어느 정도까지 언급하는가? 매년 세무청에 신고되는 소득과 달리, 개인들은 평생 자기 자산을 계산하고 평가할 기회가 거의 없다(부유세의 경우 마크롱 정부에 의해 최근에 폐지되기는 했으나, 가장 부유한 세대의 세대주가 매년 자신들의 부를 전부 신고해야 하는 프랑스의 특수한 세제였다). 통계청은 '자산' 조사에서 신고된 자산의 양이 국민계정 데이터에 비해 평균적으로 40% 저평가되었다고 한다.[76] 또한 조사 대상자들이 자신들의 가구 내에서 누가 무엇을 가지고 있는지를 실제로 얼마나 인지하는지에 대해서도 의문을 제기할 수 있다. 데이터 분석 결과는 일반적인 가구의 진술과 불일치하기도 한다. 예를 들어, 공동재산제로 결혼한 부부들은 개별 계좌에 들어 있는 돈을 각자가 소유한다고 생각하겠지만, 법률상(이 중 누군가는 이혼 분쟁 속에서 고통받으면서 법을 배우게 된다) 그 돈은 공동재산이다. '자산' 조사에서는 조사 대상 가구 내 대표자 한 명이 설문에 답변하는 것이 원칙이다. 의미심장하게도, 가구가 부유할수록 본인이 가계의 자산에 대하여 가장 잘 알고 있다고 자신 있게 답변하는 사람은 남성이라는 점이 두드러졌다.[77]

이 말이 꼭 통계자료를 갖다 버려야 한다는 뜻은 아니다. 오히려 우리는 니콜라 프레모Nicolas Frémeaux나 토마 피케티가 말했듯 자산 불평등에 대한 진지한 토론을 위해서는 명확한 자료가 꼭 필요하며 정보의 수집과 접근성을 개선하는 것이 매우 중요하다고 생각한다.[78] 그러나 통계적 접근방식은 성별 및 계층에 따른 자산 불평등을 다룰 때 개인들에 가까워지고 가족 간의 관계를 더 잘 이해할 수 있도록 하는 다른 방법들로 보완될 필요가 있다. 또한 무엇이 신고되었고 무엇이 신고되지 않았는가, 무엇이 과소 혹은 과대 평가되었는가, 이러한 계산 방식이 통계적 집계에 미치는 영향이 무엇인가를 더 잘 이해할 필요도 있다.

## 이혼, 성별 불평등이 드러나는 순간

우리는 10년이 넘는 시간 동안, 대규모 연구 팀과 함께 이혼에 대한 사법적 처리를 연구했다. 재판 수백 건에 함께 참석하고, 이혼 혹은 비혼 부모들의 분쟁 사건 수천 건을 다루면서, 우리는 여남 간 경제적 불평등이 '부부의 법정에서' 폭발적으로 드러나는 순간을 관찰할 수 있었다.[79]

여성들은 남성들보다 이혼 후에 더 가난해진다. 1980년대부터 먼저 미국에서[80] 그리고 최근에는 유럽에서 시작된 통계조사들은 연간 가계소득 전체를 추적하여 여성들이 이혼한 이후에 평균적으로 매우 낮은 생활수준을 유지하는 반면, 남성들은 생활수준이 안정적이거나 오히려 향상된다는 사실을 보여 주었다. 1990년대 말 프랑스에서는 이혼 후 여성의 중위소득이 3분의 1 감소했다. 이는 유럽연합 내에서 가장 큰 감소폭 중 하나다.[81] 2000년대 초, 커플(혼인신고 여부 무관) 사이에서도 여성들의 중위소득은 이혼 후 31% 감소하는 반면 남성들의 감소 수치는 6%에 그쳤다.[82] 최근 연구에서는 2009년에 시민연대계약Pacs〔이하 '팍스'라 한다. 법적 혼인관계가 아닌 파트너십에도 상속, 보험, 양육 등 혼인에 준하는 권리를 보장하는 시민결합 제도의 프랑스 명칭이다. 시민결합은 한국에서는 2024년 1월 현재 제도화되지 않았으나 '생활동반자법'이라는 명칭으로 더 잘 알려져 있다—옮긴이〕을 파기하거나 이혼을 경험한 커플들의 수입 변화를 조사했다.[83] 이때 생활수준이라 함은 세금 관련 자료에서 나온 소득(노동소득, 자본소득, 양육비까지)을 가구원 수로 나누어 계산한 수치였다. 커플이 지속될 때(2008년)와 갈라섰을 때(2010년)의 생활수준을 비교한 결과, 이혼 또는 시민결합의 종료로 인해 여성의 생활수준에서 발생하는 평균 손실은 19%이다. 그러나 남성은 2.5%밖에 손실을 경험하지 않았다.

구체적인 수치이기는 하지만, 이 연구들은 이혼에 대해서 개개인의 수입에 대한 단기적인(이혼 후 1년) 영향만을 드러내 준다. 결별 당시의 경제적 조정에 대해 연구하면서, 우리는 소득뿐 아니라 자산에도 반영되어 양측 당사자의 생활조건에 지속적인 영향을 미치는, 눈에 덜 보이지만 더 뿌리깊은 불평등도 파악할 수 있었다. 이 불평등은 자산 분배, 부채, 주택 소유, 은퇴 후 연금을 받을 권리에도 스며들어 있다.

해당 연구를 통해 관찰함으로써, 우리는 여성의 빈곤화가 이혼으로 인한 결과일 뿐이기만 한 것이 아님을 알 수 있었다. 여성의 빈곤화는 그 전부터, 혼인신고를 했든 하지 않았든 커플 사이에서 이미 시작되었다. 직장과 가정에서의 노동 분담에서도 일어난다. 다만 결혼 생활의 종결은 이성애 결합에 깔려 있는, 성별에 따르는 경제적 불평등을 **폭로하는** 순간일 뿐이다. 이혼은 이미 존재하고 있는 불평등을 증폭시켜 보여 준다. 그리고 오늘날에도 이혼은 여성들이 가장 높은 대가를 치르게 하는 요인 중 하나다.[84]

## 가족제도에 대한 유물론적 사회학을 위하여

2010년대에 일어난 이혼을 이런 시각으로 읽어 낸다면, 여성해방운동으로 만들어진 페미니즘 사상 중 하나인 **유물론적 여성주의**와 본 연구를 연결 지어 볼 수 있다. 1970년에 출간된 크리스틴 델피의 『주적L'ennemi principal』에서, 델피는 친족관계를 생산과 착취의 관계라고 분석한 바 있다.[85] 가족 내에서 생산되는 부 가운데 상당 부분은 국가기관(세무청, 국민계정 등)에 의해 신고되거나 등록 혹은 집계되는 대상이 아니며, 또한 경제학자들은 이를 계산하지 않고 거래소에서 거래되는 재화나 서비스에만 집중한다. 하지만 교환 영역 바깥에 위치하는 이러한 생산물은 가시화되지 않는, 인식되거나 보상받지 못하는 노동, 바로 가사노동의 결과물이다.

다음과 같이 두 단계에 걸쳐서 이 주장을 확증할 수 있다. 첫 번째, 가사노동은 여성들이 주장하듯 실제 **노동**이다. 여성들에게 여기에 대해서 질문하는 수고를 했을 때 그들로부터 답을 듣는다면 알 수 있다.[86] 둘째, 이 노동은 **무료**다. 이는 가족 내에서 여성이 남성에게 착취당하는 근본적 이유가 된다.[87]

1970~1980년대, 이혼이 보편화되고 이혼을 성사하기 위한 법적 절차가 완화되었을 때(프랑스에는 1975년 합의이혼이라는 이름으로, 영미권에는 '무과실 이혼no-fault divorce'이라는 이름으로 도입되었다) 페미니스트들은 이혼 후 여성들의 사회경제적 입지가 어떻게 될 것인가를 염려했다.[88] 그러나 이후의 여성주의 운동은 이러한 문제에 대해 더 염려하기보다는 직업에서의 여성해방을 장려하는 쪽으로 방향을 틀었다. 가족에 대한 페미니즘 담론이라 함은 대체로 이성애 정상성 모델에 대한 대안을 장려하는 방향으로 집중되었다.[89]

〔그 무렵〕 젠더연구는 대체로 적대적인 학계 내에서 제도화되는 과정 중에 있었고 특히 프랑스에서 그러했다.[90] 그리고 위와 같은 방향으로 나아감으로써 젠더연구는, 이성애 혼인관계를 물질적 문제에 대한 고려 없이 매우 긍정적으로 가치화하는, 주로 남성인 가족사회학자들이 자유로이 활동할 자리를 터 주는 셈이 되었다. 그러한 가족사회학자들은 이성애 혼인관계 안에서 각 남성과 여성이 그들만의 개인적 성취를 추구할 수 있다고 보았다.[91] 앤서니 기든스Anthony Giddens를 예로 들면 그는 감정적 의사소통에 기반한 "순수한 관계"에 대해서 말하면서, 이성애적 관계에서 여성과 남성은 각자 감정적, 심리적으로 이익이 될 때에만 관계를 유지할 것이라고 말했다. 프랑수아 드 생글리는 관계가 끊어질 때 여성이 겪는 경험을 다룬 책에서, 이혼의 보편화가 여성해방의 징후라고 주장했다.[92] 여성들이 만족스럽지 않았던 관계를 끝내며 더더욱 자기 자신이 되어 갈 수 있기 때문이다. 이때 경제적이고 물질적인 측면은 무시되었다. 그렇게 된 데에 무엇보다 중요한 이유가 하나 있다. 가족사회학자가 대체로 그러하듯, 이 저자들은 현대적 정체성을 형성하는 규범을 전파하는 데 선구자적 역할을 한다고 상정되는

일부 집단, 즉 백인, 도시 거주자, 상류층, 직장인, 대졸자만을 연구 관심사로 삼았던 것이다.[93] 우리는 영국 사회학자 베벌리 스케그스Beverly Skeggs의 주장을 따라, 이 매혹적인 혼인관계 이론은 오히려 커플의 결합과 이별에서 경제적이고 물질적인 측면을 삭제하고 계급, 인종, 성별, 성적 지향을 기반으로 한 사회적 관계를 소거함으로써, 상류층 백인 이성애자 남성들의 세계관을 정당화한다고 본다.[94]

## 가족 내 경제구조를 만드는 요인 살펴보기

이렇게 지배적인 관점과는 반대로 보자면, 그동안에는 사적으로, 한편으로는 기술적이고 법적으로 취급된 대상을 정치화할 필요가 있다. 바로 **가족 내 경제구조**다.

인류학자 모리스 고들리에Maurice Godelier는 경제를 "특정 시기에 한 사회를 특징짓는 재화의 생산, 분배, 유통의 사회적 형태와 구조"라고 정의했다.[95] 따라서 사회가 그 물질적 필요를 충족시키는 방식에 중점을 둔 경제에 대한 **실질적** 정의를 채택하자면, 가족이 완전히 경제 제도임은 분명해진다.

가족은 부의 **생산** 단위이다. 이를 이해하기 위해서는 시장적 거래만을 고려하는 경제적 관점으로부터 탈피해야 한다. 1970년대 이래로, 유물론적 페미니스트들과 마르크스주의 인류학자들은 여성이 가정 내에서 맡는 생산노동과 재생산노동을 설명해 왔다. 이러한 작업을 진행한 결과 중 하나는, 자본주의는 가정경제를 파괴하려 하는 것이 아니라 오히려 그 안에 깃든 저렴한 노동을 이용하기 위해 보존하는 경향이 있

다는 것이다.[96]

1980년대부터는 주요 경제학 이론에서 가사 내 생산을 더 이상 무시할 수 없게 되었다. 게리 베커Gary Becker가 개발한 가족경제학의 기반에는 하나의 비유가 존재한다. 가족은 시장상품이나 가족구성원들의 노동력(투입)이라는 자원으로부터 재화와 서비스(산출)를 생산하는 소기업이다. 따라서 이 전체는 기업경제를 분석하는 고전적인 도구를 이용해서 연구 가능하게 되었다.[97]

오늘날, 현대 가정의 생산 〔주체로서의〕 차원은 경제인류학의 주요 연구 대상으로서, 가정 내부의 경제활동을 조명하는 데 다시금 사용되고 있다. 플로랑스 베베르Florence Weber가 말했듯이, 이 차원은 "공식적 경제의 경계 바깥에서 그 경계의 기원과 일상적인 실현을 질문"하게 한다.[98] 우리의 이전 연구에서는 **식구**라는 개념을 많이 사용했다. 이 개념은 가계도와 같이 선험적인 혈연관계를 미리 정의하는 것이 아니다. 그와는 반대로, 일상에서 협동하여 **공동의 목적**을 위해 자원을 함께 이용하는 실제적인 집단을 가리킨다. 공동의 목적이라 함은 해당 집단에 의존하는 사람들(아동, 환자, 노인 돌봄), 가족회사의 유지 또는 가족 소유자산(예를 들어 가족 주택)의 일상적 관리 등이 될 수 있다.[99]

가족은 또한 부를 **순환**하는 장소이다. 비비아나 젤라이저가 **친밀한 거래**—상호 신뢰에 기초해 있으며 개인적 관계와 경제적 관계의 불가분한 혼합인—의 평범함에 대해 다음과 같이 묘사한 데에서 알 수 있다. "이혼한 전 부부끼리는 자녀의 교육비를 주거나 받으며, 부모는 자녀에게 용돈을 주거나 교육비를 대고, 자녀가 처음으로 부동산 대출을 받을 수 있도록, 또한 유언의 형식을 빌려 사후 큰 유산을 받을 수 있도록 도와준다. 친구와 친척은 결혼 선물이라는 명목으로 돈을 보내기도 하고, 친구들 사이에서는 서로간에 돈을 빌리기도 하며, 이민자들은 고국에 남은 가족들에게 송금을 하는 등 〔친밀한 거래는 여러 방식으로 평범하게 일어난다〕."[100] 그 일상적인 성격에도 불구하고, 이런 친밀한 거래는 불편한 감정을 초래한다. 언제나 돈 문제와 가족 문제 사이에 얽혀 있어 오해와 갈등을 불러일으킬 수 있기 때문이다. 이런 불편한 감정을 피하기 위해서 가족구성원들은 상당한 사회적 에너지를 소모하는데, 이것이 바로 비비아나 젤라이저가 **관계노동**relational work이라고 부르는 것이다. 가족 내에서 각자의 권리, 의무 및 사회적 의미를 구체화하기 위함이다.[101] 이러한 관점에서, 우리는 가족 관련자들 내에서 일어나는 부의 순환, 그리고 그 구성원들이 이를 인식하는 방식을 분석의 핵심에 위치시키고자 한다.

가족이 만들어 낸 부의 **통제**에 대해 고려하기 위해서는, 젠더연구에 더 근거를 둔 다른 작업들에 주목할 필요가 있다. 영어권에서 이 분야에 대해서 진행된 선구자적 연구는 부부 간 돈과 권력관계에 초점을 맞추고 있다. 이 연구들은 대개 부부 중에서 더 소득이 높은 파트너—대개 남성—가 재정적으로 큰 결정을 내리는 경향이 강하며, 임금 소득이 있는 여성이 가정 내 노동을 하는 주부보다 자신의 배우자에 대하여 더 많은 힘을 가졌음을 보여 주었다.[102] 이는 현대 가족에 대한 거대서사와 대조되는바, 2000년대에 들어서 혈연에 대한 인류학 연구와 가족사회학이 이 관점을 깊이 있게 탐구했다.[103] 이 연구들은 부부간 수입만 고려하는 것이 아니라, 남편과 아내 간의 재정적 조처의 구조, 즉 매일의 일상 속에서 누가 돈을 통제하고 관리하고 배분하고 접근할 권한을 갖는지, 누가 자신을 위한 지출이나 저축을 하는지 잘 살펴보아야 한다는 점을 알려 주었다.

이러한 연구들은 사회경제적 차이와 성역할 규범을 효과적으로 결합한다. 가장 빈곤한 부부의 경우 돈을 관리하는 쪽은 여성이다. 가계 예산을 책임짐으로써, 많은 여성들이 자녀가 경험할 수 있는 결핍을 방지하고 배우자가 개인적으로 쓸 돈을 보장하기 위해 스스로의 욕구를 억누르게 된다. 다른 여성 저자들은 본인의 연구에서 가계 회계 업무를 강조하며, 여성이 돈을 관리하는 것이 중산층 여성들이 배우자의 지출을 효과적으로 통제하는 방법이었음을 보여 준다.[104] 그러나 가장 부유한 가족에서는 남성이 돈을 관리한다. 특히 가장 액수가 큰 지출의 경우에는 더더욱 그러하다.

이 연구들은 자원의 공유(공동 계좌 및 개인 계좌 보유와 관리)뿐 아니라 공유 자원의 통제 방식에도 주목한다.[105] 이러한 연구들은 현대 가족에 대한 거대서사에 어떤 뉘앙스를 부여한다. 현대 가족 내에서는 평등주의적인 규범이 지배하고 있으나, 남성들의 돈은 여성들의 돈과 그 용처가 같지 않다. 여성들이 일상적으로 금전 관리를 더 많이 맡는 듯 보이지만, 장기적인 투자는 거의 항상 남성들의 전유물이었다.

금전적 통제에 관한 이 연구들은 가족의 부에 대해 부분적인 관점만을 제공할 뿐이다. 수입의 일상적인 관리에 집중함으로써, 부부 소유 자산(부동산, 금융 포트폴리오) 또는 은행, 신용기관, 부동산 중개업자, 공증인 등이 부부의 일상적 실천에 얼마나 큰 비중을 차지하는지를 거의 고려하지 않는다는 것이 이러한 연구들의 한계점이라 할 수 있다.

다음 장에서 우리는 부부가 소유한 자산을 공식적으로 점검하는 두 가지 중요한 시점에 초점을 맞추고자 한다. 하나는 사망이 예정되는 시점 또는 사망 시점, 다른 하나는 이혼 시점이다. 물론, 상속 계획은 몇십 년 동안 이어질 수 있으며(특히나 상속을 미리 예상하고 실시하는 증여의 경우), 이혼 및 이별을 진행해서 관계가 완전히 정리되기까지는 몇 년이 걸릴 수도 있다. 그러나 이러한 시기는 상대적으로 시기가 제한되어 있는 순간들로, 명확하게 식별 가능한 지점들이 존재한다.

대부분의 경우, 특히 처리해야 하는 자산이 일정 규모에 달할 때, 유산 상속과 이혼은 경제적인 동시에 법적인 문제로, 이를 해결하기 위해서는 공증사무소나 가족법 전문 변호사 사무실로 향해야만 한다. 우리의 연구는 법률 전문가들이 가족 내 경제구조를 법이라는 테두리 안에 위치시키기 위해 개입하는 방식을 보여 준다. 공증사무소, 가족법 전문 변호사 사무실이라는 비밀스러운 공간은 자산 **평가**, 가족 간 자산 분배 및 세금 징수(상속세, 분할세)를 위한 장소다. 우리는 자산의 목록(계산에 포함되는 것과 포함되지 않는 것)을 작성하고, 서로 이질적인 자산들(금융자산, 부동산, 때로는 직업적 자산)을 동등히 평가하고, 때로는 시장에서 판매되지는 않을 수도 있는 자산들의 값을 정하는 작업들을 면밀히 추적할 것이다. 겉보기와는 달리, 이러한 회계 작업은 기술적이지도 중립적이지도 않다. 경제적 계급과 성별에 따른 가족 내의 경제적 불평등은 바로 이런 세부 사항 안에 숨어 있다.

가족은 부의 생산, 유통, 통제, 평가의 핵심적 요소다. 물론, 이러한 경제적 부만 전달되고 축적되는 것은 아니다. 가족 내에서 축적되고 전달되는 자본의 형태가 그 외에도 존재한다는 점은 피에르 부르디외가 문화자본 개념을 발전시키면서 보여 준 바 있다.[106] 그러나 현대사회를 구성하는 불평등에서 다시금 큰 비중을 차지하는 자산과 상속의 중요성은, 계층화된 사회를 재생산하는 기제에 가족 내 경제구조를 기입하는 문제를 질문하게 한다. 오늘날 우리는 어떻게 가족 내에서 사회적 지위를 전달하고, 개선하고, 유지할까? 가족 내 경제 구조는 사회적 계층 상승, 재생산, 또는 재계층화와 어떤 관련이 있을까? 다시 말하자면, 우리가 이 장 이후부터 탐구하게 될 것처럼, 가족 내 경제 구조가 어떻게 사회계층을 구획하는 경계를 유지하는 동시에 성별에 따른 경제적 불평등을 심화하는 데 기여할까?

# 여성에게 불리한

# 가족 재생산 전략

2

2018년 2월 12일, 세 변호사가 AFP〔프랑스의 뉴스통신사 — 옮긴이〕에 보낸 보도자료가 프랑스 전역 언론의 헤드라인을 장식했다.

"로라 스메는 아버지인 조니 알리데〔본명 장필리프 스메. 프랑스의 록 가수로 1960년 데뷔한 이래 국민적 인기를 얻었던 인물. 흔히 영어식 발음인 '조니 할리데이'로 알려져 있다—옮긴이〕가 미국 캘리포니아 법에 따라서 그의 모든 재산과 예술가로서의 저작권을 부인인 레티시아에게만 상속한다는 유언장을 발견해 충격과 비탄에 빠지게 되었다. 유언장대로라면 로라의 아버지는 딸에게 아무것도 남기지 않게 된다. 물질적인 재산이나 예술품에 대한 권리뿐 아니라, 기타, 오토바이와 같은 유품도 전혀 받을 수 없다. 심지어 자신에게 헌정한 〈로라〉라는 노래가 담긴 음반의 사인 재킷 하나도 받지 못하게 된다. 이 유언장은 또한, 아내가 일찍 사망하게 될 시 장필리프 스메의 모든 재산과 권리가 그의 두 딸 자드와 조이에게 동등하게 상속됨을 전제로 하고 있다. 하지만 이 규정들은 명백히 프랑스 법에 위반된다. 그래서 로라 스메는 변호사 에마뉘엘 라바나스, 피에르올리비에 쉬르, 에르베 테밈을 선임해 자신의 이익과 아버지의 작품을 보호하기 위한 모든 법적 조치를 취했다."

로라가 고인이 된 아버지에게 보낸 편지에는 "이 모든 이야기가 가족 안에 남아 있었으면 좋았을 텐데, 안타깝게도 우리 가족은 항상 이런 식이었죠. [⋯] 아버지의 딸이라는 것이 너무나도 자랑스러워요. 사랑해요, 아빠"라고 적혀 있다. 몇 시간 후, 로라의 이복형제인 다비드 알리데도 소송에 합류한다는 소식이 들렸다.

부인인 레티시아 알리데는 같은 날, "남편의 유언장에 대한 언론의 개입에 불쾌감을 느꼈다. [⋯] 가족적이고 법적인 범위에서 처리하는 대신 언론에 공개하는 길을 선택했음을 후회한다"라고 밝혔다.

우리가 본서를 집필하던 중 조니 알리데의 유산 문제가 발생했다. 프랑스에서는 이 사건에 대한 첫 보도 이후 일주일 안에 관련 기사가 300편 이상 올라왔다.[1] 이 문제는 언론에 노출된 정도로만 보면 이례적이지만, 오늘날 재혼 혹은 재구성 가족에서 상속에 관해 전형적으로 일어나는 일이기도 하다. 서로 다른 결혼에서 태어난 자녀의 지위는 어떻게 되며, 생존배우자(부부 중 한 사람이 사망했을 경우, 아직 살아 있는 다른 한 사람—옮긴이) 지위는 자녀들의 지위와 어떻게 다를까?

조니 알리데 사건은 가족법과 재산법에 관해 비전문가인 대중에게 환상적인 도입부다. 이 이야기는 상속에 정동적, 상징적, 물질적, 법적 차원의 문제들이 얽히고설켜 있다는 사실을 쉽게 이해하게 해 준다.

1804년 프랑스 민법은 출생 순서에 상관없는 평등한 상속을 의무화했다. 지역마다 매우 다양한 관습법이 존재해도,[2] 아들과 딸은 '유류분 권리자'가 되어 상속에서 배제될 수 없으며 부모의 유산을 동등한 가치와 형태로 상속해야 한다('유류분'이란 상속으로 물려줄 재산 중

소유자의 의사와 상관없이, 즉 마음대로 처분할 수 없고 일정한 상속인을 위해 법률상 의무적으로 남겨 놓아야 할 일정 상속분을 뜻한다. 재산 소유자가 상속분으로 자식들을 차별하는 일이 방지되므로 평등상속에 기여하는 제도다—옮긴이). 조니 알리데가 상속에 대해서 내린 결정은 프랑스 법의 이런 대원칙과 배치되는 듯 보인다.

알렉시 드 토크빌 이후로, 이러한 평등주의적 법은 서구 근대주의의 초석으로 여겨져 왔으며, 구체제Ancien Régime의 근간을 무너뜨리고 소지주들이 더욱 평등한 사회를 만들어 낼 수 있게끔 하는 것으로 여겨졌다. 1840년 토크빌은 평등상속을, 가족관계를 약화시킬 수 있는 법적 틀로 해석한다. 아버지가 상속을 박탈할 권리를 더 이상 가지지 못하고 맏이가 막내에 대한 지배력을 잃기 때문이었다.[3] 안 고트망Anne Gotman은 1980년대 프랑스에서의 상속을 주제로 쓴 책에서, 20세기 말에 가족 단위가 "물질적인 문제로 인해 분열되고자 하지 않는 것은 물론이고 〔그런 문제를 두고〕 고심하는 모습조차 보이기 꺼렸다"라는 사실을 보여 준다.[4] 부모는 자식들 각각에게 명백하게 똑같이 주고, 자식들은 물려받을 재산의 분할에 대해 부모가 결정한 바의 공정성을 의심하지 않음으로써, 부모 자식 간의 사랑에 의혹을 제기할지도 모를 부당한 갈등의 여지를 피할 수 있다.

로라 스메는 조니 알리데의 유언에 이의를 제기하는 과정에서 아버지에 대한 '사랑'을 정당화한다. 하지만 그는 가수의 저작권을 상속받는다는 매우 상징적인 문제를 건드리기도 한다. 레티시아 알리데는 가정주부이고 입양한 딸들은 아직 경력이 없다(자드와 조이는 각각 15세와 11세이다). 반면에 다비드와 로라는 예술 분야에서 자신의 경력을 쌓았다. 그들은 레티시아나 이복자매들보다 자신들이 아버지의 작품을 '지킬' 능력을 더 가지고 있다고 주장한다. 특히 다비드는 가수 겸 작곡가인 뮤지션이다. 그는 아버지를 위한 앨범(《Sang pour sang》)을 작곡하면서 생물학적 계보 위에 직업적인 계보를 더했다. 아버지와 아들의 협업을 아들의 탄생부터 상속 분쟁까지 거슬러 올라가면서 엮어 낸 벨기에 웹사이트의 기사 제목은 다음과 같이 매우 의미심장하다. '다비드 알리데, 진짜 후계자.'[5]

자산의 상속이라는 문제는 언제나 가족 내 경제구조 안에서 다양한 쟁점을 품고 있으며, 특히 사회적 지위를 누구에게 물려줄 것인가 하는 쟁점이 대두된다. 자산은 반드시 상속되어야 하되(다른 방식으로 낭비되어서는 안 된다), 아무렇게나 상속되어서는 안 되고(분산되어서는 안 된다), 누구에게나 상속되어서는 안 된다(상속자들이 가족 내에서 점하는 위치는 서로 다르다).

이를 설명하기 위하여, 이번 장에서는 가족의 모노그래프와 통계자료를 바탕으로 논지를 전개할 것이다. 이 장에서는 서로 다른 가족 구성 상황 속에서 한 세대로부터 다음 세대로 자산과 사회적 지위가 대물림되는 방식을 검토하되, 그 대물림 과정에서 가족 내 여성과 남성이 하는 역할에 초점을 맞춘다. 가족 내에서 부를 축적하고 전달하는 메커니즘이 여성에게 어떻게 불리한지 살펴볼 것이다.

## 가족 내 경제구조와 재생산 전략

많은 경우, 우리는 가족 내에서 관찰되는 경제구조와, 그것이 다른 구성원에게 수용되는 방식을 **가족 재생산 전략** 속에서가 아니라면 이해할 수 없을 것이다. 피에르 부르디외와 장클로드 파스롱의 연구[6]부터 시작해서, **재생산**이라는 개념은 사회적 계층구조가 유지되고 구조 안에서 지위가 지속적으로 분배되는 메커니즘을 묘사하는 데 사용되었다. 일상 속에서 개인들—예를 들어 부모—은 자신들과 가까운 사람—특히 자녀—을 위해 사회적 영역에서 자신의 지위를 유지하거나 상승시키기 위한 **가족 전략**을 수립한다.

**가족 재생산 전략**의 종류는 결혼, 출산, 부동산, 상속, 교육, 학업 등으로 다양하다. 이러한 전략들은 그것들끼리 **시스템**을 이루며, 특정 시기 특정 사회의 사회집단 간 경쟁에서 일정 부분 역할을 한다. 이러한 전략들은 항상 의식적으로 생겨날까? 꼭 그렇다고 볼 수는 없다. 재생산에는 일종의 실천감각〔부르디외의 개념—옮긴이〕이 있다. 이 실천감각은 의도적인 결정 없이 작동한다.[7]

2000년 초, 본 연구의 공동연구자 중 한 명인 시빌은 지롱드의 한 제빵사 가족의 사례를 연구했는데, 이 사례는 상속 시점에 어떤 가족재생산 전략이 드러나는지를 잘 보여 준다.[8] 연구 방법은 가족에 대한 모노그래프로, 장시간 진행된 심층면담을 통해 모든 연구 참여자의 자산 분배에 대한 관점을 개별 수집했다.

1992년, 빵집 주인인 마르셀 필롱은 은퇴하기로 결정하고 상속을 계획한다. 남편과 사별한 지 15년이 넘은 그는 아들에게 빵집, 그리고 가게와 연결된 큰 집을 물려준다. 아들 피에르는 당시 43세이며 이미 제과제빵사로 일하고 있었다. 그러나 피에르에게는 자매가 세 명 있다. 공증사무소에서 작성한 대로 마르셀의 세 딸은 몇몇 부동산과 토지를 물려받았지만, 그들의 몫이 피에르의 몫만큼 가치가 나가는 건 아니었다. 민법 원칙에 따라서 평등한 상속이 이루어질 수 있도록, 공증서에는 피에르가 가게 가까이 사는 두 여동생에게 빵과 제과류를 무료로 제공할 것이 명기되었다. 바게트, 크루아상, 쇼콜라틴의 수를 세는 어머니 마르셀의 감독하에, 이 계약은 그 후 10년 동안 엄격하게 지켜졌다.

서류상으로는, 이 조처는 정확하고 공정해 보인다. 그러나 문화기술지적 조사를 통해 이 조처는 어떤 중요한 부분을 누락하고 있음이 드러났다. 그 누락은 모두가 알고 있는 사실이었다. 어떤 것이 의도적으로 계산에 포함되지 않았던 것이다. 1960년대, 필롱 부부는 그들의 아들인 피에르를 위해 제과점 영업권을 매입했다. 당시 피에르는 14세였다. 후에 피에르는 부모의 빵집과 그 제과점을 합쳐 단독으로 빵집-제과점 주인이 되었다.

시골에서 영업권의 가치는 무시할 수 없는 수준으로, 약 5만 유로에서 10만 유로에 달한다. 하지만 이는 공식적인 자산에 포함되지 않는다. 심층면담을 하는 동안, 마르셀 필롱과 자녀들은 피에르가 가업을 위해서 희생했기 때문이라고 정당화했다. 게다가 피에르는 그의 자매들과는 달리 고등교육을 마치지 못했다. 마르셀 필롱은 딸들의 교육 비용까지 계산하면서 그들을 가르치기 위해서 1960년대에 방앗간을 팔았다고 했다.

그렇지만 평화로운 상태라고 보기는 이르다. 시빌이 상속과 분배의 공정성에 대해 자매들에게 명시적으로 질문했을 때, 그들은 문제적인 요소에 대해 이야기하기에 앞서 정당화부터 했다. 그러나 자매들도 부모의 가게에서 일을 했으되 항상 무급이었던 반면, 피에르는 빠르게 정식 직원이 되어 빵집에서 발생하는 매출을 수익으로 얻었다. 게다가 방앗간을 팔았다고 해서 〔딸들의 학비가〕 충분한 것은 아니었다. 세 자매 중 한 명은 17세에 학업을 중단해야 했고, 다른 둘은 학비의 일부를 장학금으로 충당했는데, 그러면서도 계속 빵집에서 부모를 도왔다. 세 자매는 불만이 있었지만, 공증인 앞에서는 그것을 드러내지 않았다. 로젤린은 다음과 같이 말했다. "미셸린, 모니크, 그리고 나까지 우리 셋은…… 화를 내고 싶지 않았어요!"

이 사례에서 가족 간의 화목은 자매와 형제 간의 공정성보다 우선시되는, 가업 유지라는 명목 아래 지켜지는 것이다.

필롱 자매들이 불이익을 받았다는 사실에 이의를 제기하지 않는다면 이 이야기는 두 가지 버전으로 설명될 수 있다. 피에르가 부모로부터 특혜를 받는 '행운'을 누린 것이거나, 아니면 가족의 빵집-제과점을 이어받아 '희생'을 했다는 것이다.

가족 재생산 전략은 집단적으로 일어난다. 필롱 가족의 경우, 피에르의 자매들이 가장 중요하게 여기는 문제는 빵집이 가족 내에 유지되는 것이고, 이는 그 집안이 동네에서 명성을 유지하는 주된 요소이다. 집단적인 차원에서, 상속 문제, 가족구성원 대부분이 동네에 거주한다는 사실, 부모의 자식들에 대한 다양한 투자 방식(모니크는 학교 교장이 되었고, 로젤린은 시의원이 되었다[a]) 사이에는 일관성이 있다.

a 오직 17세에 학업을 그만둔 미셸린만 지리적으로 멀리 떨어져 살았다. 일찍부터 월급을 받는 일을 했기 때문에, 그는 빵집 운영에 어려움이 있을 때 재정적인 지원을 했다. 어떤 빚도 지고 싶지 않으면서 관계를 끊고 싶지도 않았던(어머니는 방학 동안 그의 아이들을 봐 주었고, 모니크는 방학 숙제를 도와주었다) 그는 중대한 의료적 문제가 발생한 뒤에 다시 가까이에 살았다. 가족 재생산 전략에서 그의 위치는 폴 앙드레 로장탈이 19세기 프랑스를 다루면서 기술했던 것처럼, 당시 다소간 멀리 이주해 살았던 둘째 이하 자식들의 위치를 연상시킨다. 이

이 서로 다른 요소들은 지역 내 가족이 특정한 사회적 지위를 유지하도록 기여하여 명망을 축적하게끔 했다. **가족 전략**이라는 개념은 이 일관성을 이해하게 해 준다. "이 전략에 동참하는 플레이어들이 매번 결정을 내리는 대신, 앞으로 다가올 일을 예측하고(시간에 따른 일관성), 하나의 규칙에 따라 분배하면(공간에 따른 일관성) 전략이 있다고 할 수 있다. 의식을 했느냐 하지 않았느냐는 그다지 중요하지 않다. 핵심은 일관성이다. 따라서 이 전략은 각각의 수행이 하나의 목적을 향해 가느냐를 중요시한다고 볼 수 있다."[9] 우리가 관찰하는 가족 내 경제구조는 미래를 걸고 이루어지는, 그리고 특정한 사회적 성향과 자원 및 제약에 기반을 두고 이루어지는 일관된 선택의 결실이라는 의미에서 **전략**의 결과물이다.[10]

사회계층에 따라 사회적 성향, 제약 및 자원은 달라지며, 가족구성원들 간에는 일부 공유된다. 그러나 같은 가족 내에서도 여성과 남성은 서로 다른 성향과 자원을 이용하게 된다. 필롱 가족의 경우를 예로 들면, 딸은 가족 사업의 필요에 따라 가게를 도우면서 무보수로, 이득에 대한 관심 없이 일하는 것이 정상임을, 그리고 급여를 받는 일자리를 얻기 위해서는 학력자본을 축적해야 한다는 사실을 배운다. 아들은 자신의 노동이 가치를 부여받고 이로부터 보수를 받는 것이 정상임을 배운다. 그는 독립의 혜택을 받고 일찍이 상속을 받은 데 대한 경제자

에 관해서는 『보이지 않는 노동: 프랑스 19세기의 공간, 가족, 이주』를 참조하라(Paul-André Rosental, *Les Sentiers invisibles. Espace, familles et migrations dans la France du xixe siècle*, Éditions de l'EHESS, Paris, 1999).

본을 수익화하며, 가업의 결과물로부터 빠르게 이득을 본다. 따라서 가족은 성별화된 개인을 생산해 낸다. 성별화된 개인들은 가족 재생산 전략에서 위계화되며 서로 다른 역할을 수행하게 된다.

## 자영업자 가족에서 '사랑받는 아들'

가족 재생산 전략 중, 가족 내에서 특히 남성을 상속자로 정하는 방식은 지롱드의 빵집 가족에게서만 특별하게 나타나는 것이 아니다. 상속할 만한 가치가 있는 자산을 가진 가족들에서 이런 방식은 전반적으로 나타난다. 필롱 가족에서 보듯이, 어떤 분야의 직업이든 간에—농업, 공예, 상업, 산업 및 서비스, 자유업 등—가업은 중요한 의미를 지닌다. 농부들은 상당수가 가업을 이어받는 방식으로 일하고(농업인 중 83%는 적어도 부모 중 한쪽이 자영농이다), 자유업으로 분류되는 다른 직업에서도 이런 현상이 차지하는 비중은 무시할 만하지 않다. 사업가의 50%, 자유업의 47%, 장인과 상인의 45%가 자영업자의 자식이다.[11] 특히나 아들, 그중에서도 맏아들은 가업을 승계할 때나 더 일반적으로는 자영업자 지위를 승계받을 때 가장 먼저 혜택을 받는다.

남자들은 가장 어린 나이부터, 독립적인 기업가정신, 자영업, 직업을 향한 열망을 골자로 하는 사회화의 대상이 되는데, 이는 직업적인 자산을 상속받는 대상으로서의 사회화와도 관련이 있다. 이것은 셀린이 프랑스 코냑 지역에서 가족경영을 하는 와인업자 가족에서 관찰한 것이며,[12] 마찬가지로 프랑스 피카르디 지역의 금속산업에서 사회학자 샤를로트 델라비Charlotte Delabie가 발견한 것이기도 하다.[13] 필롱 가족의 경우와 마찬가지로, 여성들도 경영에 간간이 도움을 줄 수 있기 때문에 해당 업계에 발을 들일 수 있다. 그러나 여성들이 가업에 함께함으로써 재정적으로 '이익'을 보는 일, 즉 월급을 받거나 기업의 지분을 소유하거나 가업이 생산한 결과물을 상속받으리라고 기대되는 일은 훨씬 드물다. 만약 가족 내에서 자식 중 아들이 하나뿐이라면, 자영업을 계승할 사람은 분명하게도 그 아들이라고 여겨진다.

부모들은 자녀가 자신들의 자영업을 성공적으로 이어 나가리라는 확신이 있을 때 자신들이 쌓은 전문적, 경영적 역량을 더 잘 물려준다. 그러나 부모들은 이러한 확신을 딸보다 아들에게 더 자주 갖는다. 베르나르 자르카Bernard Zarca는 이를 부모가 자녀에 대해 가진 "투사적 가치"라 부르기도 한다.[14] 일반적으로 자식이 독립하기까지 필요한 사회화 과정에서, 부모는 자기 주변의 특정 직업을 가진 사람들이 자식과 같은 성별일 때(특히 딸보다는 아들의 경우), 자식의 사회화에 더 많이 투자하는 경향이 있다. 부모들의 이러한 '현실주의'가 항상 근거 없다고 볼 수는 없다. 아버지가 딸에게 자신의 직업을 물려주려고 교육한다고 해도, 딸이 직업을 이어받아 생활할 때 때로는 극복할 수 없는 수준의 어려움을 겪는 일을 막을 수 없다. 예를 들어, 코냑 지역에서 포도 재배를 하는 가족 중에서 딸이 가업을 이어받은 경우는 남자 형제가 없거나 있더라도 장애나 질병으로 인해 가업을 이을 수 없는 경우가 대부분이다. 딸들이 가업을 이어받으면, 같은 상황의 아들들은 겪지 않는 문제를 맞닥뜨리게 된다. 일부 선임들이 교육해 주기를 거부하거나 대출을 할 때 은행의 신뢰를 얻기 어려워지며, 지역위원회가 토지를 맡길 때 거리낌을 보이는 등의 문제를 마주하게 되는 것이다.[15]

직업적인 영역에서 마주하는 장애물에는 가족 내에서 겪는 어려움도 있다. 가장 큰 부분은 소유 농지에서 배우자가 점하는 위치다. 셀린은 2000년대 초반에 밀렌 가몽이라고 하는, 와인 자영농인 젊은 여성이 가업을 이어받을 때 부모가 그 결정을 유예하는 문제에 대해서 조사했다. 형제가 없는 밀렌은 자영업자로 사회화되었으며, 와인학에 대해서 철저히 교육을 받았다. 그러나 밀렌이 직업이 없는 전기 기술자와 연인 관계를 맺게 되면서 상황이 바뀌었다. 그가 아내와 함께 와인 농업을 할지(장모와 장인은 예비 사위가 무능하다고 간주하여 이를 용납하지 않았다), 혹은 와인 농장이 있는 곳과 먼 도시에서 월급을 받는 직장인이 될지 고민하면서 가업승계가 밀리게 되었다. 15년 후, 밀렌은 더 이상 포도 재배자가 아니었다. 밀렌은 사업가로서 훈련받은 자신의 역량을 전기 및 배관 일을 하는 남편을 도와주는 데 썼다.

딸과 아들을 차별하는 기제인 '투사적 가치'와 직업적 영역에서 여성들이 겪는 차별을 넘어, 또 다른 유형의 불평등이 존재한다. 이 불평등은 자영업을 하는 데에 가족 내에서 이른 시기에 차별화되는 가족 사회화가 얼마나 중요한지를 드러낸다. 자영업자의 자녀 가운데 부모처럼 자영업자가 되는 자녀는 장남인 경우가 많다.[16] 이처럼 성별과 출생 순서에 따라 부모의 자영업을 이어받을 확률이 다르게 나타난다. 자영업자 집안 중에서 외동자식인 아들의 37%가 자기 사업을 운영한다. 이는 외동자식인 딸(28%)이나 맏아들(30%) 또는 작은아들(27%)보다 더 높은, 그리고 맏딸(18%)과 작은딸(17%)보다는 훨씬 높은 수치다.

가업의 재개는 마찬가지로 다음과 같은 경향을 보인다. 외동자식인 아들의 25%가 부모의 자영업을 재개하며 외동자식인 딸이 그렇게 하는 경우는 19%에 불과하다. 자녀가 여러 명인 경우, 가업을 재개할 확률이 가장 높은 것은 맏아들이다(21%), 그리고 그 뒤를 작은아들이 따른다(18%). 여자들은 맏딸이든 작은딸이든 부모의 사업을 재개할 확률이 11%에 불과하다. 가업승계에서 〔장녀의 경우〕 여성으로 태어난 것이 맏이로 태어난 것보다 불리한 것으로 나타난다.

## "살리카 법과 똑같잖아, 말도 안 돼!"

이런 가족 내 불평등은 단순히 월급 생활자의 시대가 도래한 이후로 사라진 '자영업 사회'의 잔류물일 뿐일까? 의심스럽다. 우선, 우리가 이미 앞선 장에서 언급한 바와 같이, 프랑스와 유럽 전체에서 자영업자의 비율은 월급 생활자가 늘어났다고 해서 더 감소하지 않았다. 또한 현대 프랑스 사회 규모에서 볼 때, 특히 자영업자, 그중에서도 개인 자영농의 비중은 여전히 매우 높다.

어떤 가족에서는 자영업자의 문법이 가족의 자산 상속의 일부를 계속해서 관장한다. '사랑받는 아들'의 형상은 놀랍게도 영속한다.

실뱅 쿨멜의 경우를 보자. 정치대학〔프랑스의 엘리트 고등교육기관인 그랑제콜 중 하나—옮긴이〕에 다니는 이 학생은 자기네들이 가진 작은 경제자본을 점점 조금씩 문화자본으로 전환한 가족의 '사랑받는 아들이자 손자'라는 인물상을 완벽히 구현한다.[17] 그리고 그 역시 이 사실을 알고 있다. 이 말과 여기 함축된 의미를 이해하기 위해서는 실뱅의 어머니 크리스틴의 원가족인 르누아르 집안의 가계도를 거슬러 올라가야 한다.

이야기를 시작하기 위해서는 시작점을 잡아야 하기 때문에, 1950년대 멘에루아르 지역에서 시작해 보겠다. 르네와 자클린 르누아

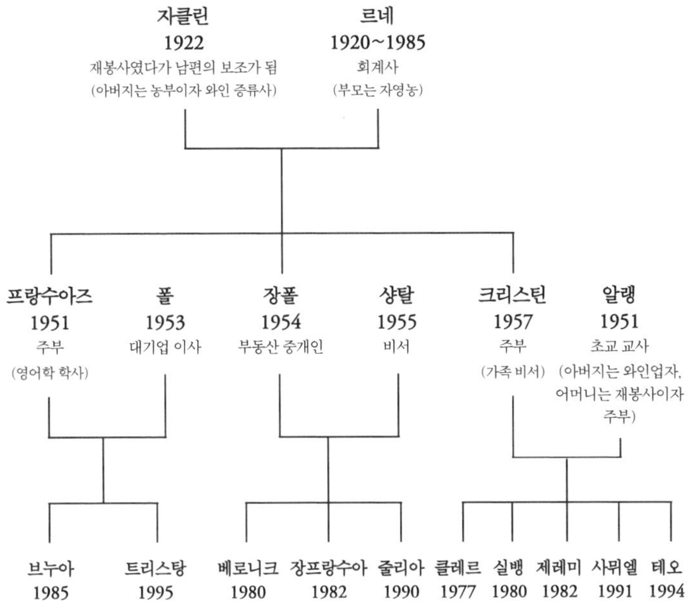


르 부부는 둘 다 농민 출신으로, 지역 내 작은 도시인 세그레에 회계사무소를 개업했다. 그런 지 몇 년 안에 이들은 세 아이를 낳는다. 바로 프랑수아즈, 장폴, 크리스틴(순서대로 딸, 아들, 딸)이다.

이 자녀들 사이에서 보이는 상황은 명백하다. 필롱 집안에서처럼, 아들이 가업을 잇고 그의 자매들이 이에 찬성한다.

그러나 장폴 르누아르는 회계사무소를 이어받기에 가장 적임자는 아니었다. 자동차 정비공이었던 그는 영어학 학사학위가 있는 누나 프랑수아즈보다 마땅한 학력을 갖추지 못했다. 그렇다고 고등학교 졸업 학력으로 회계사무소에서 시간제로 일한 막내 크리스틴보다 가업에 신경을 더 쓴 것도 아니었다. 그럼에도 불구하고, 1980년 부모로부터 아들인 장폴이 아버지의 고객들을 물려받게 된다.

장폴 르누아르는 공인회계사가 되기에 요구되는 면허를 보유하지 않았기 때문에, 그는 인계받은 아버지의 고객들을 앙제로 데려간다. 공인회계사 면허를 가지고 운영되는 회계사무소의 협력자로 들어갔기 때문이다. 2000년, 그는 이 고객들을 해당 회계사에게 인계하고 그 돈으로 부동산 중개업소를 열게 된다. 그리고 몇 년 후, 그 이익 덕분에 두 번째 중개업소도 열게 된다. 따라서 장폴 르누아르는 자신의 자격 취득 여부와 무관하게 상당한 규모로 가족 내 경제적 이전의 혜택을 받았으며, 그 사실은 그의 직업 및 자산과 관련된 경로에 큰 영향을 미쳤다. 현재, 그는 아내와 함께 최근 모든 대출을 갚은 자기 소유의 주택에 거주한다. 하지만 이러한 '사랑받는 아들'은 가족관계에 장기적인 흔적을 남기게 된다.

크리스틴의 장녀인 클레르 쿨멜은 2002년에 이렇게 말했다. "할아버지가 삼촌에게 고객들을 넘겨줬고, 그게 엄청난 돈이 됐죠. 할아버지 손님들이 엄청 많았으니까. 삼촌은 공짜로 그걸 얻었고요! 전 이 모든 이야기를 엄마가 말해 줘서 알게 됐어요. 할머니한테서 들은 게 아니라요. 다른 사람들, 그러니까 엄마와 이모는 이렇게 말했어요. '좋아, 회계사가 되고 싶은 건 걔지 우리가 아니야. 우리는 그 손님들에게 관심 없어. 그렇지만 어쨌든 결국 그게 큰돈이 된 거지.' 할아버지가 삼촌한테 고객들을 넘겨줬을 때, 이모하고 엄마한테도 돈을 줬을 거예요. 제 생각엔 최소한 제 부모님은 [자신들의 집을 사는 시점에] 돈을 좀 받은 것 같아요. 하지만 그 같은 정도의 가치는 아니었을 거예요. 고객 명단만큼의 가치에 달하는 건 아니었겠죠. 고객들은 말 그대로 고객이어서 가치를 계량화할 수 없다고 해도요. 하지만 엄마는 후에 이렇게 이야기하길 멈추지 않았어요. '할머니는 우리가 빚을 졌다고 했어. 하지만 할머니가 기억하지 못하는 건 우리 아버지[르네 르누아르]가 장폴에게 멋진 선물을 줬다는 거야! 아버지가 아니었다면 장폴은 아무것도 아니었을 거야. 그런 고객들을 가질 만한 수단이 하나도 없었어. 자격증도 없었지. 공부를 안 했으니까.' 그러니 어쨌든 삼촌이 할아버지에게 빚을 많이 진 거죠."

그다음 세대의 재산 이전은 아직 일어나지 않았다. 그러나 몇 가지 지표는 이제 오늘날 남편을 잃은 할머니의 '사랑하는 손자'가 실뱅 쿨멜임을 추측하게 해 준다. 크리스틴의 아들인 그는 손주들 가운데서 맏이는 아니지만(클레르가 그의 누나로 두 살 더 많다), 손자들 중에서는 나이가 제일 많다. 더욱이 그는 어린 시절 내내 조부모가 있는 세그레 가까이에 살았다. 훨씬 멀리 떨어진 앙제나 브뤼셀에 사는 사촌들과는 달리 말이다. 그보다 두 살밖에 어리지 않은 그의 사촌 형제 장프랑수아 르누아르는 집안의 성씨를 잇기 때문에 논리적으로는 르누아르 집안의 후계자로 간주될 수 있다. 그러나 정치대학에 다니는 실뱅은 장프랑수아보다 훨씬 더 큰 학업성취를 거머쥐었다. 장프랑수아는 겨우 고졸로 학업을 마치고 그 이후로는 낙방했다. 실뱅의 학업성취에 견줄 수 있는 사람은 고등사범학교〔역시 그랑제콜 중 하나—옮긴이〕 출신의 클레르뿐이지만, 그는 여성이다. 이러한 이유로, 실뱅의 문화자본과 성별, 출생 순서, 지역성이 결합되어 그가 가족 집단의 상속인 역할을 담당하게 된다. 다만 조사 당시에는 이러한 요소들이 자산적 측면에 미치는 영향을 모두 파악할 수는 없었다.

2000년, 르누아르 할머니는 아들 장폴이 집안사람이 아닌 공인회계사에게 고객들을 매각하는 것을 보고 당시 22세였던 손자 실뱅에게, 공증인에게 함께 가자고 요청한다. 그의 누나인 장녀 클레르는 이렇게 결론짓는다. "우리 어머니 쪽 집안에서는 항상 남자가 여자보다 우선돼요. 그러니 장폴 삼촌은 우리 할머니의 가장 사랑하는 아들이에요. 실뱅이 아주 오랫동안 우리 어머니의 가장 사랑하는 아들이었던 것과 꼭 마찬가지로요……. 살리카 법[b]과 똑같아요. 말도 안 되는 일이에요!"

삼대에 걸친 르누아르 가족의 이야기는 20세기 경제 인구가 경험한 변화를 품고 있다. 농민에서 시작해 능력주의적 교육의 산물인 학력자본을 통해서 중산층과 상류층, 독립적 직업의 새로운 형태인 '화이트칼라'가 되었다.[18] 확장되는 이 사회집단에서 우리는 오래전부터 피에르 부르디외가 베아른 농촌 사회에서 밝히고 연구한 바를 관찰할 수 있다.[19] 바로 남성 후계자가 가족 내에서 일찍이 결정되며 그가 가문의 사회적 지위를 물려받고 자산을 특권적으로 상속한다는 점이다. 어떤 이들은 상속에 관한 이러한 남성의 특권이 농경사회와 귀족사회의 쇠퇴로 인해 사라졌다고 생각하지만, 경제자본이 문화자본과 결합되는 오늘날의 프랑스 사회에서도 여전히 엿볼 수 있다.

b '살리카 법'은 4세기 초에서 6세기 사이에 이른바 '살리안'계 프랑크족(클로비스가 이 부족의 초창기 왕들 중 한 명이었다)에서 만들어진 법규 모음이다. 14세기에 프랑스 카페왕조의 법학자들이 여성의 왕위 계승 금지를 정당화하기 위해서 이 법전의 한 조항을 끄집어냈다. 중세 말과 근대에는 "살리카 법"이라는 표현이 프랑스 왕위 계승 규칙을 의미했다.

## 지켜야 할 것들

통계청이 프랑스 가정 약 1만 가구를 대상으로 실시한 '자산' 조사의 통계분석은 쿨멜 가족의 이야기에서 관찰된 바를 일반화하는 데 도움이 된다. 2015년, 자영업자의 자녀들 가운데 남자아이들이 받는 상속과 증여의 내역은 여자아이들이 받는 것에 비해서 직업적 자산으로 구성되는 경우가 더 많았다. 특히, 아들들 중에서도 장남이 이전받는 자산과 딸들이 이전받는 자산을 비교하면 차이가 더욱 두드러진다. 그러나 성별과 출생 순서에 따라 자산 이전이 달라진다는 사실은 자영업자 가족에게만, 직업적 자산에만 해당되는 것이 아니다. 모든 가구에서 아들에게, 특히 장남에게 전달되는 증여와 상속은 사용권이 유보된 주거지로 구성될 가능성이 훨씬 높았다. 대체로 이 주거지는 가족 대대로 내려온 집으로서, 부모 둘 중 한 사람의 사망 이후 (첫째) 아들에게 물려주고 생존배우자가 사용권을 지니는 형태일 공산이 크다. 동산과 토지의 경우에도 마찬가지다. 아들, 그중에서도 장남들은 특정한 물리적 자산(기업체, 주택, 토지 등)을 받는 경향이 있다. 크리스틴 르누아르가 받은 것과 같은 현금 이전과는 대조적으로 말이다.

또한, 현대 프랑스에는 상속과 관련해서 인류학자들이 자주 이야기하는 구분법이 존재한다. "그냥 줄 수 있는 것, 팔 수 있는 것, 주지도 팔지도 말고 지켜야 할 것"[20] 사이의 구분이다. 어떤 물건들은 귀중하며 처분할 수 없고 아주 특별한 조건에서만 소유권자가 바뀐다. 이러한 '지켜야 할 것'들은 그 안에 소유자의 성격과 역사를 담고 있다.[21] 이러한 재산들은 특별한 '힘'이나 '정신'을 가졌다고 간주된다. 오늘날 이 재산에는 가족의 기업, 가족의 주택, 회사의 특정 주식이나 지분 혹은 특정한 토지 등도 포함된다. 이러한 재산들은 다음 세대로 순환되는 나름의 방식을 가지고 있다. 누군가에게 팔리는 것이라기보다는 현물로 물려받는 것이며, 남성 및 장남에게로 귀속되는 방식이 선호된다.

그러나 민법〔즉 평등상속의 원칙〕이 존재하여, 이러한 특별한 재산을 물려받지 못한 자녀들은 일반적으로 현금으로 보상을 받는다. 그리하여 딸들에게 돌아가는 상속분은 49%가 현금으로만 구성된 반면 아들의 경우는 상속분에서 현금의 비중이 45%에 그쳤다.

아이가 외동인 경우, 상속재산의 현금 비중이 딸은 32%, 아들은 26%였다. 자녀가 여럿인 경우, 장녀에게 할당된 상속분 중에서는 49%, 다른 딸들에게 할당된 상속분 중에서는 54%가 전적으로 현금이었으며, 장남의 경우 43%, 다른 아들들의 경우 51%였다.

이러한 차이들은 늘 같은 방향으로 나타나지만, 작아 보일 수도 있다. 통계상의 평균이란 매우 다양한 상황들 사이에 존재하는 값이기 때문이다. 모든 자녀가 같은 성별인 가족과 그렇지 않은 가족이 있다. 자산 분배에서 여지가 없는 상황—상속재산 전체가 현금인 경우나, 단일 부동산 하나인데 아무 상속인도 이를 살 수 없어서 팔아야만 하는 경우도 있다. 성별화된 자산 분배가 이루어지는 상황, 이를테면 '지켜야 할 것'은 장남에게로, 현금은 다른 자식들에게로 가는 경우도 있다.

아들, 특히 장남의 역할은 그저 상속받는 자산의 속성뿐 아니라 상속이 이루어지는 순간에도 드러난다. 아들은 사전증여를 통해 딸들에 비해 더 이르게 자신의 몫을 받는다. 상속재산에서 사전증여가 차지하는 비중이 여성의 경우 33%인데, 남성의 경우에는 38%로 뛴다. 이러한 차이는 가족 구성 양상에 관계 없이 공통적으로 나타난다. 자녀가 외동인 경우, 아들은 상속재산 중 사전증여의 비중이 45%에 달해 딸의

40%와 비교된다. 자녀가 여럿인 경우, 이 수치가 장남에서는 40%인데 비해 장녀에서는 37%이며, 장남 아닌 아들들은 32%이지만 장녀 아닌 딸들은 27%이다. 더 이르게 상속을 받는 것은 삶에서 일어나는 다른 선택뿐 아니라 평생 동안의 자본 축적 역동에 이점을 가져다준다.

## 부성에서 자산까지

법률용어로서의 '자산patrimoine'은 개인의 자산에 대한 권리 전체를 총칭한다. 라틴어 단어 patrimonium에서 유래한 이 단어는 '아버지'에서 왔다(라틴어 pater: 아버지, munire: 제공하다). 마치 아버지만 자산을 소유하고 다음 세대에게 물려주는 것처럼 말이다. 이는 아버지의 성을 물려주는 것과 같은 논리다.

프랑스에서는 오랜 기간 동안, 아버지, 즉 아이 어머니와 결혼한 남자 혹은 자신이 아버지임을 알게 된 남자만 자신의 성을 물려줄 수 있었다. 겨우 2005년부터 자녀들은 부모 성 가운데 하나를 선택하여 따르거나 두 부모의 성을 다 사용할 수 있게 되었다. 그러나 호적정정 요청이 별도로 없으면 여전히 아버지의 성이 기본적으로 부여된다. 2013년까지는 부모 간에 의견이 분분할 경우 아버지의 성이 우선 사용되었다(이후에는 알파벳순으로 사용된다). 그렇기에 실제로는 아버지의 성이 크게 우세하다. 최근 통계자료에 따르면,[22] 2014년 출생 아동 중 83%가 아버지의 성만을 사용하고 있다. 결혼한 부부 사이에서 태어난 아이들의 경우에는 이 비율이 95%에 달한다. 2014년 출생 아동 중 부모의 성을 둘 다 쓰는 아이는 10%인데, 그중 8%는 아버지의 성 뒤에 어머니의 성을 붙이고, 2%는 두 성을 반대 순서로 사용한다. 어머니의 성만을 사용하는 아이들은 7%인데, 그들 가운데 90%가 사실상 아버지가 없는 경우다.

남성의 성은 배우자에게도 적용된다. 프랑스에서는 법적으로 부부 사이에서 여성이 남편의 성을 따르도록 강제하는 법은 없다. 그러나 행정적 관행들이 오랫동안 이러한 관습을 만들어 냈으며, 법적으로는 부적절하지만 여전히 완고하게 남아 있는 "처녀 시절 성"이라는 범주를 만들어 냈다. 1995년에는 기혼 여성 가운데 91%가 남편의 성을 일상적으로 사용하였다.[23] 보다 현대적인 자료는 안타깝게도 가지고 있지 않다. 다만 현재는 결혼하는 나이가 늦어지면서 이러한 관행이 줄어들고 있다. 그러나 최근 연구에서, 남편의 '성을 따르지' 않고자 하는 기혼 여성들은 주위의 가족, 친구, 직장 내에서 저항에 부딪혔으며, 다양한 상황에서 배우자의 성을 강제로 사용하도록 강요받았다고 증언했다.[24] 그리고 이와는 반대로, 법적으로 남성이 부인의 성을 취할 수도 있다는 것을 누가 알고 있을까?[25]

여성들이 가부장의 성씨에 종속되는 것, 혹은 아버지의 성씨가 아들에게 전해지는 것은 법으로 정해진 의무는 아니지만 관행으로 계속된다. 이런 상황은 결코 여성에게 해가 없다고 볼 수 없다. 여성과 달리 남성들은 가족의 성씨라는 상징적인 자산을 보유하고 있으며, 이를 자신의 자녀에게 전할 수 있고, 자신의 배우자에게 강제할 수 있고, 이를 통해 가족의 재생산 전략에서 중요한 위치를 차지하고 있음을 상징적으로 나타낼 수 있다. 이어지는 세대에서는, 아들들은 안정적이고 전달 가능한 이름을 상속받는다. 특정 농촌 사회에서는 그들을 '대를 이어줄 존재'라고도 부른다. 반면, 어머니나 딸들은 이러한 상징적 자산을 소유하지 못한다. 법률로 해결하지 못하는 이런 근본적 불평등은 물질적 부를 전유하고 전달하는 메커니즘에서도 나타난다.

## '사랑받는 아들'에서 부부 내 자산 불평등까지

십 년 동안 자기 자매들에게 빵과 과자를 제공했던 지롱드의 제과제빵사 피에르 필롱에게로 돌아가 보자. 1979년, 31세였던 그는 지젤과 결혼했다. 피에르의 직업적 커리어는 그때나 지금이나 그가 받은 상속재산과 관련되어 있었다. 잊었을까 싶어 이야기하자면, 그는 빵집과 관련된 제과업 영업권의 소유자였으며, 그의 어머니는 가게가 있는 집을 그에게 증여했다. 지젤은 겨우 22세였다. 그의 부모는 파리의 보석업자였다. 지젤과 피에르는 지젤이 매년 가족을 보러 가는 지역에서 바캉스 기간에 만났다. 남편과 달리, 지젤은 부모로부터 상속을 받은 적이 없다. 지젤 가족이 사는 동네에서 지젤의 부모는 좋게 보면 "장신구팔이"를 하는 약간 예술가적인 "보헤미안"으로(지젤의 형제는 유명 조각가이다), 최악의 경우 무책임하고 약간 "미친" "문젯거리"로 여겨졌다. 지젤은 일을 해서 먹고살았지만 대학을 졸업하지는 못했고, 이렇다 할 직업도 없었다. 따라서 젊은 부부가 남편 피에르가 단독으로 소유한 집과 제과점에 정착한 건 당연했다.

확실히, 이러한 경우는 통계적으로는 소수에 속한다. 이성애 부부 소유의 주 거주지 중 8.1%만 남성의 단독 소유이다. 그러나 이러한 양상은 그 반대에 비하면 두 배 이상 덜 드물다. 부부 소유의 주 거주지 가운데 4.6%만 여성의 단독 소유이다. 부동산 소유의 불평등한 양상은 다른 유형의 주택에서 더 자주 발생하며 또한 남성에게 유리하다. 부부가 소유한 보조 거주지의 경우, 52%만 여성과 남성이 공동으로 소유하며, 27%는 남성 배우자 소유이고(대체로 단독 소유, 혹은 가족 상속으로 인해 자매 및 형제와 공유 등), 이에 비해 19%만 여성 배우자 소유이다.

주 거주지의 경우, 소유권에서 발견되는 이런 불평등은 아주 중요한 함의를 지니고 있다. 단지 여성 배우자의 자산이 남성 배우자의 것보다 현저히 적은 것뿐만 아니라, 거주지의 위치가 남성의 가족적, 직업적 제약에 영향받아 결정되는 것이다. 피에르 필롱은 심층면담에서, 지젤이 시어머니 및 시누이들 코앞에 살면서 겪었던, 그리고 직업 경력을 쌓는 데서 맞닥뜨렸던 어려움을 언급했다. 지젤은 한동안은 일을 포기했고, 그 뒤에는 자신이 직원으로 일하게 된 프랑스은행이 있는 보르도와 자신이 사는 동네를 많은 시간과 비용을 들여 왕복했다.

지젤과 피에르 필롱의 나이 차(피에르가 아홉 살 연상) 역시 그들의 부동산 축적에 나타나는 차이에 중요한 역할을 한다. 이 나이 차는 예외적인 것이 아니라 그 반대다. 2012년, 동거하는 커플 중에서 동갑(나이 차 1년 이내)인 경우는 10쌍 중 3쌍에 불과했다. 6쌍에서 남성이 여성보다 연상이고, 오직 1쌍에서 남성이 여성보다 연하다(해당 경우의 비중은 증가하는 추세다).[26]

부부 혹은 동거하는 사이로 결합하는 시점에 더 연상인 사람은 현재 진행 중인 직업 커리어에서 〔상대방보다〕 더 나을 가능성, 그리고 다른 모든 조건이 동일한 경우에도, 상속받았든 직장 초년생 때부터 저축해서 모았든 자신의 자산을 더 많이 소유할 가능성이 높다. 이러한 초기 자산에서의 불평등은 커플의 삶이 진행되는 동안 더 심화될 가능성이 있다. 더 부유한 연상은 그 자산을 더 잘 활용하면서 더 부유해지고, 그 반대인 연하는 상대방에 맞춰 직업 커리어를 조정하게 되기 때문이다. 반면 서로 나이가 비슷한 커플의 경우, 결합 시점에 각자의 개인적 부도 동등한 가치를 가질 가능성이 높다. 이러한 부는 법적 결혼을 할 경우 부부 공동자산으로 투자할 수 있으며, 사실혼 관계를 유지하는 경우에도 공동소유로 함으로써 주택 구입 비용을 상당히 절약할 수 있다.

지젤과 피에르 필롱의 경우를 비롯해 많은 경우에서, 남성이 원가족 내에서 '사랑받는 아들'의 위치에 있고, 부부간의 나이 차, 불균형한 가사 분담, 노동시장 내 여성의 낮은 위치가 그에 결합된다. 지젤이 오랫동안 직업을 포기하고 본인 소유가 아닌 집에서 살아야 했던 것도, 그가 어린 자녀를 부양하는 데다 학력이 부족하여 육아 및 원거리 출퇴근에 드는 비용을 보상해 줄 일자리를 기대할 수 없었기 때문이다.

따라서 가족의 생애주기 동안 여러 유형의 성별 불평등이 누적된다. 이는 남성 배우자에게 여성 배우자에 대한 권력을 부여함으로써, 출발선에서부터 이미 불리한 처지에 있는 여성의 경제적 상황을 한층 더 약화시킨다.

## 부부 내에서의 상속과 자산 지배권

아내가 남성 배우자보다 부유한 가정 출신일 경우에는 어떨까? 우리가 지금 살펴볼 사례는 현대 프랑스에서 여성이, 심지어 선천적으로 유리한 상황에 있는 여성조차 부부 내에서 상속과 부의 지배권을 갖는 데 거의 성공하지 못하는 이유를 설명하는 데 도움을 줄 수 있다.

멘에루아르의 세그레에 살았던 르누아르 가족[c]으로 돌아가서, 막내딸인 크리스틴에게 집중해 보겠다. 우리는 크리스틴의 형제인 장폴이 '사랑받는 아들'의 지위를 누리며 회계사 부모님의 고객들을 이어받았고, 고객들로부터 상당한 직업적, 자산적 지위를 얻었다는 것을 알고 있다. 하지만 크리스틴은 남편 알랭 쿨멜과 함께 집을 구입할 때 금전적인 지원—물론 이는 비교적 적은 가치를 지니긴 하지만—도 받았다. 세그레의 초등학교 교사인 알랭 쿨멜은 르누아르 가족에 비하자면 훨씬 소박한 집안 출신이었다. 아버지는 와인 농업 노동자, 어머니는 재봉사였다. 그는 부모로부터 어떠한 유산도 받지 못했다. "대충 요약하자면 크리스틴의 집안은 유복했고 나의 집안은 가난했다"라고 그가 말하기도 했다.

2002년, 크리스틴과 알랭 쿨멜 부부는 집을 팔았다. 알랭의 교사 봉급과 크리스틴의 부수입(오빠의 부동산 중개소에서 아르바이트하는 등)만으로는 다섯 자녀와 함께 충분히 편안한 생활을 유지하면서 대출을 상환할 수 없었다. 크리스틴의 가족으로부터 다소간 재정적 지원을 오랫동안 받았지만, 그들은 부동산을 포기하고 알랭이 교장으로 부임한 학교의 관사에 살기로 결정한다. 그들은 이것이 일시적인 해결책일 따름이라고 여긴다.

이들의 계획은 다음과 같다. 부부가 이미 바캉스를 자주 보낸 바 있는, 방데 해안가에 위치한 크리스틴 부모의 별장으로 이사해 평생 사는 것이다. 크리스틴은 이 집이 부모의 유산 가운데 자신의 몫이라고

c 본서 79쪽의 가계도를 참조하라.

생각한다. 심층면담에서 크리스틴은 언니와 오빠가 표할 수 있는 반대에 대해서 스스로 질문하기도 한다. 만일 그들이 집을 별장으로 유지하기 위해서 공동소유 상태를 유지하자고 한다면? 그리고 그들이 집의 가치를 높게 평가해 부부가 감당할 수 없는 현금을 내놓도록 한다면? 이런 우려는 크리스틴의 원가족 내에서 부동산 중개사인 오빠 장폴, 브뤼셀 대기업 이사를 남편으로 둔 언니 프랑수아즈와의 관계에서 크리스틴의 더 낮은 위치를 반영하고 있다. 크리스틴의 장녀인 클레르는 엄마의 걱정에 대해서 이렇게 이야기한다. "엄마는 할 수 있다면 적은 돈으로 그 집[방데의 별장]을 받고 싶었을 거예요. 그러나 엄마는 말했죠. '프랑수아즈와 장폴이 우리를 곤란하게 할 거야. 너무 많은 돈을 내라고 할 거야……. 공평하지 않아.' 엄마는 물론 이런 말도 했어요. '프랑수아즈와 장폴은 돈이 많잖아. 그리고 그 집에 가지도 않잖아. 둘이랑 그 집이 무슨 상관이야. 우리를 골탕 먹이려고 하는 거야. 자기들이 돈이 더 많으니까 권력을 쓰려는 거란 말이야. 우리가 원하는 대로 할 수 없게 하려고!'라고요."

결국 알랭 쿨멜이 결정을 내린다. 방데에 있는 집으로 이사하겠다고 요청하지 않은 것이다. 아내나 아이들과 협의하지 않고 내린 결정이었다. 〔그 결정으로부터〕 두 달 후인 2001년 10월, 알랭과 크리스틴의 장남 실뱅이 긴 심층면담에서 다음과 같이 이야기한다. "최근 일어난 극적인 반전은 아버지가 방데 집을 사는 것을 진지하게 생각한 적이 한 번도 없다고 말한 거였어요. 제가 기억하는 건…… 6월 말, 7월 초쯤인데, 부모님이 동생 제레미와 함께 거기 있을 때…… 어머니와 제레미가 집을 둘러보면서 도면을 그리고, 어머니는 방 배치에 대해 밤새워서 고민하고, 제레미는 콘센트를 어디에 설치해야 할지 생각하면서, 둘 다

열정적으로 임했던 모습이에요. 이제 와서 생각해 보면, 그때 아버지는 무슨 생각을 하고 계셨을까 싶습니다."

알랭 쿨멜은 다음 해 인터뷰에서 어떤 생각이었는지 밝힌다. 그는 이전의 집을 팔아 부부가 "빠져나오기 어려웠던 가족의 빚을 갚을 수 있었"다고 생각했으며 "공사와 대출에 빠지는" 일이 다시 일어날 것에 대한 걱정을 표했다. 자신의 직업적 상황에 기초하여, 알랭은 처가가 지배적 위치에 있는 관계에서 스스로를 해방시켰다. 크리스틴과 알랭 쿨멜 부부의 경우 남성이 노동시장에서 더 유리한 위치를 가지고 있어, 여성이 지배적인 힘을 행사하는 부동산이라는 상황을 극복할 수 있었다. 반면, 아내가 점한 잠재적인 자산적 이득은 막내딸이라는 위치 때문에 별다른 힘을 쓰지 못했다. 집안이 자산을 가지고 있기는 하지만 가장 정당한 계승자는 아닌 것이다.

만약 부모가 운영하는 회계사무소의 고객들을 물려받은 사람이 크리스틴이었다면, 상황이 얼마나 달랐을지 상상해 볼 수 있다. 전혀 불가능한 일은 아니었다. 크리스틴은 오빠보다 학력이 높았고, 실제로 부모 그리고 오빠를 위해 무급으로 혹은 직원이 되어 일한 적도 여러 차례 있다. 결혼할 때 알랭이 18세이고 크리스틴이 24세였다면〔그러니까 실제와 반대였다면〕 상황은 뒤집혔을 것이다. 만일 알랭이 크리스틴의 직업적 선택을 따르고 아이를 돌보기 위해 파트타임으로 일했다면, 그리고 아내가 남편의 전근에 따라가도록 요구받지 않아도 되었다면 말이다. 결국 크리스틴의 사례는, 여성이 자신의 배우자가 자기 집이라 여기지 않는 집에 살자고 설득하기가 어렵다는 사실을 보여 준다(알랭 쿨멜은 심층면담 마지막 발언으로, "거긴 우리 집이 아니에요"라는 말을 반복했다).

이성애 커플들에서는, 여성과 남성의 원가족 내 위치, 결혼 시장의 작동 방식,[27] 성별에 따른 불평등의 결합으로, 남성들은 여성들이 커플 내에서 거의 가질 수 없는 경제적 권력과 가부장적 우위를 얻는다. 모든 것을 고려하여 궁극적으로 볼 때, 자산 불평등은 자산의 공식적 재산권 면—남성들이 재산을 더 많이 가지기 때문에—으로 보나, 자산에 대한 의사결정에서의 권력 면으로 보나 남성에게 훨씬 유리하다.

## 가족 안에서, 노동시장 속에서: 지속되는 불평등의 동역학

20세기 중반부터, 여성들이 노동시장 내에서 점하는 위치는 발전해 왔다. 예전에는 여성들에게 전반적으로 닫혀 있었던 전문직(의료계나 법조계 등)에 여성의 비율이 조금씩 늘었다. 그러나 여성들의 직업이 여전히 지닌 특징이 있다. 남학생보다 더 좋은 학업성적에도 불구하고, 여학생들은 노동시장에서 '수익성이 덜한' 분야의 전공을 선택하는 경향이 있다. 여성들은 여전히 역사적으로 저임금 직종에 속해 온 특정 업종(행정, 건강, 사회복지, 가사서비스 등)에 종사하는 경향이 강하다.

아이를 가진 여성들은 1950년대나 1960년대와 달리 직업 활동을 중단하는 기간이나 빈도가 적지만, 여전히 남성들보다 파트타임으로 일하는 경우가 훨씬 많다.[28] 이는 그들의 임금을 제한하고(파트타임으로 일한다는 것은 파트타임 임금을 받는다는 것이기에), 커리어 발전을 늦추는 이중의 결과를 초래한다. 민간부문과 공공부문 모두에서 여성들은 가장 중요하고 가장 높은 급여를 받는 자리를 차지하지 못하도록 막는 유리천장에 부딪힌다.[29] 이 모든 요인들은 평균적으로 여성들이 남성들보다 수입이 25% 적은 이유가 된다.[30] 그러나 만약 나이, 경력, 산업, 직위, 근무시간 등이 같다는 전제 위에서 비교한다 하더라도 여성의 임금은 남성의 임금보다 10.5% 적게 나타난다.[31] 노동시장에 지속되는 불평등은 가정 내 개인적인 영역에서 벌어지는 다른 불평등과 깊게 연결되어 있다. 비록 오늘날 여성들은 1980년대보다 가사를 덜 맡고(1985년부터 2010년까지 하루에 56분 감소) 남성들은 조금 더 맡지만(10분 증가) 여전히 무료 노동인 가사 가운데 3분의 2를 떠맡는다.[32] 예나 지금이나, 첫아이가 태어날 때부터 그 후 모든 자녀가 태어날 때까지는 차이가 더 벌어진다. 노동시장에서의 불평등이 가정 내 불평등과 교차되면 부부 사이의 경제적 불평등이 심화되는 결과를 낳는다. 남성과 결혼한 여성의 수입은 평균적으로 배우자보다 42% 낮다. 2011년에 부부로 사는 여성들은 연간 1만 6700유로를 받았으며 그 배우자는 2만 9000유로를 받았다. 여성과 남성이 혼자 사는 경우에는 성별에 따른 수입 격차가 9%에 불과했다.[33] 이성애 혼인관계는 기존의 경제적 불평등을 승인하고 이를 급격히 심화시킨다.

## 자산에서의 남성 지배의 새로운 형태들

1970년대 이후, 또 다른 변화가 젊은 세대에 영향을 미쳤다. 바로 관계의 파탄이다. 이혼은 모든 계층에서 선택 가능하고 심지어 예상 가능한 선택지가 되었다. 부부 간 경제적 불평등은 부부 생활 중에 조용히 심화되다가 어느 날 크게 터져 나온다.

시빌은 2000년대 초반 관계를 시작한 사브리나 르장드르와 제롬 지니에 부부가 15년 뒤 이혼할 때까지를 추적했다. 우리는 여기서 이혼 후 여성들에게 흔히 일어나듯 사브리나가 '한 푼도 받지 못하는' 상황으로 끝나게 될 때까지의 그들 부부의 결혼 생활과 자산에 얽힌 역사를 되짚어 볼 것이다.

사브리나 르장드르는 1978년 파리에서 태어나 아버지가 일하던 프랑스국유철도SNCF 직원을 위한 공동주택단지에서 어린 시절을 보냈다. 문과 바칼로레아로 고등학교를 졸업한 후 경영지원 전공으로 전문기술고등대학BTS 학위를 취득하고, 독립하기 위해 파리를 떠났다. 파리 지역의 임대료가 높기 때문에 독립적으로 생활하기가 더 어려울 것 같았기 때문이다. 그는 일자리와 숙소를 찾는 동안에 잠시 오트사부아 지역에 있는 이모네에 살기 시작한다. 그곳에서 그는 제롬 지니에를 만나게 된다. 그들은 동갑이었으며, 청소년 보호시설에서 청년 계약직으로 일했다. 그들이 만난 지 1년 후, 젊은 커플은 오트사부아에서 떠나기로 결정한다. 생활비가 많이 드는 편이었고 일이 더 이상 만족스럽지 않았기 때문이다. 여러 차례 이사한 후, 그들은 드롬 지역에 있는, 몽텔리마르 근처 샤롤이라는 마을에 정착해 제롬네 가족 소유의 집으로 이사한다. 샤롤의 집 근처, 사이프러스 나무가 늘어선 진입로 끝의 넓은 부지 위에 자리한 아름다운 농가에서 그의 조부모인 전직 농부 마르셀과 마리루이즈 새놀 부부가 미혼 자식 두 명과 함께 살고 있었다. 샤롤에서는, 할아버지와 할머니를 비롯해 독신인 삼촌과 이모까지 신혼부부를 돕기 위해 모일 준비가 되어 있었다(사브리나와 제롬의 집은 조부모 가족의 소유다). 그들은 2003년과 2006년에 태어난 두 아이를 돌보는 데도 도움을 주며, 작은 집의 임대료도 무척이나 저렴하다. 그러나 사브리나와 제롬은 언젠가 소유주가 되기를 꿈꾸고 있다.

직업적인 측면에서도 부부의 상황은 나아진다. 2004년, 제롬은 교육 시험을 치러 몽텔리마르의 직업전문고등학교에서 교사가 되었다. 사브리나는 사회복지 분야에서 계속 일하길 원했지만, 아이들을 임신하고 기르게 되면서 역량을 인정받지 못하는 보조교사 일자리와 실업, 시간제 일자리를 반복하게 된다.

사브리나는 드롬 지역에 정착한 것을 후회하기 시작했다. 일자리와 교육 기회가 한정되고 가족 및 친구와 물리적으로도, 정서적으로도 동떨어지게 되었기 때문이었다. 그러나 부부를 이 지역에 계속적으로 머물게 하는 요소 중 하나는 바로 제롬의 커리어다. 가정에 안정적 수입을 가져다주는 사람이 제롬뿐이며, 그가 가르치는 과목을 다루는 학교가 흔하지 않기 때문에 전근이 어렵다. 따라서 사브리나는 거주와 자산에 대해서 목소리를 낼 수 없었다. 사브리나의 직업적 계획을 좌우하는 건 두 가지였다. 하나는 제롬의 커리어에 해가 되지 않을 것, 다른 하나는 부부가 부동산 자산에 접근할 수 있을 것.

2005년, 제롬과 사브리나는 제롬의 어머니 쪽 조부모인 새놀 가족의 집 전부나 일부를 상속하거나 양수하는 문제를 두고 이야기하기 시작한다. 이 이야기는 제롬 가족이 사브리나 가족보다 부동산 자산이 더 많이 있다는 사실과 관련이 있다. 이는 또한 가족 내에서 제롬의 위치와 관련이 있다. 새놀 가족에게, 제롬과 사브리나가 샤롤에 왔다는 사실은 우연찮게 이 지역에서 그 가족이 지니는 입지를 유지할 수 있는 기회로 여겨졌다. 마르셀과 마리루이즈 새놀 부부는 경작지 10헥타르를 운영하며 송아지 약 50마리를 사육하는 농부였다. 그러나 그들의 아래 세대에서는 자녀 넷 중 누구도 경영을 이어받지 않았다. 이는 농

업 분야에서 늘 일어나는 일인데, 가족기업의 소유자들에게는 언제나 헤쳐 나가기 어려운 상황이다.[34]

사브리나, 제롬 그리고 그들의 자녀들—특히 그들의 장남 킬리앙—은 **가족 재생산 전략**에 포섭되었다. 킬리앙이 태어남으로써, 새놀 가족의 새로운 대표 후보가 탄생한 사실은 마르셀 새놀을 특히 기쁘게 했다. 킬리앙이 계승할 사람이 몇 세대 위의 사람이고, 물려줄 농지가 없는 상태더라도, 그는 농영 '후계자'로서의 진정한 사회화를 거칠 대상이었다.[35] 특히 이는 그가 농기계에 대해 일찌감치 보였던 관심을 유지함으로써 두드러졌다. 농기계 관련 서적을 구입하거나 대여하고, 가족구성원들이 주최하는 농기계 전시회를 방문하고, 크리스마스나 생일에 선물로 받은 작은 농기계 모형들을 수집하며, 이웃 농부들의 트랙터와 추수기에 타 보는 등의 경험을 쌓음으로써 그의 농기계에 대한 흥미와 지식은 점점 깊어졌다. 이렇게 마르셀부터 제롬을 거쳐 킬리앙까지, 남성으로 이어지는 족보가 생겨난다. 따라서 제롬 지니에가 가족의 유산을 물려받기 쉬웠던 것이다.

제롬의 흐릿했던 욕망이 땅에 대한 애착과 가족의 신망에 힘입으면서, 제롬은 새놀 가족의 부동산 자산을 이용한 농가 숙박업이라는 맥락을 거쳐 사브리나와 이 욕망을 공유한다. 그들은 농장에 있는 창고를 소유하는 계획을 세웠다. 이 계획은 2005년부터 2008년까지 점점 무르익었고 여기에는 자산 소유권을 획득하려는 욕구와 직업적 계획이 섞여 있었다. 그러는 동안, 사브리나는 커리어에서 가졌던 야망을 희생해야 했다. 사브리나는 출산휴가, 육아휴가, 그리고 만족스럽지 않은 일자리들을 연속적으로 받아들여야 했다. 정규직이 되어서 주택 구입에 필수적인 대출을 받을 수 있으리라는 희망으로 말이다.[36]

그러나 부부가 제롬 조부모의 재산을 이어받는 계획은 쉬운 일이 아니었다. 이웃이 사회적으로 통제력을 행사하면서, 의도치 않게나마 이 젊은 부부에게 영향을 끼치며 사브리나에게 부담을 주었다. 부부는 자주 싸웠다. 사브리나는 거주지를 문제 삼으면서, 진지한 마음으로 혹은 홧김에, 파리로 돌아가거나 자기 어머니 가족이 있는 브르타뉴 지역으로 자녀들을 데려가겠다고 말하기도 했다.

2008년 말, 부부는 위기에 직면한다. 사브리나는 제롬을 떠나겠다고 했다. 그러나 그는 아이들과 떨어질 수도 없고 아이들이 아버지와 떨어지게 하고 싶지도 않아서 드롬에서 떠날 수 없었다. 한편으로는 자신의 자원이 하나도 없는 지역에서 혼자 생활하기도 어렵다고 생각했다. 이듬해, 사브리나는 드롬 지역 내의 발랑스에서 특수교육에 종사하기 위한 교육을 받기 시작한다. 그는 공부를 다시 시작하면서 자신의 상황에 대해서 한발 물러나서 바라보게 되는 데 기뻐하고, 제롬의 조부모 집을 구입하는 것에 대한 이야기를 다시 꺼낸다. 자신은 이 지역에 머무를지 확실하지 않지만 "킬리앙과 일리아에게 무언가를 남겨 주기 위해" 계획을 이루고 싶어 한다.

2010년, 제롬의 아버지가 땅을 팔고 아들에게 9만 유로를 주었다. 또한 사브리나가 정규직을 보장받는 교육을 시작했기에, 드디어 자산을 보유할 조건이 모두 갖춰졌다. 2011년 말, 몇 년 동안 이야기하고 꿈꾸었던 끝에, 사브리나와 제롬은 저렴한 가격에 조부모의 집 중 일부를 매입한다.

그러나 집을 매입할 때 사브리나는 "타격"이 있었다고 이야기했다. 제롬의 아버지가 아들에게 증여를 할 때 이를 "보호"하기를 요구했던 것이다. 매입 시 공증인에게 증여분을 계약서에 기재하도록 했다는 말이다. 제롬의 9만 유로치 자기부담금은 증여분에서 비롯되었기에 제롬이 배타적인 단독 소유권을 가지며, 새 집의 4분의 3이 제롬의 단독 소유가 된다. 제롬은 꼭 그렇게 하지 않아도 되었다. (프랑스 민법상) 법으로 정해진 기본 부부재산제인 혼중취득재산공동제로 결혼한 다른 많은 부부들은, 배우자가 현금으로 받은 상속재산은 많은 경우 공동 계좌에 넣어 두고 이를 주택 매입 시 가계 보증금으로 사용하며 이때 자금 출처는 매입 계약서에 기재하지 않는다. 이렇게 산 주택은 부부의 공동재산에 속하게 되고, 여성과 남성이 균등한 지분을 소유한다. (그래서) 사브리나는 시아버지의 이러한 조치를 불신의 표시로 받아들였다. 시아버지는 아마도 아들에게 부부의 이혼 시 자산 측면에서 일어날 일을 경고하고자 했을 것이다.

이들은 결국 주택을 산 지 2년이 지난 2013년 말 이혼하게 된다. 사브리나는 샤롤의 복지주택을 임대했고, 제롬은 집을 가진다. 어린아이들은 주마다 교대로 부모의 집을 오가며 생활한다.

2015년 이혼 절차가 끝난 뒤, 사브리나는 집에 대한 어떤 재정적 보상도 받지 못했다. 공증인은 사브리나가 낸 대출이 여전히 주택융자의 이자를 내는 중이라고 보았다. 그리고 사브리나가 집의 4분의 1만 소유하고 있기에 제롬은 사브리나에게 빚진 게 아무것도 없다는 결정이 났다. 사브리나는 2년 동안 집값을 상환하는 데 기여했을 뿐 아니라, 애초에 부부는 그가 안정적인 정규직을 보장받을 때까지 기다렸다가 대출을 받은 것이었다(사브리나가 정규직이 되었기 때문에 대출을 받을 수 있었다). 그는 또한 오래된 농가를 개보수하는 데에 기여했다. 그리고 그는 제롬의 커리어를 위해서 드롬에 살기를 수락했다. 그러나 이혼 절차에서는 그중 무엇도 인정되지 않았다.

## 자산 개별화와 이별의 지평

사브리나 르장드르와 제롬 지니에의 이야기는 부부 사이에서 여남 간 부의 불평등을 강화하는 **자산 개별화**의 대표적인 사례다.[37]

프랑스에서 이혼하는 부부의 수는 1980년대를 기점으로 크게 늘어났고, 계속 증가하던 수치는 2000년대에 들어 50%를 유지하는 선으로 안정화되었다.[38] 이런 맥락에서 배우자들은 자기 재산을 더욱 분리하기 시작했고, 다시 누군가와 커플이 되면—남성에게 더 많이 해당되는 경우다—재혼을 하지 않거나 별산제 부부재산계약을 선택한다〔프랑스 민법에서, 혼인하는 부부는 법정 부부재산제인 '혼중취득재산공동제'를 따르든지, 아니면 양 배우자가 합의한 바대로 부부재산계약을 맺고 그 계약대로 따를 수 있다. '별산제'는 부부재산계약으로 선택할 수 있는 부부재산제 종류 중 하나다—옮긴이〕. 게다가 결혼하는 부부의 수도 점점 줄어들면서, 자유 결합이나 〔법률상 동반자 혹은 시민결합인〕 팍스를 선택하는 경우가 많아지며 자신의 재산을 개별적으로 관리하게 된다. 또한 결혼한 부부 중에서도, 별산제 부부재산계약을 맺는 경우가 많아졌다.[39] 부부는 기본적으로 혼중취득재산공동제를 따르게 되어 있다. 이는 각 배우자가 상속받은 재산이나 결혼 전에 얻은 재산은 개별적으로 소유하고, 결혼 후에 일군 모든 재산은 부부의 공동재산으로서 양측이 균등한 지분을 가지는 것이다. 반면, 별산제 부부재산계약을 하면 각 배우자가 자신들의 재산을 결혼 후에도 결혼 전과 마찬가지로 개별적으로 소유한다. 이들 간에 공동재산은 없는 것이다.

**자산 개별화**는 분명, 경제적으로 자율적인 배우자라는 관점에 어울린다. 그러나 이는 이제 이혼 가능성이 있음을 감안하여 각 배우자의 가족 자산을 보호하는 형태이다. 공증인의 명확한 조언을 통해서 이루어지는 부부별산제는 자영업으로 부를 일구는 부부와, 상속을 받았거나 곧 상속받을 가능성이 있는 부부가 특히 잘 사용한다(상속된 재산은 원래도 각 배우자 개인의 재산으로 유지되지만, 이렇게 함으로써 그 재산이 공동재산에 귀속되지 않도록 보장할 수 있다). 이렇게 각자의 자산을 분리하는 선택을 한 부부들은 일반적으로 더 부유하지만, 더 불평등하기도 하다(남편이 아내보다 훨씬 부유한 경우가 많다).[40]

이혼이 보편화되는 상황에서, 자산 개별화는 남성으로 이루어지는 계보로 부가 축적되고 전달되는 과정을 보호하는 한 형태로 해석될 수 있다. 자산 개별화는 여성들이 이혼 시 경제적으로 취약해지는 상황을 야기하기도 한다.

사브리나 르장드르의 경우처럼, 남편과 함께 부동산을 소유했던 많은 여성들은 전남편에게 집을 내주고 "한 푼도 없이" 혹은 현저히 적은 금전적 보상을 받으면서 결혼 생활을 종료한다. 이러한 불평등은 통계자료에서도 확인할 수 있다. 이혼 후 남성들은 여성들보다 자주 결혼 중 살던 집에서 계속 사는 경우가 많다. 2015년의 영구인구표본조사 데이터에 따르면, 이혼 후 1년 내에 남성이 결혼 중 살던 집에 계속 거주한 경우는 43%이고, 여성은 32%이다.[41] 주택 소유자들인 경우에 이 격차는 더 벌어진다. 남성이 거주지를 유지하는 경우는 46%이고, 여성은 이러한 경우가 30%에 불과하다. 여성이 결혼 중 살던 거주지를 떠날 때, 그들 중 29%만 여전히 주택 소유자이며 〔무주택자인 나머지 여성의〕 55%는 민간주택을 임차하고 16%는 사회주택을 임차한다. 결혼 중 살던 거주지에서 남성이 떠나는 경우는 흔치 않지만, 그러한 경우에도 떠나는 남성들이 주택 소유자 지위를 유지하는 경우는 35%로 여성보다 더 많았다.[42] 프랑스 통계청의 '자산' 조사가 이를 증명한다. 2015년 이 조사는 나이, 직업 구분, 자매 및 형제 수, 부모의 부동산 자산 등을 포함한 모든 요인이 동일한 경우, 혼인 혹은 사실혼 상태에 있을 때보다 이혼 혹은 결별 상태일 때 주택 소유 가능성이 유의미하게 감소한다는 것을 확인하였다. 그러나 이러한 상관관계는 남성보다 여성에서 더욱 강하게 나타났다.

따라서 노동시장의 변화에도 불구하고, 자산 개별화와 함께 나타나는 이혼의 증가는 여성들이 재산 축적 및 전달 과정에서 피지배자로 자리매김하게 한다.

## 사별한 여성들의 재산 포기

생애주기의 끝에, 여성들에게 한 번쯤 유리한 불평등이 있다. 바로 수명이다. 2018년, 여성의 기대수명은 85.4세인 반면 남성의 기대수명은 79.5세이다. 그러나 여성들 중에서 65세 정도까지 건강하게 살아남은 경우, 앞으로 남은 수명은 23년이지만 오직 11년만 큰 문제 없이 보내고 그 뒤로는 무력하게 보낼 가능성이 높다. 반면 65세 남성들의 평균적인 수명은 19년으로, 이 중 10년은 건강한 상태에서 보낼 수 있다.[43] 여성의 이러한 장수는, 부부간 평균연령 차이로 인해 자신을 돌볼 배우자 없이 취약한 상태에서 더 오래 지내야 한다는 것을 의미한다. 이 모든 요소들은 성별에 따라 매우 다른 인생 경험을 제공한다. 남성 대부분은 부인이 있는 상태에서 가정에서 삶을 마감하지만, 여성 대부분은 홀로된 상태로 양로원에서 삶을 마감한다.

2015년 통계청 자료에 따르면, 80세 이상 여성 중 62%가 혼자 살고 있는 데 비해 비슷한 연령대 남성 중 혼자인 사람은 27%에 불과하다. 그러나 여성이 혼자 사는 경우 유주택자 신분을 유지하기 어렵다. 2015년 '자산' 조사 데이터에 따르면, 여성의 사별 경험과 주택 소유 간의 상관관계는 부(-)의 상관관계를 나타낸다. 반면, 남성의 사별 경험과 주택 소유 간 상관관계는 드러나지 않았다.

이 비대칭의 근간 중 하나는 성별에 따라 은퇴 시점에서 매우 불균형하게 나타나는 소득에 있다. 프랑스에서 65세 이상 여성은 남성에 비해 연금이 평균 39% 더 적으며, 파생 권리(특히 유족배우자연금[d])를 고려하면 이는 25% 정도 적은 수치다.[44] 모든 것이 성별에 따라 이러한 불평등을 더욱 심화시키도록 함께 작용한다. 유족배우자연금의 감소, 동거나 비혼의 증가, 이혼의 증가, 여남 간 임금 불평등의 지속 등의 원인으로 인해, 앞으로 몇 년 내에 이런 격차가 극심해질 전망이다.[45] 여성의 높은 기대수명과 더 오래 지속되는 의존 경험, 그리고 낮은 소득이 결합되어 여성들이 자신의 주택을 포기하고 노인 요양원에서 남은 삶을 보내는 경우가 더 자주 일어난다.

현재 80세 이상으로 양로원에 거주하는 인구의 80%가 여성이다.[46] 일반 주택에서 생활하는 노인 중 70%가 자가주택 소유자인 반면, 양로원에 사는 인구 가운데 자가주택 소유자는 3분의 1 미만이었다.[47] 솔렌 비요Solène Billaud에 의해 만들어진 이 통계는 잘 알려지지 않았으

d '유족배우자연금'이란 사망한 연금 수급자가 받았거나 받을 수 있었던 연금 금액의 일부로서 일정 조건을 만족하면 그 배우자에게 지급되는 연금을 의미한다.

며 통계청 조사에 잡히지 않는다. 그 이유는 통계청 조사가 가구만을 분석단위로 설정하며 공동생활을 하는 사람들의 재산 상황을 고려하지 않기 때문이다. 따라서 이는 사별한 여성들이 재산을 포기하는 상황의 심각성을 과소평가하는 것이다.

## 사별한 여성, 이혼 여성, 그리고 '가부장의 후계자'

잔 르 베넥은 88세다. 그는 캥페르에 있는 3층짜리 커다란 집, '라 뷔트'에 살고 있다. 이 집은 그가 1960년대에 남편 피에르와 함께 지은 집이다. 부부는 둘 다 대가족 농부 집안 출신이며, 둘이 직접 지은 이 집은 그들의 유일한 재산이다. 1997년 피에르가 사망한 후 2년 만에 잔은 그것을 팔아 더 작고 유지보수하기 쉬운 집을 사는 것을 고민하고 있다. 그러나 두 아들 중 한 명이 반대한다. "에릭은 제게 '절대 팔지 말라'고 했어요."

잔의 딸이자 에릭의 자매 중 한 명인 파트리시아는 에릭을 "가부장의 후계자"로 묘사하며 이를 설명한다. "남자니까 그렇죠. 그리고 둘 중에 그나마 머리가 붙어 있고(그의 형 마르크는 조현병 진단을 받았다). 에릭에겐 아들도 둘 있으니 유일하게 성씨를 물려줄 테니까."

급여 생활을 하는 벽돌공이었던 아버지는 자기 사업을 하고 싶어 했는데, 에릭은 건설회사를 창업하고 연구 당시 직원 스무 명을 지휘하고 있었다. 그가 아버지의 뒤를 이어 어머니를 라 뷔트에 모시고 있는 데는 의심의 여지가 없다.

잔은 남편이 집에 관한 일들을 처리해 줘서 자신 혼자서 집을 감당할 수 있었다고 말했다. 잔은 때때로 임시 육아도우미로 일한 적이 있었고 남편은 제법 중요한 일들을 소득에 잡히지 않도록 처리해 연금을 늘렸기 때문에, 공직자 퇴직금, 개인 권리 및 유족배우자연금을 포함한 잔의 수입은 부부 수입보다 매우 적을 것으로 예상되었다. 그래서 피에르 르 베넥은 집 아래층을 임대하도록 하여 임대료가 라 뷔트 유지 비용으로 충당되도록 했다. 또한 그는 자신이 먼저 사망할 경우 자녀들이 아내에게 집을 팔도록 강요하지 못하게 아내에게 '생존배우자에 대한  증여'를 했다. 그러나 이 말이 그가 아내에게 부동산의 자유로운 처분권을 주었다는 것은 아니다. 그는 아내가 실제로 그 집에 머물고, 집은 가족의 자산으로서 유지할 수 있도록 했다.

그다음 세대에서는 에릭 르 베넥이 아버지가 원했던 대로 어머니가 집을 팔지 못하도록 지키고 있다. 에릭은 또한 자매와 형제에 대한 어느 정도의 불신도 가지고 있다. 심층면담에서 그는 이렇게 말한다. "아버지가 사망한 후에는, 자매와 형제가 어머니에게 집을 팔도록 유도할까 봐 걱정했어요. 안마리, 도미니크, 다니, 파트리시아, 발레리, 마르크 중 누군가 돈이 필요하다면, 집을 팔도록 유도할 수도 있으리라고 생각했어요. 약간 두렵기도 했어요. 나 혼자 모두랑 싸워야겠구나 생각했으니까요."

에릭은 자신이야 경제적으로 안정적인 상황에 있지만, 자매와 형제가 직업적으로 불안정하다는 사실을 알고 있다. 형은 조현병이기 때문에, 그리고 자매들은 남편의 이동성에 맞춰진 직업과 육아 때문에 불안정하다. 이러한 불안정함은 결혼 생활에서도 나타난다. 자매 중 네 명이 이혼을 했으며, 그중 둘은 이혼을 두 번씩 했다. 에릭은 라 뷔트의 미래에 대한 걱정을 이야기한 후, 그의 아버지가 딸들을 위해 집을 지으면서 공사 현장에서 진을 다 뺐다고 했다. 그러나 그 집들은 이혼하고 몇 년 또는 몇 달 후에 팔려야 했다. 자매들이 토지와 자재를 위해 대출을 받았으나 혼자 감당할 능력이 없었기 때문이다. "아버지가 힘드셨겠다 싶었어요."

다른 가족들의 이야기들과 마찬가지로, 에릭의 이야기 역시 여성들의 노동 참여를 감추고 있다. 그의 이야기는 가족의 이야기 중에서 특정한 시기만을 담고 있다. 예를 들어, 잔은 남편과 함께 라 뷔트의 공사 현장에서 일했고, 저녁과 주말에 함께 일하며 시멘트를 만들면서 하루의 일부를 보낸 적도 있었다. 자매들도 자신들의 집을 건설하는 현장에서 일했다. 하지만 이 과정에서 이혼으로 인해 자산 사정이 나빠진 여성들은 가족의 미래를 위해 자산 측면에서 전략적인 결정을 내릴 때 배제되는 경향이 있다.

이혼한 여성들과 곧 사별하게 될 여성들은 가족의 자산에서 그저 지나가는 존재로 보인다. 임금노동 시장에 진입하는 사건이 일어난다고 해도 가족의 자산을 축적하고 전달하는 과정에서 위치가 바뀌지는 않는다. 그들은 자신을 희생해서 자녀들이 어떤 것을 전달받게끔 할 수는 있다. 여성들은 가족의 부를 증대시키는 데 상당한 역할을 하지만, 개인적인 부의 축적은 확실히 적게 일어나며, 그들의 부는 결혼 생활에서 일어나는 변화에 남성보다 더 많은 영향을 받는다. 따라서 그들은 상속에서 우선순위가 뒤로 밀린다. 악순환은 계속된다. 처음부터 가족으로부터 유산을 덜 받은 여성들은 축적하는 자산의 양이 더 적고, 이는 그들의 형제들에게 부여된 특권을 정당화하며, 결국 자산에 대해 힘이 약해진다.

여러 전략들을 종합해 보면, 가족 재생산 전략들은 여성에게 명백하게 불리한 것으로 나타난다. 그러나 이러한 전략들은 엄밀하게 가족의 사적 영역 내에서만 일어나는 것은 아니다. 법적 공백 속에서 일어나는 것도 아니다. 상당히 자주, 이러한 일들은 가족법 및 재산법의 전문가들과 연루되어 있다. 따라서 우리는 파리의 부유한 지역부터 작은 시골 지역에 이르기까지 공증사무소와 변호사 사무실의 문을 닫고 들어가 수수께끼를 밝혀 볼 것이다. 밝히고자 하는 수수께끼는 다음과 같다. 형식적으로는 평등한 법률에도 불구하고, 가족 내 경제구조는 왜 오늘날에도 여전히 어느 사회계층에서든 남성을 부유하게 하고 여성을 가난하게 만들까?

# 강력한 (남)자인가 비참한 (여)자인가에 따라

# 3

2014년 2월, 그라스 뒤퐁베르나르 변호사의 사무실 문턱을 처음 넘을 때, 지네트 뒤랑은 자기 말마따나 '불안감'을 느꼈다. 변호사 사무실에 가고 싶다는 생각을 한 적은 없었지만, 그저 불행한 사건들이 계속되면서 그리로 향하게 된 것뿐이었다. 이 마르고 조용한 65세 여성의 삶은 쉽지 않았다. 그는 폭력 가해자인 남편과 살며 자녀들을 키웠다. 그는 남편을 "미친" "조현병" "정신병"으로 묘사하며 "항상 다른 사람들의 희생 위에서 살았"던 사람이라고 말한다. 그는 "나는 늘 아무 말 않고 있어야 했고 모든 것을 참았다"라고 말했다. 거의 10년 동안 그는 장애를 가진 어머니를 돌아가시는 날까지 돌보기도 했다.

지네트 뒤랑의 재정적 상황은 아주 빈약하다. 그는 거의 10년 동안 사회보조금 수급자였다. 현재는 매달 연금 342유로와 최저생활비를 위한 보조금까지 해서 총 700유로를 받는다. 이 모든 내용을 변호사에게 진술하는 것이 그를 불편하게 만드는 듯 보인다. 비록 〔이 변호사 사무실이〕 주변에 대형마트가 위치한 산업 및 상업 지구에 위치한 소박한 사무실임에도 그렇다. 지네트는 의자를 책상에 가까이 가져가고,

탁자 위로 몸을 숙여 낮은 목소리로 말한다. 회의실 뒷자리에서 이 만남을 관찰하는 사회학자들(셀린, 카미유 페)은 어렵사리 대화의 첫 부분만 들을 수 있었다.

지네트 뒤랑이 변호사를 찾아간 이유는 남편 때문이다. 남편은 법정후견인에게 맡겨져 있으며, 함께 살지 않은 지 십여 년째다. 몇 달 전에 남편은 집에서 양로원으로 옮겨 갔다. 지네트와 남편의 두 자녀는 얼마 전 매달 양로원 비용 1500유로를 지불하라는 놀라운 편지를 받았다. 1500유로는 지네트와 함께 사는 딸이 장식 업계에 종사하면서 버는 월수입과 정확히 같은 금액이다. 이 금액은 또한 맏아들이 건설업 노동자로 일하며 벌어들이는 금액이기도 한데, 맏아들은 육아도우미로 일하는 아내 및 그들의 십 대 자녀 둘과 함께 살고 있다. 말하자면, 그들 중 두 명이 힘을 합쳐 봤자 그런 금액을 다달이 지불할 방법이 없는 데다, 아버지와의 관계가 어떠했는가를 고려하자면 자녀들에게는 그렇게 할 의향도 전혀 없는 것이다. 며느리의 반응은 사나웠다. “그분을 거기서 꺼내는 건 어머님이 직접 해결하실 문제예요!” 며느리는 지네트에게 말했다. 지네트가 변호사에게 와야만 하겠다고 느낀 것은 자녀들을 보호하기 위해서였다.

변호사 사무실에서 이야기를 시작한 지 25분째, 지네트의 예의 조용한 성격이 사라지고 목소리에 분노와 이해할 수 없음으로부터 오는 감정이 실린다. 그는 겨우 61세밖에 되지 않은 남편이, 입원비에 건강보험이 적용되는 정신병원이 아니라 양로원으로 가야 할 이유를 이해할 수 없다. 또한 이미 몇 년 동안 아버지와 연락이 끊긴 자녀들에게 부담이 돌아가는 이유를 이해할 수 없다. “우리는 정말 고통받았어요! 아이들은 이렇게 말해요. ‘우리에겐 더 이상 아버지가 없어, 모르는 사람이지!' 내 아들에겐 두 아이가 있는데도 손주들은 할아버지를 한 번도 본 적이 없어요. 왜냐하면 그 양반한텐 괴물이 숨어 있으니까요! 딸애가 밤에 기침을 하면 그 인간은 자기 잠을 방해하고 짜증이 난다고 두들겨 패곤 했어요." 지네트는 이어서 마치 사과하듯 말한다. "문제는 증거가 없다는 거예요. 집에서 일어나는 일이니까."

변호사 사무실에서 지네트 뒤랑은 자신에게 부과된 의무의 세부 내용을 알게 된다. 변호사는 가족구성원 간의 필요에 따라 가족에게 필수적인 물질적 지원을 해야 한다는 민법 제205조에서 제207조까지의 조항의 존재를 알려 준다. 이 의무는 배우자 간('원조의 의무'라고 함), 부모와 자식 간, 심지어 장모와 사위, 시모와 며느리 간에도 존재한다. 그라스 뒤퐁베르나르 변호사는 지네트의 경우에 어떤 일이 발생했는지 설명한다. 어떤 사람이 양로원에 들어가고 거주비에 대한 복지 지원을 신청하면(지네트의 남편의 경우, 전문 후견인이 절차를 처리했다) 해당 지역의 지방정부는 먼저 그 개인이 가진 자원이 불충분함을 확인한 다음, 부양의무가 있는 가족에게 비용을 부담하라고 요구한다. 이때 가족들이 가진 자원에 따라 최대한 많은 비용을 부담하게 한다. 그 후에야 사회복지 지원이 보완적으로 제공된다.

생계 부양자인 아들에 대해 변호사는 안심시키려고 한다. "남은 부분만 내면 될 거예요." 그러나 딸에 대해서는 가능한 한 빨리 거주지를 옮기라고 충고한다. "따님이 자기 집을 따로 가져야 해요. 두 분이 함께 있으면, 생활비가 공동으로 집계되어서 혼자 사는 것보다 더 많은 비용을 내야 해요. 법적으로 문제가 되지 않기 위한 조치예요!" 지네트 뒤랑은 딸이 자신을 많이 도와주고 있기 때문에 이 같은 처방에 낙담한다. 지네트는 그 남자를 위해 딸이 돈을 내야 하는 이유를 이해하지 못하겠다고 반복적으로 말한다.

변호사와의 대화에서 새로운 문제가 드러난다. 지네트가 11년 전 별거할 당시 정식으로 이혼하지 않았기 때문에, 지네트 본인도 원칙적으로 배우자로서 남편에 대한 부양의무가 있다. 즉, 양로원이 지네트의 소득에서 비용을 가져갈 수 있다. 변호사는 지네트가 내린 비합리적인 결정에 대해서 길게 질문한다. 왜 이혼하지 않았는가?

지네트 뒤랑은 남편과의 상황이 매우 어려웠고, "그를 두려워해서" "부드럽게 처리하고 싶었다"라고 대답한다. 변호사는 즉시 이혼을 권한다. 지네트는 경제적으로나 정서적으로 부담스러운 이 절차에 낙담하며 "자동으로 진행되었으면 했어요……"라고 한다.

변호사는 그럴 수 없으며 절차를 따라야 한다고 설명한다. 다만 법률구조[a]를 받을 수 있으므로 비용에 대해서는 걱정하지 말라고 안심시킨다. 지네트는 결국 "어쨌든, 해야 한다면 해야지"라며 물러난다. 면담이 끝날 무렵에는 구체적인 답변을 들은 데 안도감을 느끼는 듯했다. "심지어 당신을 찾아와야 할지 말지도 몰랐어요."

그때 그는 손가방에서 편지를 꺼내고, 쩔쩔매면서 말한다. "서둘러서 양로원에 보냈어요, 자식들에게 돈 달라고 하는 게 싫어서요." 그는 어머니가 남긴 유산의 전부인 5000유로를 수표로 보낸 편지의 사본을 보여 준다. 변호사는 놀란 소리를 내며 한숨을 쉬고 손으로 머리를

a 　'법률구조(영어: legal aid)'는 정부가 자금 상황에 따라 고소 당사자에게 제공하는 금전적 또는 법적 지원이다. 소송 및 전문가 비용 및 변호사 수임료를 전액 또는 일부 지원하며, 지원 금액은 변호사에게 직접 지급된다.

감싼다. "그렇다면, 당신이 5000유로를 가지고 있다는 것을 이제 그들이 아는 거예요!" 변호사는 이 작은 재산을 살리기 위해서 더는 어떤 조치도 취할 수 없다는 뜻으로 이렇게 말했다.

## 세분화되고 차등화된 법적 지원

지네트 뒤랑은 법이라는 벽 앞에 선 가난한 은퇴자다. 그는 현재 딸과 살고 있고, 이전에는 어머니와 살았다. 어머니가 돈을 남겨 주는 행위는 서민계층 여성들 사이에서 자주 나타나는 비공식적 경제구조다.[1] 이러한 구조는 법적인 틀을 벗어나고, 법률 전문가들과 멀리 떨어져 있다. 그렇기 때문에 갑자기 문제가 될 수도 있다.[2]

어떤 사건들은 사람들의 행동을 가족의 경제적 관계를 규정하는 '법적인 정의'에 맞추도록 제약할 수 있다. 요양원 입소, 후견인 지정, 사망, 결혼, 이혼 등……. 플로랑스 베베르가 "가족 수행"이라 부르는 이 행위들은 "법적 가족"의 틀 안에 위치해야 한다.[3] 그러나 법을 마주하는 여성들과 남성들의 경험은 각자의 사회적 배경에 따라 그 형태가 무척 다르다. 특히 가족 내 경제구조를 공식화하는 과정에서 전문가를 동반하는 정도가 매우 불균등하기 때문이다. 어떤 사람들은 법이 만드는 그늘 안에서 미리 예방하고 조율할 수 있지만, 다른 사람들은 사법과 행정이 비추는 직사광선을 그대로 쬐어야 한다.

1678년 장 드 라퐁텐Jean de La Fontaine은 "당신이 강력한 자인가 비참한 자인가에 따라 법정의 판결은 당신을 흑백으로 가를 것이다"라고 말했다.[4] 법 앞의 사회적 불평등은 이때로부터 전혀 업데이트되지 않았다.[5] 이 장에서는 여남 간에 존재하는 불평등을 다루면서, 가정 내 자본에 관련된 경우 일반적으로 그 강력한 자는 남성이고, 여성은 비참한 자를 맡게 된다는 점을 살필 것이다.

1990년대 미국 법사회학의 업적 중 하나는, 오직 법정에만 관심을 두는 대신에 일반인들이 일상의 부당함에 대응하기 위해 법을 활용하거나 활용하지 못한다는 데 중점을 둔 **법의식**을 주목하기 시작한 것이다.[6] 그러나 해당 연구들은 소송당사자들의 사회적 출신과 성별의 중요성, 그리고 개인들이 법에 대해 사회화되는 데에서 중개자의 필수적인 역할을 간과한다는 결점이 있다.[7] 지네트 뒤랑이 변호사 사무실에 더 일찍 찾아가지 못한 이유는 그의 빈약한 경제적 자원, 정당한 문화자본으로부터의 비교적 먼 거리에 있다. 이로 인해 그는 가족 내 경제 구조의 공식화 과정을 제대로 이해하지 못했다. 법에 무지하고 법률 전문가들을 피하며 왜 자신의 자녀에게 돈을 요구하는지 이해하지 못한 탓에, 지네트는 쉽게 숨길 수 있었던, 어머니로부터의 유일한 유산인 5000유로를 드러내 버린 것이다.

변호사 사무실에 자주 드나드는 것이, 경제적으로 불리한 상황에서 법적인 틀을 직면하지 않고 피할 수 있는 방법임을 우리는 암묵적으로 이해할 수 있다. 변호사와 공증인은 고객들에게 단순히 법적 정보만 제공하는 것이 아니라, 국가의 시선 아래 적나라하게 드러나지 않을 수 있도록 고객의 경제적 조처를 법과 일치시키기 위한 사적인 틀을 제공하기 때문이다. 닫힌 문 안에서 일어나는 이 비밀스러운 작용은 법을 적용하는 데에 중요한 여지를 준다. 그러나 이는 모두에게 접근 가능한 것은 아니며, 여성들이 상대적으로 빈곤하기에 여성들에게는 접근이 더욱 제한적이다.

가족법과 재산법에 대한 사회적 불평등의 상당한 부분이, 법률 전문가와의 관계에서 결정된다. 우선 이러한 전문가들에 대한 **접근성**에 사회적 불평등이 관여한다. 살아가면서 공증인이나 변호사를 만날 수 있는 기회는 자산 보유 여부뿐 아니라 자산의 수준과 구성에 따라서 크게 달라진다. 또한, 비록 법률사무소의 문을 두드린다고 해도, 법률 전문가들은 고객들을 계층과 성별에 따라 다르게 대우한다. 이러한 차이는 자산 관련 자문 시장의 **세분화**와, 고객 특성에 따른 직업 전문성 발휘의 **차등화**로 인한 결과이다.

## 법률 자문 기회에서 나타나는 불평등

가진 것이 없고 이번에 처음으로 변호사와 만나기 전까지는 자신의 가족 내 경제구조에 대해 누구와도 상의해 본 적 없는 지네트 뒤랑의 경우와는 반대로, 가족 부의 축적은 가족법 및 재산법 전문가들과 만날 기회를 많이 제공한다.

가족 관련자 내에서 부의 축적 및 순환과 관련된 모든 행위들, 즉 주택 구입과 같은 행위 등에서 공증인 사무실 방문은 필수 단계다. 법에서 공증인은 "당사자들이 진본성을 부여해야 하거나 부여하고자 하는 증서나 계약서를 위해 지정된 공무 종사자"로 정의된다.[8] 공증인의 진본 증서 작성 독점은 세금 징수라는 의무를 동반하는데, 이때 세금에는 특히 부동산 거래세(부동산 매매 시 양수자가 지불하는 세금, 부동산 가치에 비례)와 이혼한 전 배우자가 부부 공동재산을 정리할 시 그 공동재산에 비례하여 발생하는 분할세가 포함되어 있다. 공증인들은 기본적으로 공적 서비스를 수행한다. 그들은 자신들이 작성하고 등기하는 혼인계약(부부재산계약), 부부재산제의 청산, 증여 및 상속재산분할 관련 문서가 민법 및 세법을 준수하는지 확인할 책임이 있다. 이러한 모든 행위에 대한 보수는 법으로 규정되어 있다. 그중 일부에는 고정 수수료가 적용된다(예를 들어 배우자 간 증여의 경우 세금 제외 115유로). 그러나 대부분은 다뤄지는 자산의 가치에 비례한다.

공증인들은 공무 종사자이긴 하지만 공무원과는 다르다. 다른 모든 자유직업이 그렇듯이 공증인들은 자신의 직을 거래하고 양도할 수 있다. 공증직은 수임료를 매김으로써 상업 활동을 할 수 있다.[9] 공증인들은 공증문서 작성 시 '조언 의무'를 가진다. 원칙적으로 공증인들은 고객에게 가능한 여러 선택지와, 문서에 서명할 시 일어나는 결과를 설명해야 한다. 부동산 거래를 규제하는 법을 실행하는 주요 장소는 공증사무소이지만, 변호사들도 이 과정에 참여한다. 그들의 임무는 자신을 선임한 의뢰인의 권리를 옹호하는 것이다. 공증인과 마찬가지로 변호사는 강력하게 규제를 받는 법률 분야의 전문 자유직이다. 그들은 국가의존적인 독립직으로서, 개인과 기업을 법정에서 옹호하는 독점 권한을 부여받으며, 그 직업 조직은 무척 엄격하다.[10] 그러나 공증인들과 달리 변호사들은 수임료를 자유롭게 책정한다.

상속 문제에서 주요한 역할을 하는 것은 공증인들이지만, 변호사 역시 소송 여부와 상관없이 고객의 권리를 위해서 이 문제에 관여할 수 있다. 반대로, 변호사들은 이혼 사건에서 주된 역할을 맡으며, 공증인은 부부 재산 청산과 같이 한정된 부분에서만 개입한다. 이 문제는 종종 다른 문제(부부가 살던 주택의 할당, 이혼 후 보상의 협상 등)와도 연결되어 있으며, 이때 더 많은 지식과 통제력을 가진 쪽은 변호사들이다.

매각, 상속, 부부재산제 청산, 회사 자본 관련 거래와 같은 경우, 공증인들과 변호사들은 가족 내 경제구조의 법적 쟁점에 대한 자문을 제공한다. 가족 관련자들은 자신들의 가족 구성 및 자산 구성에 따라 가족 내 경제구조에 관련된 법적 관행에 대해 다소 집중적인 사회화 혜택을 받게 된다. 이는 대학교의 책상머리에서 받는 교육이 아니라 변호사나 공증인과의 정기적인 접촉으로 이루어지는 법률 교육이다.

하지만 부동산을 소유하지 않은 가정에서는 가족과 재산에 관련한 법률적 사회화가 일어날 만한 상황이 거의 존재하지 않는다. 이러한 가정은 많다. 프랑스에서는 인구의 40% 이상이 무주택 세입자이다. 가족의 자산이 현금으로만 존재하는 경우, 법률 전문가들은 가족 내 경제구조에 개입할 일이 거의 없을 수도 있다. 심지어 유산 문제에는 전혀 관여하지 않을 수도 있다. 부동산이 적어도 하나 있거나 상속재산이 5000유로를 초과하는 상속 시에만 공증인의 등기가 필요하다. 공증인 없이 이루어진 상속은 프랑스에서 일어난 전체 상속 중 2분의 1에 해당하는 것으로 추정된다. 세금이 면제되거나 부동산이 없는 경우다.[11] 따라서 자산이 없는 계층의 가정은 가족 간 경제적 자원의 이동을 용이하게 하고 이를 법적으로 인정받을 수 있도록 만드는 법률과 법적 도구에서 멀리 떨어져 있다. 이 가정들의 행위가 법을 따르지 않는다는 의미는 아니다. 단지 그 과정에서 전문가들의 도움을 덜 받을 뿐이다.

예견과 신중은 자산을 가진 가족들의 특권이다. 이런 가족들은 공증인과 변호사에게 자신의 가정 상황을 미리 상담할 수 있는 자원과 습관을 가졌기 때문이다. 그렇지 않은 가족의 경우는 가족 내 경제적 구조를 조정하는 과정에서 행정기관과 사법기관의 감시하에 법과 충돌하게 될 위험이 더 크다. 지네트 뒤랑의 경우처럼, 공적 의무에 따라서 지역 기관이 부양의무를 이유로 가족구성원을 소환해 노인의 양로원 비용을 청구하는 일도 일어날 수 있다. 국가 노인보험기관은 노령연금을 상속 절차에서 회수할 수 있으며 가족 사건을 맡은 판사들과 행정법원은 이와 관련된 소송을 처리한다.

## 젊은 부부의 재산 서비스를 위한 공증인들

결혼은 가족법 분야의 전문직들과의 관계에서 사회적 격차를 잘 드러내 주는 사건이다. 프랑스에서 부부들 대부분은 결혼할 때 어떤 법률 전문가도 찾지 않는다. 공증인을 찾는 경우는 소수다. 2015년 통계청의 '자산' 조사에 따르면, 결혼 기간이 10년 미만인 응답자 부부 2092쌍 중 21%가 공증사무소에서 부부재산계약을 할 때 민법상 기본으로 적용되는 법정재산제〔즉 혼중취득재산공동제〕 외의 다른 부부재산제를 채택했다. 이들 중 대부분인 15%는 부부별산제다. 이를 통해서 부부 각각은 혼인 전이나 후나 자신의 재산을 개별적으로 관리했다.

여기서 사회계층 간 차이는 매우 중요하다. 남편이 고위직인 경우 별산제 부부재산계약을 한 부부는 전체의 27%에 달했다. 그러나 남편이 노동계층에 속하는 경우 이 수치가 4%로 떨어진다. 주 거주지(별장, 임대주택)나 금융자산(주식, 채권) 외에도 부동산을 소유했는지 여부는 젊은 부부가 별산제 계약을 선택할 가능성과 관련이 있었다. 결혼 기간 10년 미만에 남편이 전문직 종사자인 부부 중 48%, 10인 이상 직원을 고용하는 회사의 경영자인 남편을 둔 부부 중 57%가 별산제 계약을 맺은 것으로 나타났다.

공증인들은 사회계층에 따라 나타나는 실천 관행의 이러한 차이에 결정적인 역할을 한다. 자기들 직업 활동의 일환으로 만나는 자영업자, 기업인 또는 부동산회사 관리자 같은 고객들에게 부부별산제를 가장 먼저 권장하는 사람들이 바로 공증인들이다. 그러나 통계자료는 **가족적 사회화** 현상도 보여 준다. 배우자의 부모가 자영업자이면, 배우자 본인이 자영업자인지 여부와 관계없이 이런 유형의 계약을 할 확률이 상당히 증가한다. 공증으로 인증된 부부별산제는 상류층에 속하는 가정의 다양하고 규모 있는 재산을 유지하는 수단이다.

가족 내부에서는 성별에 따른 불평등도 드러난다. 여성과 남성이 관리하는 재산의 규모와 유형은 같지 않다. 직업적 자산에 대해서 이야기하자면, 여성은 상인의 3분의 1, 장인의 15%, 10인 이상 직원을 고용하는 기업의 사장 가운데서는 13%에 지나지 않는다. 그리고 기업의 위계에서 상위로 올라갈수록 여성 상사의 수는 감소한다.[12] 부동산 재산을 관리하는 역할 역시 일반적으로 남성의 몫이며, 특히 회사의 형태로 존재할 때는 더욱 그러하다. 부동산회사SCI〔Société Civile Immobilière, 민간에서 여러 사람이 공동으로 재산을 투자해 부동산 소유와 관리를 위해 설립하는 프랑스의 특수한 법인—옮긴이〕에서 80%의 경우 재산관리는 단 한 사람에게 위임되는데 그중 남성이 78%이다.[13] 부가 증가하고 다변화할 때, 가족 자산 관리에 참여하는 전문가들과 주요하게 상호작용을 하는 특권을 가진 이들은 대개 남성이다.[14] 별산제 부부재산계약이라는 관행은 여남 간 평등 면에서 중립적이지 않다. 다른 모든 조건(여성과 남성의 직업, 부부 및 부모가 소유한 재산의 성격 등)이 동일하다면, 이러한 관행은 부부의 자산 상황이 불균형한 경우, 특히 결혼 시점에 부부 자산이 불균형한 경우(주로 남성의 자산 상황이 더 유리한 경우가 많음)나 아내가 어릴 때 더 많이 이루어진다. 결국 부부별산제는 부유한 배우자(대체로 남성)를 보호하는 전략이다.

## 조언으로 둘러싸인 최고경영자

2010년 3월, 대도시 지방법원에서 일어난 일이다. 지난 18개월 동안, 가정법원에 새로 부임한 판사 세 명은 '지역에서 가장 거대한 이혼 사건'이라는 도전적 과제를 맡아야 했다. 이 중 한 판사가 우리에게 이 사건을 열람할 수 있는 기회를 주었다. 이 사건은 주식시장에 상장된 보험 그룹의 최고경영자와 해당 그룹 자회사의 이사인 그의 아내 간 이혼소송이다. 그들의 부부재산제 청산 건에는 수백만 유로가 걸려 있다. 이 기업은 남편이 1980년대 말에 창립했고, 그의 고유재산이다. 부부는 2000년 결혼할 당시 법정재산제인 혼중취득재산공동제를 따랐다. 2004년, 최고경영자와 아내는 회사에 1250만 유로를 투자했다. 2010년 이혼하면서, 증자의 원천을 두고 부부의 견해가 충돌한다. 남편은 이 투자가 본인의 개인 자금으로 이루어졌다고 주장하는 반면에 아내는 공동 자금으로 이루어졌다고 주장한다. 회사 가치는 2004년부터 2010년까지 상당히 증가하여 3200만 유로에서 2억 6900만 유로로 뛰어올랐기 때문에 상당히 큰 금액이 걸린 문제였다.

이혼 절차에서, 최고경영자는 개인 변호사와 공증인뿐 아니라 회사 고문변호사와 회계사도 참여시켰다. 또한 그는 이혼소송에서 매우 이례적으로, 부부재산관계법 전문가인 법학 명예교수가 작성한 30페이지 분량의 원고를 제출하며 본인에게 유리한 법적 분석을 제시했다.

그에 비해 아내는 처음에는 가족법 분야에서 유명한 파리의 변호사를 선택했지만, 나중에는 현지 변호사를 선임했다. 아내는 남편의 공증인이 재산분할을 진행하는 것을 거부하고, '거액의 재산을 다루는 데 익숙한' 파리의 공증인 두 명을 제안했으나 남편은 바로 거부했다. 그에 따라 법원이 중립적인 인물로 볼 수 있는 공증인을 지정하게 되었다. 그는 인접 지역 공증인회의소 회장이다. 남편은 사립대학 민법 교수인 다른 전문가와 상담을 실시하였으며, 이는 이익 상충으로 인한 절차상의 문제가 발생하는 것으로 이어졌다. 아내의 주장에 따르면, 상담한 교수는 2004년 증자 당시 초기 목표였던 세무 '최적화'를 위해 부부가 선임했던 변호사 사무소의 일원이었던 것이다.

결국 남편은 민법 교수와의 상담을 철회하는 데 동의했고, 공증인회의소 회장이 스스로 소명하기 위해 가정법원 판사 앞에 소환되었다. 이때 그는 자신의 보수를 19만 8000유로로 평가하였다. 그는 이 금액이 스스로 자유롭게 매긴 것이 아니라 법령에 따라 사건이 다루는 금액에 비례하여 산정되도록 정해져 있는 것이며, 이 사건이 다루는 자산액은 3000만 유로로 추정한다고 밝혔다. 판사는 또한 공인회계사를 선임한다. 공인회계사는 부부가 소유한 여러 아파트를 평가할 부동산 전문가와 가구 및 예술품을 평가할 경매인, 이 두 '사정관'의 도움을 받는다. 이 전문가들의 보수도 사건기록에 나와 있다. 회계사는 3만 880유로, 부동산 전문가는 9100유로, 경매인은 1만 7900유로이다. 그러나 변호사의 수임료가 얼마인지는 사건기록에 나와 있지 않다. 결국, 대단히 복잡하고 시간을 많이 빼앗는 '거액'이 걸린 이혼소송을 처리하면서 한 푼도 더 받지 못하는 유일한 전문가는 젊은 판사뿐이다.

부유한 소송당사자일수록 재산법 전문가들을 많이 알고 있다. 자신이 가지고 있던 다양하고 폭넓은 네트워크를 활용해, 재산 협상을 맞춤하고 정교하게 처리한다. 사무실 안에서 비밀리에 시간과 프라이버시를 보장받으며 자산 구조를 조정하는 재산법 전문가들을 찾는 것이다. 이러한 협상은 예외적인 경우, 즉 이혼이나 상속뿐 아니라 일상에서도 회사 활동이나 세무 전략을 수립할 때 등장한다. 최고경영자 이혼 사건의 경우, 그와 법률 전문가들 사이의 (이혼 전부터 존재했을) 친밀도, 그리고 그가 그들에게 그렇게나 많은 보수를 지불한다는 사실이 중립성에 문제를 제기한다. 따라서 이 사건은 법률 전문가들이 서로 다른 가족들, 그리고 가족 내 각 구성원을 평등하게 대우하는지에 대하여 의문을 던지게 한다.

보통 사람들은 지속적으로 자산을 감독할 만한 전문가에게 비용을 지불할 여건을 갖추고 있지 못하고, 그럴 뚜렷한 필요성을 느끼지도 못한다. 이혼 사건 대부분에는 오로지 변호사 한두 명이 관여한다. 부동산을 소유한 집이라면 여기에 공증인이 추가로 참여하는 정도다.

'가족 공증인'이나 회계사를 가질 수 있는 부르주아 집안에서조차, 아내나 자매가 이혼 혹은 상속 과정에서 전문가들의 개입을 문제 삼기는 어렵다. 최고경영자 이혼 사건에서 전문가들의 편향성이 비판받을 수 있었던 것은 아내가 명문 대학을 졸업하고 남편의 회사에서 일한 경험으로 인해 절차의 이상을 지적할 수 있는 재정과 정보를 가졌던 특별한 상황에 있었기 때문이었다. 그러나 이런 상황은 드물다. 앞서 언급했듯, 부유한 가정에서 여성들은 사업 운영에서 배제되는 경우가 잦으며, 법률 전문가들의 사무실 안에서 어떤 협상이 이루어지는지 여간해서는 알 수 없다.

## 법의 그늘 아래 이루어지는 자산 조정

2010년 프랑스에서 법정까지 간, 즉 소송으로 진행된 상속은 5%, 〔이혼에 따른〕 부부 재산 청산은 3%뿐이었다.[15] 이는 이혼, 사망, 혹은 기타 경우에 가족 내 부의 분배가 법원 외부에서, 변호사와 공증인의 사무실 안에서 은밀하게 이루어짐을 의미한다. 공증인들은 자신들을 '자산의 의사' 혹은 '가정의 평화를 수호하는 자'라고 자처하기도 한다. 변호사들 역시 '분쟁 협상' 경험을 강조하거나 조정과 관계된 실무 경험을 강조하는 경우가 많다. 공증인과 변호사들은 비공식적으로 분쟁을 해결한 경력을 공개적으로 홍보하는 경우도 흔하다.

조니 알리데의 유산 문제를 언론에 노출하는 것 역시 그들의 활동에 도움이 되기도 했다. 2018년 4월 13일, 낭테르 지방법원은 조니 알리데의 프랑스 내 재산을 동결시켰다. 그의 자산을 미국 신탁사로 이전할 수 없도록 하여 프랑스 상속법을 회피하지 못하게 함으로써 레티시아와 두 딸에게만 유리한 상속을 할 수 없게 한 것이다. 이에 파리의 공증인 나탈리 쿠지구수아는 언론매체 《프랑스앙포》와 인터뷰를 진행했다. 그는 "이 결정은 매우 현명합니다. 협상 테이블에 앉도록 거의 강제하는 조치이기 때문입니다. 많은 경우, 공증인들은 법적 규칙의 해석과 설명에서 해결책을 찾을 수도 있습니다. 사람들이 법원으로 가지 않게 하기 위해서 말이지요. 그럴 때에는 중재, 조정까지 고려해야 할 수도 있습니다"라고 말했다.[16]

자신의 직업을 홍보하며, 이 공증인은 상황에 따라 레티시아 알리데, 로라 스메, 다비드 알리데가 공개 법정에서 계속 대립하기보다는 비밀스러운 사무실 안에서 재산분할을 협상하는 편이 더 유리하리라고 결론지었다. 비밀스러운 분할은 협상의 여지를 지니고 있으며, 공개적인 법정 판결에서 오는 위험성을 피할 수 있게 해 준다. 실제로, 한 해 뒤 레티시아는 조니 알리데의 상속에 대한 프랑스 법원의 관할권에 이의를 제기하지 않기로 결정한다. 그는 2019년 10월 15일 공개 인스타그램 계정에 "저는 평화를 선택하겠습니다. 이러한 의지로 법률 전문가들에게 오늘부터 절차적 조치를 취하도록 지시했습니다"라고 썼다. 언론은 즉각 그의 문장을 "레티시아가 협상에 임할 준비가 되었다"로 해석하면서, 그가 주변 환경을 쇄신했음을 강조하고(레티시아는 변호사를 바꿨다) "각 당사자의 변호사들"이 만남을 가졌다고 보도했다.[17]

우리는 **자산 조정**이라는 표현을 쓴다. 이는 가족구성원 및 법률 전문가들이 가족의 부를 평가하고 분배하는 데 대한 합의를 얻으려 노력하는 과정 속, 고생스러우면서 갈등을 겪기도 하는 순간들을 의미한다. 실제로 공증사무소나 변호사 사무실의 비밀스러운 공간에서는 전문가들이 의뢰인들로 하여금 **법이 만들어 내는 그늘** 아래서 경제구조를 조정해 낼 수 있게 한다.

이 표현은 두 미국 법학자에 의해 대중화되었는데, 그들은 변호사 간의 협상을 통한 이혼에서 법원의 판례가 얼마나 영향을 미치는지를 보여 주고자 했다. 이혼 과정에서 심각한 갈등이 없더라도 부부들은 협상을 통해 법원의 시야를 피하려고 하는데, 이는 양측의 요구사항에 큰 영향을 미친다.[18] 우리는 이 개념을 적용하고 확장함으로써, 상속과 이혼이 발생하는 순간에 변호사와 공증인 들이 형식화한 자산 조정이 얼마나 법에 기반을 두고 있으면서 법이 가하는 제약을 포함하는지, 그러나 동시에 얼마나 법의 정신을 우회하거나 심지어는 저해할 수 있는지를 강조할 것이다.

지네트 뒤랑의 경우 변호사 사무실에 들어가기 전까지는 그의 경제구조 조정이 법의 그늘 아래서 이루어지지 않았다. 오히려 법에 무지한 상태에서 일어났으며 행정기관에 위험하게 노출되었다. 자산을 가진 중산층 및 상류층 이상부터는 자산이 가족 재생산 전략에 중요한 요소로 작용하므로, 법률 전문가들과 비공개 공간에서 협상하는 자산 조정이 위협받을 가능성이 적다. 가족 재생산 전략이 일관되기에, 법정에서는 일은 더욱이 일어나지 않는다. 필롱 가족의 예를 다시 살펴보자. 앞서 빵집 후계자의 자매들이 '계산하지 않도록' 사회화되었고, 그들이 형제와 분리하기 어려운 사회적 지위를 얻었으며, 가족 간의 불화를 두려워하도록 길러졌다는 사실을 확인하였다. 그들은 자신들이 법적으로 문제 삼을 수 있는 분배에 도전하는 데 큰 관심이 없을 뿐만 아니라 그러한 도전이 실제로 성공할 가능성도 거의 없다. 또한 우리는 앞서 사브리나 르장드르와 그의 전남편 모두에게 부부의 부동산 획득이 주된 투자 대상이었음을 알 수 있었다. 사브리나는 전남편과의 긴장을 딛고도 이 계획을 계속 진행하고, 자신의 커리어를 투자 계획에 맞추어 아이들에게 '무언가를 남겨 주려' 했다. 그리고 마침내 자기 몫의 자산 점유권을 포기했다. 사브리나는 자신의 부부 재산 정리를 맡은 공증인이, 집을 구입한 남편 원가족의 공증인처럼, 이혼 당시 작성된 회계에서 사브리나가 축소된 지분을 받아야 한다고 조언하며 자신에게 유리한 조치를 취해 주지 않았음을 알고 있었다. 그러나 사브리나 자신도 이미 표현했듯이, 그에게는 이러한 자산 조정을 문제 삼을 만한 여건이나 의지가 없었다.

자산의 규모가 커지고 내용이 다양해질수록, 가족의 이익과 권리에 부합하는 자산 조정을 실시하는 작업이 중요해진다. 이는 갈등을 면할 수 없는 작업이며, 배우자 간, 혹은 상속인들 간 권력관계를 동원한다. 이해관계자들의 권력관계가 비등하고 가족의 재생산 전략이 합의되지 않을 때, 법원을 통해서 자산 조정을 하게 될 수 있다. 조언으로 무장한 최고경영자 이혼 사건처럼, 가장 부유한 계층은 법정의 빛이 비치는 분쟁 절차와 공증사무소 및 변호사 사무실의 은밀한 공간 사이를 끊임없이 오갈 것이다. 수도에 부가 집중되어 있기 때문에, 파리 항소법원의 가정법원에는 이렇듯 규범 바깥의 사건들이 모여든다.

어느 날, 파리 항소법원 판사인 브리짓은 연구 팀 중 한 명(셀린)에게 두께 1.5미터짜리 이혼소송 자료를 보여 주었다. 자신의 사무실 구석에 보관된 큰 서류철 열 개 남짓으로 이루어진 그 자료를 브리짓은 "쇼의 하이라이트"라고 불렀다. 오후 재판에서 심리되어야 했지만 변호사들이 연기를 요청한 사건이다. 판사의 동료 중 한 명이 이렇게 말했다고 한다. "분명 부잣집 사건이겠지." 브리짓 시글리아노는 이 말을 확증해 준다. 다국적기업 스페인 지사의 서열 3위 임원과 모델 사이에 일어난 이혼 사건이다.

셀린은 판사에게 사건을 살펴보았느냐고 묻고 판사는 이렇게 답한다. "물론 아니죠! 열어 보고 싶지 않아요." 판사는 이 두꺼운 서류를 훑어보는 데에는 보름이나 걸릴 뿐 아니라, 이러한 종류의 갈등은 당사자 간의 협상으로 이어져 결국에는 법원으로 오지 않게 될 수 있다는 걸 잘 알고 있다. 앞서 최고경영자의 이혼 사건도 같은 길을 가리라고 상상해 볼 수 있다. 매우 부유한 가족들은 재산 분쟁을 법정으로 가져가는 한편으로, 결국에는 특권을 가진 고객으로서 법률 전문가들이 제공하는 비공개 협상을 병행하는 것이다.

## 공증인을 닮은 '좋은 고객들'

공증인들의 입장에서 보면 모든 고객이 가치를 지니는 것은 아니다. 오히려 〔상속인들에게〕 빚을 안기는 상속을 처리하는 것은, 아마도 자신에게 다시 사건을 맡길 일이 거의 없을 상속인들을 위해 일한다는 의미다. 다시 온다고 해 봤자 소득이 크지 않은 주택 구입 같은 사건일 것이다. 거래액에 따라서 보수가 책정되는 여러 부동산 자산 거래 및 매매, 자녀들에게의 평등한 상속, 자선 기부 등을 조언하는 것보다는 훨씬 수익성이 떨어진다.

세바스티앙 다르기는 35세 젊은 공증인으로, 노동계층의 전통이 강한 남서부 작은 도시에 위치한 사무소에서 부인과 함께 일한다. 그들의 고객층은 주로 자산 규모가 작은 소유주들로 구성되어 있다. 세바스티앙 다르기는 아쉬움을 담아 이렇게 말한다. "집은 15만 유로, 아파트는 8만 유로나 6만 유로, 토지는 7만 유로에 팔아요. 이게 우리 사업이에요!" 그는 이런 조건에서는 복잡다단한 법률적 도구를 체계적으로 고려할 시간이 없다고 말한다. "여기서 일을 하려면 죽어나요. 이런 데서는 80%가 무료 상담이에요. 30분 상담하면 넘어가야 해요. 하루에 상담이 열 건 이상이에요. 솔직히 말하면 파리에 사는 공증인들처럼 일하는 동료들에게 화를 내야 해요. 그 사람들은 너무 치밀하고, 그래서 확인할 필요도 없는 일을 전부 확인한다고요. 작은 사건은 빨리 처리해야죠! 그래서 때로는 동료들에게 그만하라고 하기도 해요."

각 사건이 다루는 금액이 적은 것만 문제가 아니다. 상대해야 하는 고객의 수가 너무 많기 때문에 가족법을 정교하게 이용하지 못하는 루틴이 만들어진다. '매상'을 올리기 위해서다.

그럼에도 불구하고 세바스티앙 다르기는, 자신의 말대로라면 사무소가 불리한 입지에 있음에도 자신이 원하는 고객을 유치하기 위해서 노력을 기울인다. 그는 고향에서 쌓은 사회자본을 유지하고, 고향에서 40킬로미터 떨어진 곳에 사무소를 냈다. 그의 사회자본은 부모가 약사이고 처가가 의사 집안이기 때문에 의약업계 종사자들과 관계가 있다. 그는 매주 여러 차례 이동해 보다 부유한 고객들을 포섭하고자 한다. 그는 지역 부르주아 특유의, 남성성에 기반을 둔 상호작용에 기초하여 인맥을 형성한다. 그는 말한다. "일하고, 매일 외출해서 사람들을 만나고, 열댓 명 되는 사람들과 친구가 되어서 같이 일을 하고……. 이런 곳에서는 그런 일이 빠르게 일어나죠." 식사, 상공회의소 교육, 토요일마다 럭비 경기, 사교 클럽 가입(40세 미만 남성들로 이루어져 대체로 사장이나 전문직 종사자인 이들끼리 만나는 자리) 등 모든 활동은 그에게 더 부유한 고객층을 형성하고 매출을 올리며 경쟁 사무소보다 더 큰 시장점유율을 확보하게끔 한다.

일상적으로 공증인들은 자신의 사무소를 '회전'하게 해 주는 경제자본을 가진 고객층을 찾아 나선다. 세바스티앙 다르기의 전문직 고객들은 파리의 부자들을 상담하는 장피에르 샤르트랭이나 시골 사무소를 찾는 세드릭 르 구엔의 고객들("함께 일하기 좋은 단순한 사람들")과 큰 관련이 없다. 그러나 이렇게 선택된 고객층에 공통점이 있다면 경제자본이 해당 사무소로 모여든다는 것이다. "멋진 공증사무소라고 말할 수 있다면 그런 셈이에요! 정말 즐겁습니다. 오래된 고객들이 많아서 그들의 이야기를 알고, 함께 나이를 먹거든요"라고, 반쯤 시골인 페이드라루아르 지역의 40세 공증인 제롬 폴리는 말한다. 공증인들과 이러한 '좋은 고객들' 간 사회계층의 유사성은 주목할 만하다. 이들은 가족에게의 상속을 통해 시간이 지나도 부를 보존하는 일에 공통적으로 관심을 가지고 있다. 오늘날에도 공증인은 여전히 '자산관리사'다.[19] 공증 수수료는 드물게 발생하는 데다 금액이 비싸다. 매출액은 사무소가 위치한 지역에 따라 약 40만 유로에서 100만 유로 사이다.[20] 1987년, 석사 이후 1년 더 교육을 받아야 주어지는 공증인 자격이 도입되고 15년 후, 에즈라 쉴리만은 아버지로부터 아들에게 이어지는 사무소의 비율이 여전히 3분의 1쯤 된다고 추정했다.[21] 이러한 승계는 이전처럼 흔하지는 않지만 여전히 행해지고 있다. 공증인 자격 취득자는 사무소에서 처음에는 연수생으로, 다음에는 고용 공증인으로 일한다. 정식으로 공증인직에 임명되려면(신규 공증사무소를 개업하려면) 선임 공증인의 추천이 있어야 한다. 가업을 이어받아 사무소를 여는 경우에 해당하지 않는 공증인들은 자본금을 마련해야 하는데 종종 상속받거나 빚을 내서 마련하기도 한다.

우리와 심층면담을 진행한 공증인 집단은 30세부터 60세 이상까지의 연령대에 걸친 여성 네 명과 남성 열세 명으로 구성되어 있으며, 이들의 근무지와 사무소 규모는 상이하다. 우리는 이들 가운데 열다섯 명의 사회적 출신배경을 상세히 연구하였다. 절반은 가업을 승계했다. 여섯 명은 공증사무소를 아버지나 할아버지로부터 직접 이어받았고, 한 명은 장인으로부터 이어받았으며, 다른 한 명은 공증인의 아들이기는 하지만 아버지의 사무소를 직접 이어받은 것은 아니었다. 한 경우를 제외하고는 모두 자영업자 가정 출신이며 해당 가족들은 그들의 고향 지역에 생활의 기반을 두고 있었다. 부모나 시가, 처가의 직업은 의사, 약사, 식당 경영자, 호텔 경영자, 제빵사, 농부, 와인업자, 감정사 등이다. 학업을 마치는 자녀가 있는 이들은 일반적으로 자신의 사무소를 자녀에게 승계하는 문제를 두고 고민한다.

공증인은 특히 경제자본이 가장 풍부한 가족들과 장기간의 강력한 신뢰 관계를 형성하기를, 해당 가족의 '가족 공증인'이라는 정체성을 형성하기를 간절히 바란다는 점이 특히 주목할 만하다. 서남부 지역에서 아버지의 사무소를 물려받아 운영 중인 30대 공증인 마르크 푸제는 상속 과정에서 '가치 보존'이 이루어진다고 자랑스레 말했다. "가족 간에 의견 불일치가 있더라도 유언을 통해 내 자녀 중 한 명을 포괄수유자(유증을 통해 고인의 전 재산을 받는 사람—옮긴이)로 지정할 수 있습니다. 가족 중 다른 누군가와 문제가 생기더라도 괜찮아요. 어쨌든 내가 모든 것을 남긴 자녀가 유산을 소유하고 나면 그다음은 재산 평가, 그러니까 경제적 협상을 어떻게 하느냐의 문제에 불과하니까 말입니다. […] 가족적으로 보자면 좋은 관리지요. 자산을 모두 물려주고, 과세 대상이 아닌 생명보험과, 상속 신고를 작성하는 데 필요한 정도의 계좌만 남기는 겁니다. 그렇게 되면 부모님이 일을 정말 잘 처리하신 셈이지요!"

심층면담에서의 대답은 모두 1인칭이었다. 마르크 푸제가 "나"라고 말할 때, 어떤 경우 이 말은 공증인 자기 자신을 명시적으로 가리킨다. 이는 그가 고객 입장이 되어 자기 일을 설명하는 방법이기도 하다. 마르크 푸제가 상속을 잘 관리하고 미리 준비한 부모를 상찬할 때, 그는 자신이 일을 잘 해냈다는 것에도 기뻐한다. 기대, 신뢰, 공동의 이익이 따르는 장기적 관계 맺음을 통해 그의 직업적 이해관계가 고객의 이해관계와 직접적으로 일치하므로(고객의 재산과 그가 받는 비용이 비례하기 때문에), 그는 고객들이 자기 재산을 지키기를 바란다. '가족 공증인'의 관점은 해당 공증인의 고객과 일치하고, 고객 역시 공증인과 관점을 같이한다. 미국의 인류학자 조지 마커스가 선구안을 가지고 실시한 연구에서도 이 점이 드러난다. 마커스는 20세기 말부터 미국의 부유한 가문이 가족 재산을 관리하기 위해 전문가들(신탁관리인, 자산 컨설턴트, 변호사, 회계사, 심지어 심리학자까지도)을 어떻게 고용했는지 연구하고, 역설적이게도 시간이 지남에 따라 가족 재산을 지키기 위해서 가장 열중하는 집단이 바로 이 전문가임을 보여 준다.[22] 재무 관리자들은 직업적 윤리를 가지고 고객보다 더 〔고객의〕 가족 위주로, 그리고 보수적으로 행동한다. 이는 프랑스 공증인들의 경우에도 마찬가지다. 세대를 거듭해 고객과의 관계를 유지하기 위하여 장기적 관점에서 〔고객의〕 자산을 바라보는 것이 그들에게 이익일 수 있다. 이때 그들이 상상하는, 대를 이어 고객이 되는 가족은 남성의 얼굴을 하고 있다.

공증인들과 심층면담을 진행하면 가족 자산 분야의 전문가들이 남성 고객과 자기를 동일시하고 있음을 알 수 있다. 연구 참여자들은 자신이 맡은 사건에 대해 이야기할 때, 가족관계에서 쓰이는 용어를 여성형으로 바꾸지 않는다. '고객' '상속인' '사별한 배우자' '자식'을 일컬어야 할 때 절대로 여성형을 쓰지 않는 것이다. 우리는 그들이 말하는 것이 남성의 재혼인지 여성의 재혼인지, 자매를 뜻하는지 형제를 뜻하는지 계속 질문해야 했다. 가족 서사를 법적 용어를 통해서, 그리고 오로지 남성형으로 일관해서 설명하는 방식을 따라가기가 처음에는 어려웠다. 법률 전문가들에게, 법의 언어를 남성형으로만 표현하는 건 성차별적인 행위로 여겨지지 않았다. 그들은 오히려 성별 중립성을 보장하기 위해 그렇게 한다고 주장한다. 하지만 공증인의 경제 윤리는 가족관계에 대한 성별화된 시각에 기반을 두고 있으며, 이는 특권층 고객의 시각과 밀접하다. 공증사무소의 대표 격으로 남성을 선호하는 그들의 직업군에서 그렇듯, 그들의 고객과 마찬가지로 공증인들은 남성이 가족의 대를 이어 자산을 불리는 데 더 적합하다고 보는 경향이 크다. 특히 그것이 직업적 자산일 경우 더욱 그렇다.

가족법을 다루는 법률 전문가 가운데 여성 비율이 가장 낮은 직종이 공증인이다. 물론 공증인협회는 직업군 내 여성 비율이 빠르게 늘고 있다고, 2007년 22%에 불과했던 공증인 중 여성의 비율이 2019년 47%로 늘어났다고 강조한다. 그러나 2016년 1월 1일 기준, 고용 공증인(월 2000유로에서 4000유로 사이의 급여를 받음)의 64%가 여성이고 그 비중이 급격히 증가하고 있지만, 개업 공증인(평균 월 소득 1만 7000유로이며, 정원 제한 제도가 있음) 중에는 여성이 32%에 불과하다.[23]

사무실 내 업무 분담에서, 고용 공증인들은 서면 작성, 준비, 문서화 과정에 주로 참여한다. 개업 공증인들은 직접 고객과 접촉하고 사건 전략을 결정한다. 자산이 풍부하고 정기적으로 사무소를 찾으며 특권층인 고객에 대해서는 이 경향이 더 두드러진다. 개업 공증인들은 사회적으로 자본이 풍부한 계층과 무척 가깝다. 그들은 높은 보수를 받을 뿐 아니라 직업적 자산도 상당하다.

〔공증인으로서〕 자유업을 하는 여성의 비율은 공증인 자격을 가진 여성의 비율과 확연히 다르다. 최근 공증인 자격 취득자 중 여성의 비율은 약 70%이다.[24] 2016년 이후로, 경제성장, 활동 및 경제적 기회 평등을 위한 '마크롱 법'이 시행되면서 많은 신규 공증사무소가 개설되었다. 2016년부터 2018년까지의 기간 동안, 신규 개설된 사무소의 장으로 지명된 공증인 가운데 여성이 58%를 차지했다. 이는 사전 지원서를 통해 추첨으로 배정된 결과에 따른 수치였다. 반면, 기존 사무소 승계나 협회로부터의 선임 등 전통적 방식으로 자유업을 시작한 신규 공

증인 중에서 여성의 비중은 45%에 그쳤다.[25] 2018년 7월 31일 공정거래위원회가 발표한 의견서에는 다음과 같이 기술되어 있다. "급여를 받는 공증인으로 고용된 여성 비율이 높은 것은 〔여성들의〕 개인적 선택이며 여성들은 개업으로 인해 발생하는 책임을 맡길 원치 않는다고 많은 이들이 언급하지만, 신설된 공증사무소에 임명된 여성 공증인의 수가 추첨 절차에 참여한 후보자 수와 거의 일치한다는 점은 여성 공증인들이 개업 의욕을 가지고 있음을 알 수 있다."[26] 요컨대, 공증인이라는 직업적 자산의 재생산 전략은 자신들이 담당하는 부유한 고객들에 대해서와 마찬가지로 성차별에 기반하며, 여성들이 자유업 공증인으로 일할 수 있는 선출 방식에 성차별이 영향을 미친다는 것이다.

## 법률사무소 일반의 고객 차등 대우[27]

특권층 고객에 대한 적극적 탐색과, 고객의 사회적 배경이 어떠한지에 따른 가족법 실천 관행의 차등화. 이 조합은 공증사무소뿐만 아니라 변호사 사무실에서도 나타난다.[28]

일반적으로 가족법 분야는 변호사들의 장악력이 크고, 덜 전문화되어 있으며, 받을 수 있는 보수가 별로 크지 않다고 알려져 있다. 변호사들은 아주 높은 비율로, 적어도 어떤 시기에서라도 가족 사건을 맡게 된다. 또한 가족은 여성 변호사가 맡는 비율이 매우 높은 분야 중 하나다.[29] 재판상 이혼 절차에서, 조정 불성립 명령 단계에서 이혼을 위해 변호사를 선임한 남성의 3분의 2, 여성의 4분의 3이 여성 변호사를 대동한다.[30] 변호사들이 맡는 고객은 변호사 사무실 위치, 업력, 규모 및 전문성뿐만 아니라 변호사 본인이 가진 네트워크에 따라 달라진다.

프랑스 서부의 한 변호사협회를 관찰해 보면, 일단 시장은 거의 세분화되지 않은 듯 보인다. 가족법 전문 변호사들은 정기적으로 법원이나 변호사협회에서 서로 교류하는데, 이들이 만나는 고객층은 거의 비슷하다. 경력 30년 이상인 이브 르 플로흐 변호사가 다음과 같이 말한 대로다. "여기는 파리가 아니에요. 파리에서야 사람이 많으니까 고객을 선택할 수 있겠지만 여기에서는 달라요. 경쟁자에게로 고객을 보내면서 시간을 허비할 수가 없어요." 우리와 만난 변호사들은 법률구조와 관련된 일부 업무 활동을 다양한 비중으로 하고 있다. 보수는 시간당이 아니라 사건당으로 계산된다. 상호 합의에 의한 이혼의 경우 양쪽 모두를 담당하는 변호사가 1400유로에서 2100유로를 받는다. 분쟁이 있는 이혼의 경우 기본 보수는 2000유로에서 2500유로 사이이다. 수임료는 과정이 길어질 시 추가될 수 있다.

그럼에도 불구하고 이 사무실에서 우리가 매우 빠르게 발견한 한 가지 사실이 있다. 부유한 고객층은 일반적으로 저소득층보다 변호사로부터 더 많은 시간과 관심을 할애받는다는 점이다. 연구 팀은 변호사와 고객 간 상담을 45회 관찰하였다. 그 가운데 고객의 직업을 알 수 있었던 상담 40건 중 서민층(16건)의 평균 상담 시간은 41분, 중산층(11건)은 55분, 상류층(13건)은 61분이었다.[31]

지네트 뒤랑의 변호사인 그라스 뒤퐁베르나르의 사무실에서 관찰한 사례를 다시 살펴보겠다. 그는 지네트 뒤랑과 25분간 상담을 진행한 후, 한 은퇴자로부터 의뢰를 받았다. 현재 본인이 매달 연금으로 600유로를 받는데, 사회주택에 들어가기 위해서 실질적으로 3년 전부터 이혼 상태였던 남편과 공식적으로 이혼하고 싶다는 요청이었다. 그라스 뒤퐁베르나르 변호사는 이 의뢰인에게 15분을 할애했다. 다음 손님은 나이가 60대에 가까운 대학 강사로, 건축가와 이혼 절차를 밟고 있었다. 그런데 이 고객은 이전 고객들과는 달리 변호사 사무실에서 매우 편안한 태도를 보였다. 특히 처음부터 우리 손을 잡으며 마치 "[우리가] 없는 것처럼" 행동하겠다고 말한 첫 번째 사람이었다. 이 고객과의 미팅은 45분 동안 진행되었고, 남편이 보낸 음성메시지를 듣는 것부터 시작했다. 손자의 탄생에 대한 짧은 메시지가 의뢰인의 주장대로 "변태적이고" "끔찍하고" "과하게 계획되고 폐쇄적인" 내용일까? 이에 대해 변호사는 마치 심리학자 같은 말투로 답한다. "남편 분은 자기 감정에 깊이 들어가지 못하세요." 변호사와의 대화에서 큰 부분을 차지하는 것은 감상과 느낌이다. 동시에 서류에 적힌 법적, 경제적 이슈도 등장한다. 집의 가치, 보상금 신청을 위한 자료 수집 등이 소재가 된다. "저와 손발이 잘 맞는 모습을 보셨지요." 변호사는 만족해하며 말한다. 마지막 손님은 이혼 절차 때문에 이 사무실에 첫 방문을 하는 의뢰인이었다. 변호사는 월에 4000유로를 버는 기업 임원인 이 의뢰인과 60분 동안 면담을 진행하며, 첫 면담이어서 이만큼 시간이 드는 것이라 설명한다. 그러나 오후의 먼젓번 두 의뢰인도 사무실 첫 방문이었다.

이런 식의 예시를 더 들 수 있다. 흔히 법률 전문가들은 상류층의 재산 규모와 복잡성 때문에 상담이 더 오래 걸린다고 설명하곤 한다. 그러나 우리가 관찰한 바로는 기존 분석을 조금 다르게 바라볼 필요가 있다. 부유한 가족들의 자산이 복잡한 구조를 띠고 있음은 불가피한 사실이나, 그 이유는 세무사, 공증인, 회계사, 은행가, 자산관리사 등 관련 전문가들이 의도적으로 복잡성을 창출하기 때문이기도 하다. 특히 부의 규모가 커질수록 전문가들의 수도 많아진다.[32]

그러나 대중에 속하는 서민계층의 경제적 문제 역시 매우 복잡할 수 있다. 특히 자산을 보유한 서민계층의 경우 부동산, 직업적 자산을 가지고 있을 수도 있다. 혹은 무시할 수 없는 규모의 자산을 가진 사람이면서 학력이 낮고 월 소득이 적을 수도 있다. 이 같은 상황은 시골에서 흔히 발생한다.[33] 이러한 고객들은 변호사들이 불신할 수 있는 집단이다. 첫째, 이들은 신뢰를 형성하기에 필요한 동맹 관계를 형성하지 못했다. 둘째, 변호사와 고객 사이에 일어나는 상호작용의 일부는 정보의 품질을 측정하는 것으로 구성된다. 이는 변호사가 사건의 복잡성을 파악하고 고객에게 효과적인 조언을 제공하며 자신이 일을 잘 수행할 수 있을 것인지 판단하는 데 도움을 준다. 상호작용은 고객과 변호사 간의 신뢰를 형성하는 동시에, 고객이 수임료를 지불할 능력과 의지가 있는지를 변호사로 하여금 판단하게 하는 수단이기도 하다.[34] 하지만 자산을 가진 서민계층이라는 역설적인 경제 상황은 이에 불확실성을 야기한다. 현금 유동성을 지니지는 않으나 정확히 얼마인지 알 수 없는 자산을 가지고 있기 때문에 서류가 얼마나 복잡할지, 법률구조를 받을 수 있을지, 수임료 지불이 가능할지에 대해서도 확실하지 않은 것이다.

연구 팀은 경험이 풍부한 60대 가족법 전문 변호사 미셸 아비트볼과, 앞서 언급한 유형의 의뢰인인 나탈리 무강의 상담을 지켜보았다. 이 50대 여성 고객은 자영업자로, 그와 공동으로 자영업 피자 트럭을 소유한 남편이 그에게 이혼소송을 청구했다. 첫 번째에 길게 진행한 상담(1시간 15분)동안 변호사는 이 잠재적 고객이 소득이 없어 생활비 지원을 받지만 남편과 공동으로 소유한 자산이 조금 있음을 알게 된다(월 540유로에 세를 놓은 브르타뉴의 집, 여가용 연못, 월 300유로에 세를 놓은 해변가 별장, 그리고 차량 몇 대—사륜구동 차량, 캠핑카, 캐러밴, 화물차 등).

고객은 자신의 형편이 어렵다고 말하지만, 미셸 아비트볼 변호사는 그가 보유한 자산을 고려하면 아마 법률구조를 받을 수 없을 것이라 설명한다. 따라서 변호사는 이혼과 관련한 진행 비용(세금 제외 2000유로)을 알려 주면서, 더 진행할지 심사숙고해서 결정할 시간을 가지라고 말한다. 그리고 즉시 비서에게 첫 상담에 대한 청구서(120유로)를 가져오라고 요청한다. 이는 일반적이지 않은 관행이다. 이 지역 변호사들은 보통 사건당 수수료를 받으며, 시간 단위로 받는 경우는 별로 없기 때문이다. 나탈리 무강은 사과한다. "오늘은 아무것도 가져오지 않았어요. 수표도 없어요. 딸을 보내서 지불하게끔 할게요." 다음 날, 변호사는 해당 의뢰인 사건을 거절하기로 한다. "사건을 맡으면 문제가 생길 것 같다"라는 판단을 내렸기 때문이다. 나탈리 무강이 법률구조를 받지 못한다면 수임료를 받지 못할 것 같다고 걱정을 하지만, 법률구조 대신 본인이 지불한다고 하더라도 복잡한 사건을 처리하는 데 들 노고에 비해서 어쨌든 보상이 부족하리라고 판단해서다.[35] 변호사들은 법률구조를 받는 사건에 대해 본인들이 '손해를 보며' 일한다고 자주 강조하고, 이러한 종류의 사건에 에너지를 쓰지 않으려 한다. 따라서 우리가 이 지역에서 관찰한 평균 상담 시간은, 법률구조를 받는 의뢰인의 경우 31분이고 법률구조를 받지 않는 의뢰인의 경우 59분이다.

나탈리 무강은 그의 계층적 특성과 성별이 얽혀 '나쁜 고객'이라 여겨질 만한 모든 특징을 갖추고 있다. 남편은 자산을 관리하는 공증인과 직접 연락을 주고받으며 공증인에게 추천받은 변호사와 소송절차를 시작했지만, 나탈리 무강에게는 자기 편이 되어 일해 줄 법률 전문가 네트워크가 전혀 없다. 법률구조를 받을 자격에 해당하지 않을 정도로는 자산이 있으면서도 자체 소득은 없는 탓에 법률 자문 비용을 지불하기도 어렵다. 가정폭력으로 집을 떠나 있다는 불안정한 상황으로 인해 그는 자기 자산뿐 아니라 간단한 증빙서류에도 제대로 접근할 수 없다. 시골이 대부분인 지역의 사무실에서 일하는 노련한 변호사 미셸 아비트볼은 이런 유형의 어려움을 겪는 고객들에 익숙하다. 자산을 보유했으나 서민계층이고, 소득을 다는 신고하지 않으며, 항상 돈이 있는 것도 아닌 데다 법률구조를 받을 수도 없는 고객들 말이다. 이 변호사는 이러한 고객들을 빠르게 가려 낼 수 있고, 경력도 많아서 수임료를 받으리라는 확신이 없는 채로 이런 유형의 사건을 맡을 때 겪을 어려움을 예상하여 수임을 거절할 만큼 경제적 여유가 있다.

하지만 변호사와 의뢰인 간의 친밀함은 오로지 돈으로만 만들어지는 것은 아니다. 한쪽 극에는 모든 형태의 자본(경제적, 문화적, 사회적, 상징적)이 집적된, **자산을 가진 상류층**이 있다.[36] 이들은 자신들의 가족적, 경제적 이익을 최대한으로 지키기 위해 변호사와 동맹을 형성하는 데 성공한다. 상류층에 속하는 의뢰인들은 상호작용 시 편안함을 보이고, 늘 완벽하게 이해하지는 못한다 해도 법적 언어에 익숙하다. 이들은 변호사에게 자기 의견을 더 강력히 주장하며 소송절차에 활발하게 개입할 수 있다. 변호사와 의뢰인의 관계는 전문가와 비전문가라는 구도에서는 비대칭적이지만, 직속 부하들을 다루는 데 익숙하고 자신들보다 나이가 많은 기업 임원들에 대하여 경력이 얼마 안 된 변호사들은 법적 전략을 시행하기에 종종 어려움을 겪을 수 있다. 다른 쪽 극에는 **자산을 갖지 못한 서민층**이 있다. 이들은 직업에서의 낮은 지위, 제한된 경제적 자원, 정당한 문화자본과의 상대적으로 먼 거리 등을 특징으로 한다.[37] 이들은 법과 전문가들에게 위압감을 느낀다. 또한 법률 전문가들에게 수익성이 그리 높지 않은 사건을 가져오며, 전문가들에게 의

지할 수밖에 없다. 변호사가 어떤 전략을 펴는지 이해하지 못하면서도 변호사에게 의존해야 한다. 이 양극 사이에는 다양한 입장이 존재한다. 예를 들어 상대적으로 경제자본은 적지만 법 관련 사건에 적극적으로 참여할 수 있는, 변호사를 대신해서 문서를 작성할 수도 있을 만큼의 문화자본을 가졌으나 자산은 갖지 못한 계층, 혹은 수익성이 높지 않고 경제적 사안은 복잡한 이들인 자산을 가진 서민층 등이 있다. 후자는 종종 변호사들의 불신을 자아낼 수 있다.

## 파리 지역: 세분화된 시장

파리 지역에서는 가족법 시장이 보다 세분화되어 있다.

이 시장의 하단부에는 법률구조에 배정되는 신참 변호사들이 위치한다. 구청 등에서 무료 상담 업무를 진행하는 이들은 정해진 금액으로 일하고, 수입을 확보하기 위해 여러 사건을 동시에 맡아 처리한다. 이들의 주고객층은 자산을 보유하지 않은 계층이다. 이런 사건을 처리하는 변호사들 중 일부는 북아프리카, 포르투갈, 아프리카 출신이며, 종종 그들의 고객들 역시 비슷한 인종적 배경을 가지고 있다. 이 변호사들의 주수입은 법률구조에서 오는데, 한 변호사는 이를 "법률구조 대량 처리"라고 부르기도 한다.

그러나 일드프랑스(프랑스의 수도권 지역—옮긴이)에의 부의 집중은 아주 심각하여 가족법 시장은 상류층에서도 세분화된다. 상당한 수수료를 부과하며 '고급' 고객들만을 대상으로 하는 자산관리 전문 법률사무소들이 생겨나고 있다.

파리 고급 지역이나 부유한 교외 지역에서는 가족법 및 재산법에만 특화된 대형 법률사무소를 찾을 수 있으며, 그 사실은 그들의 웹사이트에 선전된다. 그런 법률사무소 중 하나의 웹사이트에는 다음과 같은 문구가 게시되어 있다. '자산법' '국제가족법' '혼인계약 및 혼전계약' '자산 및 상속' '상속재산 예상 및 현금화' 등. 다른 한 웹사이트는 완전히 영어로만 되어 있으며, 처음부터 국제적인 해외 거주 고객들을 대상으로 삼아 "새로운 세대의 가족을 위한 국제가족 전문 법률사무소"라는 타이틀을 내걸고 5개 언어로 조언을 제공한다. 해당 사이트를 운영하는 사무소의 상담료는 시간당 250~550유로로 매우 비싸다. 이 변호사들은 법률구조를 전혀 취급하지 않는다.

이런 식으로 특화된 변호사 사무실은 무척 적다. 40대 변호사인 세실 마르탱뒤부아는 "눈에 띄는 사무소는 10개 정도입니다"라고 말하면서, 자신도 그중 한 경우라고 했다. 면적이 무척 넓은 그의 사무실은 수도권 고급 주거지역 내 웅장한 오스만 양식의 건물에 자리하고 있다. 고객들은 지인들을 통해서 혹은 변호사의 남편이 근무하는 기업에서 보내서 이 사무실을 찾기도 하지만, 정치 모임이나 식사 모임, 친구나 친구의 친구를 통해 만난 고객도 있다. 세실 마르탱뒤부아는 고객들에게 맞춤형 서비스를 제공한다. 그는 모든 고객들을 직접 만나고, 항상 개인 휴대전화번호를 주고, 상대 변호사와의 조율을 전적으로 책임지고(유선상이 되었든 대면이 되었든) 정기적으로 공증인이나 중재인의 사무실에 고객들과 동행한다. 조사 중 만난 다른 변호사들이 가족 문제로 인해 초조하고 무례해진 의뢰인으로부터 스스로를 보호하는 여러 가지 전략(예약 횟수 제한, 교환원 배치, 고객과의 이메일 교환 제한)을 구사하는 것과는 달리, 그는 고객들에게 언제나 접근 가능한 태도를 취하며, 고객을 엄선하여 그 고객들에게 집중한다. 그는 "프랑스 남성이 그리스 여성과 결혼하고, 뉴욕을 주된 주거지로 삼고, 현재는 베이징에 살고 있는" 유의 사건을 처리한다고 말한다. 그는 모두에게 수월한 "작은 사건들"은 자신에게 오지 않는다고 했다.

법적으로 더 간단하지만 자산 규모가 큰 의뢰인의 경우, 가족법에 특화되지 않은 법률사무소가 처리할 가능성이 크다. 엄격하게 선별한 고객층이 유지되는 까닭은 높은 비용(평균 300유로, 세금 별도)과 인맥을 통해서 예약하는 방식 때문이다. 사업법 및 세법을 전공한 카롤 주브는 주로 회계사 친구들이나, 마찬가지로 기업 변호사인 남편으로부터 소개받은 기업인들의 가족을 맡는다. 그는 자기 고객이 주로 남성이라는 점에 주목한다. "사업을 하는 사람들은 주로 남성이에요." 그는 이렇게 말한다. "잘해 내려고 노력해요. 그러고 나면 평판이 아주 빨리 퍼지거든요." 기업인들을 포함해서, 소유한 자산 규모가 큰 남성들은 법률 자문을 할 전문가 네트워크를 보유하고 서로 공유한다. 이러한 추천 시스템은 고객에게 제공되는 서비스 품질에 영향을 미친다.

파리 공증사무소에서도 이러한 파리식 방법을 발견할 수 있다. 파리 명문가의 개인 저택에 위치한 공증사무소인 장피에르 샤르트랭 사무소는 특권층 고객에 전념한다. (동료들이 말하기로) '오래된 공증인 가문' 출신인 이 50대 공증인은 파트너 네 명과 직원 스물여섯 명으로 이루어진 사무소의 파트너다. 그의 사무소는 지주회사에 속해 있고, 해당 지주회사에는 다른 사무소 두 곳이 파리 서부 고급 동네에 위치하고 있다. 사무소에서 처리하는 상속 사건의 75% 이상은 최소자산세 부과 기준인 130만 유로를 초과한다. 남색 블레이저를 우아하게 차려입은 장피에르 샤르트랭은 우리 중 한 명(셀린)을 자신이 고객을 상담할 때 사용하는 거대한 홀로 불렀다. 벽은 고풍스러운 스타일이고(몰딩, 벽난로, 목재로 된 바닥), 장비는 하이테크다(벽에 달린 스크린이 테이블 아래 숨겨진 컴퓨터와 연결되어 있다). 인테리어는 현대적이고(벽에 추상화가 걸려 있다), 가구는 고급스럽다(가죽 의자, 고급 목재로 된 테이블). 비서가 커피를 내오는 도자기 잔 역시 고급스럽다. 벽에 있는 스크린과 테이블 위에 놓인 전화를 제외하면, 전체적으로 이곳은 사무실이라기보다는 고급 레스토랑 같다. 방 안에 서류의 흔적은 없으며, 대화는 커피를 마시면서 진행된다. 비서는 언제든지 공증인의 요청에 대답하기 위해 항상 전화로 연결된다. 이러한 유형의 사무실에서 제공되는 고객 서비스의 특징을 파악할 수 있다. 각 고객은 선호하는 공증인을 지정하여 예약할 수 있지만, 요청하는 자문이나 증서의 유형(신규 부동산, 기존 부동산, 가족법, 기업 이전, 국제 상속 등)에 따라 네트워크 내의 세 사무소 가운데 한 곳에 소속된 공증인 중 한 명이 해당 고객의 사건에 대한 실질적인 처리를 맡을 수 있다. 이 매우 특화되고 개인화된 서비스는 소수의 고객(사무실은 상속을 연간 60건 처리한다)을 대상으로 하며, 가족법의 가장 최신화된, 정교한 도구들을 사용한다.

## 경제자본 및 문화자본에 따라 차등화된 법적 도구들

일부 가족법 전문가들은 일정 수준과 부를 충족하는 고객에게만 특정한 법적 도구를 제공한다. 예를 들어, **부부별산제**는 사업을 하는 고객에게 제안한다. 아내를 직업 활동이라는 위험에서 보호하기 위함이면서 실제로는 혼인관계의 불확실성으로부터 사업 자산을 보호하기 위해서다.[38] **증여 제한**(일반적으로 자녀의 이익을 위해 배우자의 동의하에 생존배우자로서의 상속권을 축소시키는 행위)는 사별한 여성 배우자가 자기 주택을 소유하고 있고 생활비를 충당할 수 있는 충분한 연금 또는 소득을 가지고 있을 때만 권장된다. **세대 간 증여**(증여자의 자녀가 상속분 중 일부를 본인 자녀에게 양도하는 행위로, 상속세를 덜 납부하는 것이 목적)는 상속재산이 필요치 않은, 오히려 비과세 증여를 원하는 부유한 상속인들에게 제안된다. **감쇄소권 사전포기**RAAR(유류분의 일부 또는 전부를 미리 포기하는 행위)는 상속인들이 공동상속인 중 한 명이 수혜자인 증여를 최종 상속재산분할에 포함시키려 청구할 권리를 포기하는 행위로서, 예를 들어 가장 부유한 고객들이 자선 재단에 기부를 하려고 할 때 유용하게 쓰인다. 장피에르 샤르트랭에 따르면 이 가족법의 다양한 도구들은 그의 상류층 고객에게 제공되는 '세금 맞춤형' 서비스의 일환이다. 하지만 이러한 법적 도구들은 프랑스 공증사무소 중 거의 절반 넘는 곳에서 쓰이지 않는다.[39] 세드릭 르 구엔이 말하듯, 2006년 RAAR가 발효된 이후 이 행위를 단 두 번 사용한 빈곤한 시골 지역은 지난해 세대 간 증여 배분을 받지 않았고, 아이들을 위해서 배우자로서의 권리를 축소하는 행위도 전혀 보지 못했다. "그런 걸 하려면 돈이 있어야죠!"라고 세드릭 르 구엔은 말했다.

다른 법적 도구들의 경우, 오직 경제적 엘리트들만 쓸 수 있는 만병통치약인 것은 아니다. 자산을 소유했으나 상류층이 아닌 계층 역시도 이런 도구를 쓸 수 있다. 두 가지 예를 들어 보자면 다음과 같다.

**생존배우자에 대한 증여**는 20세기 후반 프랑스에서 널리 사용되던 법적 조처였다. 2001년 12월 3일 '생존배우자의 권리에 관한 법률'이

통과되기 전까지는, 생존배우자들은 사망한 배우자 자산에 대해 소유권은 없이 그 4분의 1만 사용할 수 있었고—법률 전문가들은 이를 **용익권**이라 한다—특별한 사전 조치가 취해지지 않는 한 자녀들이 그 자산 전체의 소유권을 공유했다.

이러한 법적 규정은 일반적인 상황에서는 적합하지 않을 수 있다. 예를 들어, 나이 든 부부가 주 거주지를 동등한 비율로 소유하고 있는 경우가 그렇다. 그런 경우 자녀들은 상속분을 얻기 위해서 주택 매각을 청구할 수도 있고, 그러면 생존해 있는 부모를 그 집에서 나가도록 강제할 수도 있다. "우리가 평생을 일하면서 보낸 것은 쫓겨나기 위해서가 아니었다"라고, 앞서 2장에서 만난 은퇴한 육아도우미 잔 르 베넥이 말한 바 있다. 그는 벽돌공이었던 자신의 남편과 자신이 왜, 그들이 저축한 돈으로 1960년대에 구입한 토지에 집을 지은 뒤 생존배우자 증여를 결정했는지 설명한다. 그 예방조치 덕분에 생존배우자가 부부의 전체 재산에 대한 사용권 또는 사망한 배우자 재산의 4분의 1에 대한 소유권을 가질 수 있었던 것이다.[40] 남편이 1997년 사망한 이후 집 전체에 대한 사용권을 가진 잔은, 일곱 자녀 모두가 집을 팔아 얻을 수 있는 돈에 대해서 염려하지 않고도 그 집에 계속 거주할 수 있었다.

2003년, 통계청의 '자산' 조사에 따르면, 표본에 포함된 부부 중 절반 이상이 잔과 같은 조치를 취했으며, 특히 나이가 많은 부부(아내가 65세 이상) 중에서는 약 4분의 3이 해당 조치를 취했다. 주 거주지의 소유권이 누구에게 있느냐에 따라 이 권리가 활용되는 방식은 다양했다. 나이가 많은 부부 중 자산을 소유한 경우에서, 남성이 임원이면 76%, 노동계층에 속하면 78%에 달했지만, 부부 중 어느 쪽도 부동산을 가지지 못한 경우 남성이 임원이든 노동계층이든 모두에서 34%에 불과했다. 달리 말하면, 주 거주지를 구입할 때 부부들은 민법에 존재하는 이 특별한 규정의 존재와 중요성을 알게 된다.

도구에 따라서 고객도 달라진다. 2000년대 이후, 일부 변호사협회는 문화자본을 갖춘 상류층 고객을 대상으로 **협력적** 이혼을 제공한다. 앵글로색슨 국가에서 비롯된 이 관행은, 이혼 문제를 상호 합의대로 조정하는 원칙에 기반을 두고 있다. 부부와 각자의 변호사들로 구성된 4인이 만남을 여러 차례 진행하고, 상호 합의에 근거한 이혼 협약을 작성한다. 협력적 이혼을 하기로 했다면 한쪽이 다른 쪽에게 지정 변호사 명단에서 변호사를 선택하도록 제안해야 한다. 이 명단에 포함되는 변호사는 특히 지불 능력을 갖춘 고객들이 모인 시장에 접근하게 된다. 우리의 연구 대상이었던 프랑스 서부 변호사협회에서는 이런 방식의 이혼이 갓 등장했을 때 해당 서비스 비용이 2500유로로 매겨졌고, 실제로 진행하면서는 높은 비용의 추가 수임료(시간당 약 200유로)가 발생했다.

"우리에게는 금전적으로 무척 이익이 됩니다." 그라스 뒤퐁베르나르 변호사가 동료 변호사들에게 협력적 이혼에 대한 세미나를 하던 중 말했다. 이 회의에서 참석자들 중 일부는 법률구조를 받는 이들에게는 협력적 이혼을 제공할 수 없다고 하며, 이러한 "이중적인 속도의 사법 처리"를 비난한다. 협력적 이혼은 재정적으로 충분한 자본을 갖춘 사람들만 접근할 수 있다. 본인도 협력적 이혼을 진행한 아르노 티에슬랭 변호사도 이 점을 인정한다. "동료들은 부정하지만, 실제로 재정적인 역량이 필요하다는 문제가 있습니다. 왜냐하면 보셨듯 시간이 많이 소요되기 때문입니다. 정말로 많은 시간이 필요합니다. […] 그래서 단점이 있다면 [소송당사자의] 재정적 능력이 필요하다는 점이고, 제가 보기에는 법률구조를 받는 경우 한계가 있다고 말할 수 있습니다."

재정적인 문제 외에도, 이 방식으로 이혼을 진행하는 변호사들은 소송당사자에게 문화적 능력이 요구된다는 점에 주목한다. 그라스 뒤퐁베르나르는 4인 면담(이혼의 양 당사자 및 각자의 변호사가 함께하는 상담)이 평균 2시간 30분 동안 지속되며, 일정한 "문화 수준"을 가진 이들만이 이 시간 동안 "충분히 집중"하고, "노력할 줄 안다"라고 여러 차례 강조한다. 아르노 티에슬랭은 철도청의 검사관 고객의 이혼을 이 방식으로 진행했던 때를 후회한다. 그의 말에 따르자면 해당 고객은 "지적 역량이 약간 부족"했다.

따라서 이러한 실천은 재정적 및 문화적 자원을 충분히 보유한 기업인, 전문직, 임원 및 교육업 종사자와 같은 지역 엘리트에게만 허락되어 있다. 변호사들과 사회적 배경이 유사하고, 수임료를 지불할 수 있는 능력을 가진 집단 중 일부만이 법의 그늘 아래서 지낼 수 있는 편안한 공간을 가지게 된다. 변호사협회에서 관찰한바, 협력적 이혼을 위한 세 차례 '4인 면담'은 진행 시간(1시간 15분부터 4시간)과 다루는 주제의 범위(재산 및 세무, 부부의 개인적인 이야기까지)를 특징으로 삼을 수 있었다. 이때 의뢰인들의 사생활 및 재산 구조는 사무실 안에서 공유되는 기밀로, 법정에서 드러나지 않기를 목표로 한다.

그러나 협력적 이혼은 최상위층 고객의 사건에는 부적합해 보인다. 파리에서 가장 부유한 고객을 대상으로 하는 국제법 전문 변호사 클로티드 랭보도킨스는(시간당 상담료 450유로 청구) 프랑스에서 협력적 이혼을 홍보하지만, 한편으로는 국내에서 자산을 형성한 프랑스 고객들의 경우에만 사건을 진행한다. 그에 따르면, 협력적 이혼은 국제 고객들의 "재정적으로 복잡한 사건"에는 적합하지 않다고 한다. 그렇게 복잡한 사건들은 변호사 간 다른 협상을 필요로 하며, 다른 전문가들(중개자, 심리학자, 공증인, 회계사, 세무사 등)도 개입하게끔 한다. 이러한 사건들은 고객들을 물리적으로 마주할 필요가 그리 크지 않고, 사생활이 노출될 여지도 적다.

## 사회적으로 차등화된 국제법 활용

가족법은 종종 '그다지 기술적이지도 않고' '그다지 법률적이지도 않은' 분야로 여겨지지만, 국제법은 다르다. 이 법은 외국 국적을 가진 가족구성원, 프랑스 외 다른 국가에 거주 혹은 다른 국가에서의 재산 소유, 해외에서 이루어진 결혼 등과 같이 국경을 넘는 요소를 동반하는 상속과 이혼을 규제한다. 이는 조니 알리데의 상속이나 세실 마르탱뒤부아 변호사 고객층들의 이혼뿐 아니라 외국 출신 저소득층 부부의 이혼에도 해당된다(국적 혹은 해외에 자가 소유 등의 문제로).

파리에는 국제화된 대규모 부가 집중되고 법률 시장이 매우 세분화되어 있기 때문에, 이 예외적인 법은 가족법의 '귀족적인' 측면으로 요구된다. 파리 항소법원의 가정법원 전담 판사인 브리짓 시글리아노는 자신이 맡고 있는 사건의 국제적 요소, 재정적 중요성 및 법적 복잡성을 연결하여 말한다. "파리 가족법의 특징은 우선 분쟁이 국제적 성격을 띠고 있다는 점입니다. 국제적으로 얽힌 사건들이 무척 많아요. 그리고 그 사건들의 재정적 규모가 커요. 시골에 부자들이 없다는 얘기를 하는 게 아니에요. […] 그렇지만 상상하지 못할 정도의 차이가 나는 것도 사실이에요. […] 하지만 파리의 사건들은 법적으로는 복잡하고,

재정적으로는 무거워요. 게다가 국제법도 있어요. 국제 가족법은 너무 어려워서, 심지어 국제법 교수들 사이에서도 가족법을 다루는 분야가 따로 있어요."

하지만 가족법 전문가들은 이러한 정교한 법률을 체계적으로 활용하지 않는다. 이런 법률은 부유한 외국인이나 프랑스인 유학생 들에게 한정되어 있다.[41] 모든 것은 사건 당사자들의 사회경제적 배경에 따라서 달라진다. 우리의 동료인 엘렌 슈타인메츠가 관찰한, 프랑스 남동부 한 대도시 지방법원에서의 공개재판 사례는 국제적 가족 사건의 복잡성을, 그러나 서민계층이 포함된 경우 이 전문화된 법이 적용되지 못함을 보여 준다.

사건은 두 단계로 진행된다. 먼저 오전 10시 30분, 압델크림 브라히미가 젊은 변호사와 함께 장 브루네티 판사의 법정으로 들어온다. 사건 당사자의 아내나 그쪽 변호사 모두 출석하지 않았고, 판사는 소송이 취하된 것인지 묻는다. 변호사는 상황이 "그보다 복잡하다"라고 답한다. 그는 부부가 이미 4년 전 알제리에서 이혼을 했기 때문에 이 소장이 부당하다고 응수한다. 압델크림 브라히미는 "전처는 이미 이혼했음에도 소송을 제기합니다. 이해가 안 가네요!"라고 항의한다. 변호사는 아내의 이혼 청구를 기각할 것을, 그리고 민법 제700조에 따라 변호사 비용으로 남편에게 일정 금액을 지급하도록 할 것을 요청한다. 장 브루네티 판사는 요청을 받아들이지 않지만 남편을 안심시킨다. 이혼 청구를 기각하는 이유가 다만 상대편의 주장이 없기 때문이라 설명한다.

이후 두 사건이 지나고, 한 시간이 흐른 후, 자밀라 브라히미의 변호사가 판사의 법정으로 뛰어 들어오고, 지각에 대해서 사과한다. 변호사들은 여러 사건을 다루기에 이런 상황이 자주 발생한다. "취하한 게 아닙니다.” 변호사는 설명한다. 그는 자신의 의뢰인이 2006년 프랑스에서 처음 절차를 진행할 때 문제가 있었다고 한다. 압델크림 브라히미가 혼자 알제리로 와서 신속히 이혼을 진행했기 때문이다. 변호사는 아내 측인 의뢰인이 국제법을 문제 삼을 수 있다고 주장한다. 특히, 알제리 이혼 당시 공개재판에 부인이 참석하지 않았으므로 알제리 이혼의 유효성에 대해 프랑스 법에 따라 다퉈 볼 수 있었을 것이다. 그러나 이러한 주장을 서면 결론에는 언급하지 않았기 때문에 의뢰인에게 유리하게 작용하지 않을 것이다. 변호사는 더 주장하지 않는다. “죄송합니다, 재판장님, 여기서 마치겠습니다. 중요한 것은 양육비입니다. 이혼 후 절차를 진행할 것입니다. 이 사건에서 제 실수를 인정합니다.” 판사와 논의를 한 후, 변호사는 철회를 요청한다. “민법 제700조를 적용하지 않는다면 저희도 물러서겠습니다!” 변호사는 결론 내린다. 이로써 자밀라 브라히미의 이혼 청구는 포기되며, 의견을 제시할 출석자도 없었던, 남편에 의해 알제리에서만 결정되었던 이혼의 합법성을 암묵적으로 인정하게 되었다. 이 선택의 도덕적 측면을 떠나, 자밀라 브라히미의 변호사는 이혼 청구를 포기함으로써 상이한 재정적 보상, 특히 이혼보상금이나 손해배상금의 지급까지 포기하게 되었다. 그러나 알제리에서 선언된 이혼의 유효성에 도전하는 데 국제법을 활용해 볼 수 있었다. 하지만 자밀라 브라히미의 변호사는 이를 서면으로 작성할 시간이 없었으며, 이혼 후 양육비 청구와 같이 훨씬 일상적인 절차를 진행하는 데로 기울었다. 법률구조로 일정 보수를 지급받음으로써 변호사는 시간과 돈을 절약한다.

이 변호사의 업무 방식은 국제적인 거부巨富들에 특화된 ‘맞춤형’ 법률사무소와는 어떤 연관성도 없음을 알 수 있다. 법률 전문가들이 법적 도구를 동원하는 때는 단지 사건이 복잡할 때만은 아니다. 가족 사건의 경우, 국제법에 대한 뛰어난 기술적 이해를 가진 전문가들은 매우 제한적이며, 이들은 특권층만 상대한다. 일반적으로 서민계층은 자기 사건에 덜 투자하며, 수익성이 떨어지는 변호사들과 만나게 된다. 법률적 처리에서 드러나는 불평등 역시 성별과 관련이 있다. 성별에 따라서 소득 격차가 발생하기 때문에 여성이 법률구조를 활용하게 되는 경우가 더 많다. 법적 대응을 하는 여성 중 3분의 1은 법률구조를 받는 반면, 남성은 전체 가운데 6분의 1에 불과하다.[42]

자본 앞에서 가족은 불평등하다. 어떤 가족은 자본이 많을 수 있고, 다른 가족은 적게 가지고 있거나 아예 가지고 있지 않을 수도 있다. 또한, 자본을 한 세대에서 다음 세대로 전달하기 위한 법을 대할 때에도 평등하지 않은 경로를 밟는다. 사회적 배경이 어떠한지에 따라, 여성과 남성이 상속과 이별 시 그들 간 경제구조를 공식화하는 작업에서 겪는 것 역시 평등하지 않다. 사회적 배경에 상관없이, 여성은 자신의 자산을 보호하는 데 어려움을 겪는 경향이 있다.

가족적 부의 규모가 크고 다양할수록, 변호사와 공증인은 고객의 경제적 이익, 특히 세제상 이익을 지키기 위해 자신의 시간, 전문지식과 복잡한 법적 도구를 많이 동원한다. 회계와 법적 지식을 정교화하는 정도는 보유 자산 규모 및 구성(노동소득, 금융자산, 부동산 자산, 직업적 자산 등), 가족법 전문가와 고객이 맺는 관계에 따라 매우 달라진다.

재산 규모가 큰 상류층 가족들은 문화자본도 풍부한데, 이들 중 법률 전문가에게서 가장 많은 혜택을 보는 것은 남성들이다. 반대로 자산이 없는 경우거나 자산을 가졌다고 하더라도 계층적으로 하위에 위치한 경우에는 여성들이 자신의 상황에 맞는 조언을 받는 일이 거의 없다. 이혼의 경우 경제적인 쟁점이 이들에게 매우 중요함에도 그렇다. 법이 오늘날 형식적으로는 평등함에도 불구하고 법률 전문가들의 활동이 다양한 사회적 배경에서 여남 간 불평등을 심화하는 데 얼마나 기여하는지 알아보기 위해, 이제 그들의 계산법을 더 자세히 들여다보겠다.

# 평등법으로 포장된

# 성차별적 회계

# 4

피에르 델마는 최고공증인위원회에서 중요한 직책을 맡고 있다. 연구팀이 그와 만났을 당시 그는 65세였고 프랑스 남서부 한 주도州都에 있는 대형 공증사무소의 파트너로서의 본인 지분을 아들에게 물려준 지 얼마 되지 않은 시점이었다. 심층면담 당시 그는 여성(시빌)과 대화하고 있음에도, 남성 후계자에게 직업적 자산을 물려주고자 하는 고객들에 대한 지지를 직접적으로 드러냈다. "우리 지역에서는 농장 유지 문제에서는 늘 유류분에 입각해 있습니다"라고 그는 말했다.

앞에서 보았듯, 유류분은 1804년 이후 프랑스 민법의 근간이 되어, 상속에서 딸과 아들 사이 평등을 보장하는 법리다. 2001년 12월 3일 수정된 민법 제735조는 이 규칙을 모든 자녀—어떤 결합에 의해 출생했건, 그 출생이 혼인에 의한 합법적 출생이건 아니건—에게 확대 적용하여 다음과 같이 명시하고 있다. "자녀 또는 그 후손은 성별이나 출생 순서에 구분 없이, 그리고 출생하게 된 결합의 종류에 관계없이 자신의 부모 또는 직계존속을 계승한다."

농담과 도발 사이에서, 피에르 델마는 자기 지역 내 농장 물려주기를 '이슬람 율법'과 비교한다. "여성들은 몫을 절반만 받지만 가족에게 버림받는 일은 결코 없습니다!"[1] 그는 '불리한 딸들'은 필요할 경우 '가족이라는 연대'의 혜택을 확실히 받을 수 있어 불평하지 않는다는 결론을 내린다. 우리는 2014년 12월 공증인들을 대표하는 저명인사에 의해 발화된 이 문장이 상속 불평등으로 유명한 지역의 소수 농가에만 해당되기를 바란다.[2]

실제로, 가족법 및 재산법은 상속에서 딸과 아들 간의, 그리고 이혼에서 아내와 남편 간의 구조적 차별을 더 이상 허용하지 않는다. 그러나 성별에 따른 부의 불평등은 현대 프랑스에서 해소되지 않고 오히려 증가하는 추세다. 형식상의 평등을 보장하는 이 법이 어째서 근본적 불평등을 메우지 못할까? 이 법을 실행하는 법률 전문가는 무슨 역할을 할까? 이 장에서는 왜 그리고 어떻게 공증인과 변호사가 여성에게 불리한 가족 재생산 전략에 가담하는지 살핀다. 가족법 및 재산법 전문가인 공증인과 변호사는 형식적 평등의 허울로 감싸인 법을 이용해 성차별적인 자산 조정을 생산해 낸다.

## 평등법: 최근의 승리 이야기

역사적으로, 여성은 법적 차별로 인하여 남성만큼 부를 축적하는 데 방해를 받았다. 이러한 차별은 특히 기혼 여성을 대상으로 하였으나, 딸들이 아들들과 동등하게 상속을 받을 가능성에도 영향을 미쳤다. 이는 크게 두 가지로 나뉘는 서구 사회의 법적 전통으로부터 찾아볼 수 있다. 하나는 앵글로색슨 국가의 보통법common law이며, 다른 하나는 프랑스와 같은 성문법code civil이다〔흔히 전자를 영미법, 후자를 대륙법으로도 부른다—옮긴이〕.

영국에서는, 19세기 말까지 아내는 법적으로 남편이 연장된 버전이었다. 여성은 결혼 후에 재산에 대한 모든 통제력을 상실했다. 여성들이 재산을 소유할 권리를 완전히 박탈하는 데 일조한 상속 관행의 한 예로 '한정entailed'상속이 있다. 이는 고인이 생겨나면 남성 상속인 단 한 명을 지정하고 해당 상속인에게 재산의 사용, 판매, 이전에 대한 권리를 부여하는 제도다. 1813년 작품인 제인 오스틴의 『오만과 편견』 속에 그 극명한 예시가 담겨 있다. 베넷 씨 가족의 다섯 딸 중 아무도 상속을 받을 수 없었으며, 그의 재산은 '한정'되어 먼 친척에게 상속되었고, 그 먼 친척은 사별한 아내와 다섯 딸을 쫓아낼 권한을 갖고 있었다. 따라서 적어도 딸 한 명이 '좋은 결혼'을 해야 다른 모두를 부양할 수 있었다.

기혼여성재산법Married Women's Property Acts은 이러한 상황을 개선했다. 1872년부터 영국의 기혼 여성(처음에는 스코틀랜드 여성 제외)은 본인 소득을 자유롭게 처분할 수 있었고, 1882년에는 독신 여성과 동일한 권리를 얻었다. 이는 계약서 서명, 법적 조치 실행, 부부별산제 아래 있는 경우 본인 재산 이전이 가능함을 의미한다.[3] 영국에서는 한정상속제가 1925년 폐지되었다.

미국에서 해당 개혁이 적용된 것은 19세기 후반이었고, 주 단위로 이루어졌다. 차별적 법을 철폐하는 것은 부부간에 더 많은 평등을 이끌어 냈다. 유증의 자유를 유지하면서 자매 및 형제 간 상속이 더욱 공정해졌다. 이러한 문제를 전문으로 연구하는 미국의 역사학자 캐럴 샤머스Carole Shammas에 따르면, 1860년부터 1890년 사이 미국에서 여성이 소유하는 부의 비중이 그 이전 200년간보다 더 많이 증가했다.[4]

1860년, 미국 여성들은 세금이 부과되는 재산의 약 5%를 소유하고 있었다. 이 비율은 1900년에는 25%로, 1950년대에는 40%로 상승했다. 주 거주지의 공동소유가 보편화되고, 여성의 기대수명이 남성보다 빨리 늘면서 여성 배우자가 상대 배우자에게 상속을 받게 되는 시기다.

프랑스에서는 1804년부터 여성들이 재산을 축적할 수 있게 되었다.[5] 상속법 면에서, 딸들은 아들들과 마찬가지로 상속자로 간주되었다. 혼인법 면에서는 '동산 및 혼중취득재산공동제'가 기본 부부재산제가 되었다. 기혼 여성들은 결혼 전 상속하거나 취득한 부동산 소유권을 유지할 수 있을 뿐만 아니라, 결혼 생활 동안 취득한 재산의 경우 배우자가 각각 절반씩 소유할 수 있었다. 19세기에는 프랑스법이 영미법에 비해 여성에게 훨씬 유리한 조항들을 포함하고 있었다.[6]

그러나 1965년까지만 해도 부부재산제에서 아내의 재산권은 남편의 사실상 절대적인 재산 관리 권한에 매여 있었다. 기혼 여성의 상속 수락, 생전 증여, 재산 취득 혹은 처분, 혹은 저당 설정 시에 남편의 허가가 요구되었다. 따라서 부부재산계약에서 별산제를 따르더라도(이 경우 부부는 어떤 재산도 공동으로 소유하지 않는다), 여성들은 자기 재산을 관리하기 위해서 일반적으로 남편의 허가를 필요로 했다.

프랑스에서는 1965년 7월 13일 법률로 인한 혼인법 개혁이 상당한 변화를 가져왔다. 기본적인 법정 부부재산제가 '혼중취득재산공동제'로 변경되었으며, 이는 현재까지 유지되고 있다. 기존 민법에 비하면 공동재산의 범위가 축소된 것이다. 이제 결혼 전 취득하거나 상속받은 모든 재산(동산을 포함하여)은 공동재산에서 제외된다. 이 법은 특히 아내의 자기 재산 관리에 대한 무능력을 종료시키고 아내에게 법적 행위능력을 부여했다. 이제 기혼 여성은 남편의 허락 없이도 거래를 실행하거나, 계약을 체결하거나, 은행 계좌를 개설할 수 있었다. 그들은 이제 자유롭게 자신들의 수입과 임금을 처분할 수 있었다. 1985년 12월 23일 법률은 공동재산의 관리에서 개인의 자율성을 완성하여 민법에서 '남편' 및 '아내'라는 용어 대신 '배우자'라는 용어를 사용하도록 바꾸었다. 이제 남편과 아내는 부부 재산 관리에서 엄격히 똑같은 권리를 갖게 되었다.

여성이 부를 축적하는 것을 방해하는 법적 차별은 최근까지 존재하기는 했으나 과거의 것이라고 할 수 있는, 극복된 역사이다. 프랑스에서는 모성 관련 조항과 상속법에 대한 가부장적 무의식을 엿볼 수 있는 채로 남아 있는 두 개 미개정 조항을 제외하고는,[7] 자원과 부에 대한 모든 법안이 중립적으로 작성되어 있다.[8] 사실, 이는 중성 남성형이다. '사망자'(여성형은 아님), '상속인'(마찬가지), '증여자'(남성형), 심지어 '생존배우자'와 '상속배우자'라는 표현도 남성형이다. 그러나 끝의 두 용어는 실제로는 배우자 간 기대수명 차이와 혼인 시 연령 차이로 인해 주로 사별한 여성들을 가리킨다.

## 역회계

그러나 최근에 획득해 법의 언어에서 겨우 발화되기 시작한 이 형식적 중립성은 성별에 따른 불평등을 막지 못하기는커녕 오히려 확대한다. 공증사무소에 대한 우리의 연구는 법의 실행적 측면을 파악하고, 이를 통하여 법전상의 '순수한' 법과 실제로 실행되는 '불순한' 법이 있는 것이 아니라 오히려 법의 의미와 효력은 실행의 과정에서만 존재할

수 있음을 보이고자 한다.[9]

2009년 은퇴하기 전까지, 안 프리소갈로는 40년간 가족법 전문으로 실무에 종사한 파리의 변호사였다. 심층면담 중 두 시간 넘게 본인의 활동을 결산한 그는 우리의 동료인 가브리엘 슈츠에게 가족법의 변화와 그 변화가 변호사로서 자신의 실무에 미치는 영향에 관한 서면 약 10페이지 분량을 보냈다. 그는 특히 이혼 과정 중 부부재산제의 청산, 즉 부부간 자산의 분할에 관한 문제를 주로 설명했다. "혼인계약 청산 및 재산분할에 관한 계획 수립, 그리고 한쪽 배우자가 이에 청구할 수 있는 보상의 금액과 조건을 결정하려면 '회계적' 요소들을 통합하고, 당사자 간 합의점을 찾고, 당사자들이 합의했던 결과에 도달하게끔 사안을 제시하는 일정한 작업을 필요로 합니다."

이 인용을 이 장의 시작 부분에서 언급된 공증인 피에르 델마의 발언과 비교해 보자. "우리 지역에서는 농장 유지 문제에서는 늘 유류분에 입각해 있습니다." 이 공증인은 이어서 다음과 같이 말했다. "실제 실행할 때는, 〔농장을〕 인수할 사람이 얼마를 줄 수 있는지를 고려해 상속의 틀을 짭니다. 다툼은 매우 적어요. 모두가 이를 받아들이기 때문입니다."

첫눈에 보기엔 위에서 설명한 두 가지 〔법적〕 관행은 아무런 관련이 없어 보인다. 서로 다른 직업(변호사와 공증인)과 서로 다른 법적 도구(부부 재산분할과 상속)가 등장하기 때문이다. 그러나 이 두 상황 사이에는 공통점이 있는데, 바로 우리가 **역회계**(역분식회계)라고 부르는 것이다.[10]

상속이나 이혼 시 재산분할을 인증하는 공증문서는 오늘날에도 재산목록의 형태를 띠고 있다. 이 재산목록은 각자의 몫으로 할당되는 여러 부분들로 나뉘며 각각에 상응하는 가치가 유로화로 표시된다. 재산의 몫과 당사자들의 권리 사이에 불균형이 생기면〔즉 당사자 중 누군가가 자신의 권리보다 더 많은 몫을 가지게 되면〕, 이를 이른바 **보충금**으로 배상해 맞춘다. 예를 들어, 이혼 후에 결혼 중 함께 살던 주택의 소유권을 유지하는 사람은 이를 포기하는 사람에게 **보충금**을 지불해야 한다. 가족의 집이 상속될 때도 동일 원칙이 적용되며, 이 경우 상속자가 자매와 형제에게 보상을 해야 한다. 수학적으로 볼 때, 연산은 매우 간단하다. 다음의 공식적인 순서에 따라 자산과 부채를 더하고 나누는 것이다. (1) 재산목록 작성 (2) 재산평가 (3) 총재산 가치를 합산하여 평가 후 각 배우자 또는 상속인의 지분 계산 (4) 계산된 지분에 최대한 가깝게 재산분할 (5) 〔지분과 재산이 일치하지 않는 만큼을〕 보충금으로 보상.

그러나 피에르 델마 공증인과 안 프리소갈로 변호사가 전하는 내용은 이러한 회계 공식과는 매우 다르며, 실제 실행 차원에서는 철저히 반대 순서로 진행된다. 가족 관련자들과 법률 전문가들은 **처음에** 재산분배와 보상에 대한 최종 결과에 합의한다. 앞서 공증인이 한 말을 빌리면, "인수할 사람이 얼마를 줄 수 있는지 고려"하는 것인데 그가 상속의 틀이라 부른 것이다. 그리고 다음 단계로 재산평가(각 재산의 가치는 얼마나 되는가?)와 심지어 재산목록 작성(무엇을 계산에 넣을 것인가?)이 이루어진다. 이러한 과정을 통해 법이라는 틀을 준수하는 것처럼 보이도록 한다.

상속 포기에 관한 일을 하는 사람들인 열 명 남짓한 법률 전문가와 사회학자 들 앞에서, 공증인을 대표하는 피에르 델마는 농업 재산을 남성 상속인 한 명에게 물려주기 위해 사용되는 상속법의 공식적인 법적 수단과 비공식적인 기법을 모두 설명한다. 그는 다음과 같이 말한다. "아주 간단합니다. 재산을 과소평가하고, 이연된〔지급이 미뤄진〕 보수를 끌어올려 설정하고, 물론 자유분도 이용합니다." 자유분이란 〔유류분을 제외하고〕 고인이 임의대로 처분할 수 있는 상속분을 말한다. 자녀가 한 명이라면 재산의 절반, 두 명이라면 3분의 1, 세 명 이상이라면 4분의 1이다. 이 법적 기준은 어느 한 상속인을 다른 상속인에 비해 일정 정도까지는 우대할 수 있도록 민법에서 제공되는 수단이다. 또한, 이연 보수에 대한 청구는 농업인의 자손에게 무료 노동을 공식적으로 인정받게 해 주며 상속재산분할 시에 농장 노동에 대한 보상이 이루어지게 된다.[11] 이 두 가지 기술은 법에도 명시된, 완전히 합법적인 도구이다. 그러나 이연된 보수를 과대평가하거나 직업적 재산을 과소평가하는 방식은 비공식적 기법으로서, 공증인들로 하여금 주로 이런 방법들을 이용하여 조작할 여지를 준다.

## 시장의 그늘 아래 이루어지는 평가와 재산목록 작성

가족 관련자 간에 순환하는 금융자산 대부분은 받는 시점에 결정된 금액적 가치를 갖는다(은행 계좌 잔액, 주식시장에 상장된 주식 등). 그러나 토지, 부동산 및 직업적 재산은 반드시 매물이 되지는 않는다고 하더라도 평가를 받아야 한다. 공증사무소에서, 이러한 자산들의 평가는 시장의 그늘 아래서 이루어진다. 자산 조정이라는 배경에서 시장가치는 참조를 위한 이론적인 가격이다. 실제로 실현될 가능성은 적지만 반영의 기초로, 잠재가격 혹은 심지어 준거가격으로서 가격 형성에 영향을 미친다. 그러나 '실효가격'은 가족 관련자들이 서로 조율하는 과정 가운데 이루어진다.[12]

이혼이나 상속 중 부동산이 제삼자에게 매각되거나 배우자나 상속인 중 한 명에게 보충금을 대가로 할당되는 경우, 가격이 다르게 형성된다. 첫 번째 경우에는 종종 부동산 중개인과 같은 중개자의 개입을 통해 부동산이 가능한 최상의 가격으로 시장에서 판매되며 **실효가격**은 당사자 간 공식적 권리에 따라 분배된다. 두 번째 경우, 거래가 시장을 거치지 않고 공증사무소에서 곧바로 진행된다. 비록 세법상 공증인은 부동산의 시장가치를 참조하도록 요구받지만, 가족 관련자는 거래 가격 협상에 큰 영향을 미친다. 아래 예시를 살펴보자. 이혼 절차가 7년에 걸칠 때, 시기에 따라 주택의 가치에 대한 평가가 어느 정도까지 변동할 수 있는지를 가늠하는 데 적절한 예시이다.

2001년에 엠마뉘엘 뤼포(건설업체 사업가)와 소피 푸크리(법학 강사)는 부부별산제 계약하에 결혼했다. 이들은 페이드라루아르 지방에 위치한 공동소유 주택을 6만 980유로에 구입했다. 그 해에, 부부는 중요한 개조 공사를 진행했고(난방, 단열, 전기설비, 유리창 설치) 2006년 소피 푸크리는 직업을 수행하는 대학 도시로 이사하여 결혼해 살던 주택을 떠나는 한편 엠마뉘엘 뤼포는 그 자리에 남아 있었다. 2008년 4월, 이혼소송에서 엠마뉘엘 뤼포는 전 배우자에게 보충금 3만 3517유로를 지불하여 주택을 재매입하는 제안을 했다(즉, 부동산 가격을 두 배로 추정한 6만 7034유로). 이 시기는 이들 사이의 외동아들의 주거에 대한 법적 분쟁이 가장 심각한 상황에 이르렀던 때였다(현재도 상고가 진행 중). 2009년과 2010년, 이들의 변호사들이 제출한 서류에서는 주택 가치가 다양하게 언급된다. 엠마뉘엘 뤼포는 집의 가치를 10만 유로, 그 후에는 12만 1000유로로 재평가했다. 반면에 소피 푸크리는 집의 가치를 21만 4000유로로 추정했다. 상이한 평가를 뒷받침하기 위해 두 사람 모두 현지 부동산 광고를 인용하였다. 2010년 5월에 내린 이혼 판결에서도 부부의 공동소유물 분할이 이루어지지 않았다. 가정법원 판사는 지방공증인회의소 회장에게 "이 사안에 대해 공증인을 위임하고, 판결이 확정력을 갖춘 후 1년 내에 청산 절차가 완료되지 않을 경우, 공증인이 이 문제의 어려움에 대한 서면 보고서를 법원에 제출할 것"을 요청했다. 2011년 6월에 임명된 공증인은 여전히 엠마뉘엘 뤼포가 거주하는 집의 가격을 평가하기 위해 부동산 중개업체 세 곳과 연락을 취한다. 2011년 여름, 각 부동산 중개업체는 가격 범위를 제시한다. 첫 번째 업체는 15만 2000~15만 3000유로, 두 번째 업체는 15만 8000~16만 4000유로, 세 번째 업체는 17만 8000~18만 유로를 불렀다. 이에 따라 공증인은 평균 16만 5833유로를 제안한다. 마침내 엠마뉘엘 뤼포는 전 배우자의 지분을 재매입하기를 더 이상 원하지 않고 주택을 매도하기를 원한다고 밝혔으며, 2013년 1월에 제삼자에게 17만 5000유로에 집을 판매하게 된다.

공증사무소에서의 재산평가는 수요와 공급이라는 추상적인, 실체 아닌 실체에 달린 시장가격이라는 고전경제학의 허구와는 별로 관련이 없다. 반대로 모든 것이 구체적이다. 평가는 관련자들 간의 관계 상태와 직결된다. 소피 푸크리와 엠마뉘엘 뤼포의 이혼 사례가 보여 주듯, 관계는 변할 수 있다. 2008년 법적 분쟁이 최고조에 이를 때, 각각의 집에 대한 가치평가는 확연히 차이를 보였다. 이들의 평가는 집 문제가 그들 이혼의 마지막 관문일 때 서로 근접하게 되었으며(2010~2011년), 엠마뉘엘 뤼포가 집을 떠나겠다는 결정을 내리고 집이 팔리는 시점에서 둘은 서로 이해관계를 완전히 공유하게 된다(2013년).

일반적으로, 가족 관련자가 다른 사람으로부터 재산을 매입하려고 한다면 해당 재산의 가치가 가능한 한 낮게 평가되는 것이 본인에게 이익이 된다. 그 다른 사람은 가능한 한 높은 보충금을 얻기 위해 가치평가가 최대한 높게 되기를 원할 것이다. 공증인들은 이와 같은 등가성을 만드는 과정에서 결정적 역할을 한다. 자산평가를 보증하는 것이 공증인의 주요 업무이기 때문이다. 또한, 지나치게 과소평가를 한 경우에 세무 당국이 제재를 가할 수 있으므로 이를 유의해야 한다. 그래서 공증인들은 종종 고객들에게 그들이 내린 평가의 타당성을 입증할 필요를 강조하며, 재산을 전문적으로 감정하기 위해 부동산 중개인이나 경매사 같은 다른 전문가들에게 의뢰하기도 한다. 그러나 엠마뉘엘 뤼포와 소피 푸크리의 경우처럼 그 전문적 평가도 상충할 수 있다. 상속 문제의 해결, 부부재산제 청산, 보상금 산정 등의 특정한 요구를 충족시키기 위해, 재산의 가치에 대한 이런 상이한 평가를 활용해 세금 최적화를 고려할 수 있다.

가족의 부를 원활하게 순환하기 위해 사무실 내에서 협상되는 이러한 형식화는 재산의 평가뿐 아니라 그 이전 단계, 즉 계산할 대상이 무엇인가에 관한 재산목록의 작성에도 영향을 미친다. 법적으로 이 목록은 '재산'에 한정된다. 그러나 실제 실행에서는 이러한 목록화 작업은 매우 이질적인 요소들을 등가적인 것으로 취급한다. 그렇게 해서 여기에는 물질적 재산뿐 아니라 농장 노동(이연 보수 발생의 경우처럼), 노부모 또는 자녀에게 제공되는 돌봄, 아내에 의해 수행되는 가사노동,

시간, 학위 등이 포함될 수 있다. 가족의 역사를 보여 주는, 이처럼 이질적인 요소들이 혼합된 회계는 법적으로 어느 정도 인정되고 합법화된다. 공식 목록은 가족 간에 이루어지는 '친밀한 거래'〔앞서 본서 24쪽, 59쪽에 언급된 비비아나 젤라이저의 개념—옮긴이〕를 일부 비껴가나, 이 목록을 만들어 내는 논의는 모든 친밀한 거래를 면밀히 반영한다.

지롱드의 제빵사 가족인 필롱 가족을 다시 생각해 보면, 르네가 자녀 네 명에게 유산을 나눠 줄 때 공식적으로 이전된 재산(토지, 주택, 상점, 빵집 권리금, 빵으로 상환해야 하는 금액)과 공식 회계에서 누락된 재산(제과점 권리금)뿐만 아니라 부모가 지불한 학비, 가족 가게를 위한 도움, 직업과 결혼에서의 희생(시빌이 연구를 진행할 당시, 피에르 필롱의 자매들은 빵집을 이어 가고 있는 필롱 부부의 문제가 그들 가족과 부부가 가까이 살아야만 했던 점 때문인지 궁금해했다)도 언급된다. 이 모든 요소들 사이에서 어머니, 아들, 그리고 딸들은 등가성을 재구성한다. 하지만 공증인이 기안한 분할 증여에는 민법에 따른 공식적 분배를 설정하기 위해 이러한 요소들 중 일부만이 고려에 포함되어, 수십만 유로 상당의 제과점 권리금은 누락되어 있다. 이렇게 누락함으로써 빵집 사업과 딸들의 학업을 등가적인 것으로 보는 것을 정당화하는 동시에 증여세 부담을 줄인다.

실행의 차원에서 가족법 전문가들은 어떤 결과(특정 상속인에게 특정 재산을 이전, 혹은 이혼 중 한쪽 배우자에게 한 품목의 재산을 할당 등등)를 시작점으로 삼는다. 이후 재산목록 작성 및 재산평가 작업을 통해 다시 이 결과에 이른다. 안 프리소갈로 변호사의 표현대로 하자면, "당사자들이 합의해 놓았던 결과에 도달하게끔 하는 것"이다. 공증사무소와 변호사 사무실은 이와 같이 회계를 조작하기 위한 장소로서 보호받으며, 가족 내 경제구조를 법적인 틀에 맞추기 위해 존재한다. 가족의 부의 가치평가와 분배에 관한 합의를 위해 가족 관련자들 및 법률 전문가들에 의해 이루어지는, 다소 수고스러우며 갈등을 내포한 이 공동 작업을 우리는 **자산 조정**이라고 부르며, 이는 **역회계**를 실시함으로써 합법적인 것이 된다.

## 한 사람에게는 뼈대가 되는 재산을, 다른 사람들에게는 보상을

그러나 이러한 **역회계**는 성별에 따른 부의 불평등을 심화시키는 데 기여한다. 왜냐하면 모든 재산이 등가적일 수는 없기 때문이다. 제2장에서 우리는 일부 가족에게 '지켜야 할 재산'이 있음을 살펴보았다. 이러한 재산은 상징적으로나 경제적으로나 더욱 크고, 주로 아들에게 우선적으로 전달된다. 〔가족이 속한〕 사회적 배경이 어떠한지에 따라서 재산의 성격은 달라질 수 있다. 가장 부유한 경우 주식과 채권 포트폴리오이거나(예로, 베조스 가족의 아마존 주식), 자영업자 가족에서는 가족기업이나 직업적 자산일 수도 있으며(예로, 필롱 가족의 빵집-제과점), 또는 가족의 집, 위치가 좋아 가치가 오른 토지, 또는 보조 거주지(예로, 르누아르 가족의 방데 해안가 별장)일 수도 있다.

이 특정 재산들은 가족의 상황과 사회적 배경에 따라 다양하며, 상속에서도 **뼈대가 되는** 재산으로 작용한다. 이 재산은 전문가들이 자산 조정을 조직화하는 틀을 제공한다. **역회계**의 실행은 전문가들로 하여금 이렇게 **뼈대가 되는 재산**을 그들 작업의 시작점과 중심으로 설정할 수 있도록 한다. 공증인이 일단 해당 자산이 어느 상속인에게 돌아가는지 명확하게 알고 나면, 그는 다른 상속인들이 받아들일 만한 보상(현금 또는 다른 자산)을 조직화한다.

통계자료는 외아들과 장남이 '지켜야 할' 재산과 사전증여를 더 많이 받는다는 사실을 나타낸다. 공증사무소에서의 관찰은 이러한 가족 재산의 분배 — 어떤 사람들에게는 뼈대가 되는 재산, 다른 사람들에게는 보상 — 이 경제적으로 평등하지 않음을 보여 준다. 만일 공증된 증서(와 통계조사)에서 금액이 동일하게 나타나더라도, 그 등가성은 공증인들이 수행하는 회계 게임의 결과이다.

민법이 역사에 걸쳐 변화하면서 상속 문제에서의 역회계가 점점 더 용이해졌다. 1804년 나폴레옹 법전은 공동상속인 간의 평등을 가치의 평등, 속성의 평등으로 정의했다. "같은 속성과 가치를 가진 동산, 부동산, 권리 또는 채권을 동일한 양으로 포함시켜야 한다."(구 민법 제832조) 후손들은 공동소유로 모든 재산을 상속받은 다음, 개인이 각각 동등한 가치와 속성의 재산을 나누어 받아야 했다. 만약 물건들을 그렇게 분배하는 게 불가능하다면, 특히 물건들이 물리적으로 나눠질 수 없는 경우라면 유일한 해결책으로 물건을 팔았다(구 민법 제827조 1항). 그리고 20세기 동안, 속성의 평등에는 예외가 조금씩 도입되었다. 그러면서 특정한 물리적 재산, 특히 우리가 주목하는 뼈대 재산인 집과 회사에 대해 상속인 단 한 명에게 더 유리한 법적 조건을 마련해 주었다. 1922년부터는 HBM('저가의 주택'), 1938년부터는 소규모 농업경영, 1961년부터는 모든 농업, 상업, 수공업, 산업 사업체 및 모든 주택, 마지막으로 1980년대 초부터는 회사 지분이 '우선 분배'(재산을 상속인 한 명에게 할당하되 다른 상속인들에게는 보상을 지불하는 것)의 대상이 되었다. 2006년의 상속법 개정은 '속성의 평등'에 대한 언급을 모두 제거했다. "각 공동지분자는 공동소유권 내에서 자신의 권리의 가치에 상당하는 만큼의 재산을 분배받는다."(민법 제826조 2항)

남부 지방의 한 시골 대형 사무소(파트너 여섯 명, 직원 서른일곱 명)에서 아버지의 후계자로 일하며 30세인 마르크 푸제는 파트너 공증인으로 일하고 있다. 그의 고객층은 20세기의 뒤쪽 절반 동안 농촌 인구가 파리로 대규모 이주한 결과 국내외를 가리지 않고 형성되어 있고, 많은 직업적, 부동산 자산을 가지고 있는 이들이다. 심층면담에서 젊은 공증인은 이제 유류분이 별다른 구속력이 없음을 설명한다. "가족 간에 의견 불일치가 있더라도 유언을 통해 내 자녀 중 한 명을 포괄수유자로 지정할 수 있습니다. 가족 중 다른 누군가와 문제가 생기더라도 괜찮아요. 어쨌든 내가 모든 것을 남긴 자녀가 유산을 소유하고 나면 그다음은 재산평가, 그러니까 경제적 협상을 어떻게 하느냐의 문제에 불과하니까 말입니다. 예를 들어 집 같은 경우, 자녀들 중 한 명에게 증여되고 그들 사이에 공동소유로 인해 집을 소유하고 처리하는 데 방해받는 일이 없으려면 나는 이렇게 하면 됩니다. 아이들 중 말을 잘 듣는 한 명에게 유산으로 남기고, 내가 죽으면 바로 수혜자가 되는 이 아이가 유산을 받아 그로부터 이익을 보고 누릴 수 있게 합니다. 그러고 나면 그 아이는 단지 경제적 문제만 해결하면, 즉 상속재산에 대한 형제들의 권리를 돈으로 지불하기만 하면 됩니다."

## 회사가 상속의 중심일 때

가족기업의 경우, 형식적 평등법의 틀 안에서 상속인 한 명, 대체로 남성에게 뼈대가 되는 재산을 전달하는 특징이 있다.[13] 셀린은 2000년대 초반 코냑 지역에서 부모의 사업을 이어받은 젊은 와인업자들을 대상으로 장기간의 문화기술지적 조사를 진행했다.[14] 이 가족들에게, 모든 상속 조치는 거의 늘 남성을 단일 상속인으로 삼아 와인 농지 소유권을 이전하기 위한 것이다. 가족이 부유하든 아니든, 보유한 자산이 다양하든 아니든, 상속의 뼈대가 되는 재산은 와인 농지 소유권이며, 이를 새 인수자에게 분할 없이 물려주는 것이 주요 목표다. 나머지 일들, 즉 다른 상속인들에 대한 보상은 조치를 만드는 당사자들, 즉 경영자인 부모와 그들의 공증인에게는 부차적 문제로 인식된다.

가장 적은 자본을 가진 소유주-경영주 가족들은 농업 노동자들과 비슷한 생활방식을 가지고 있으며, 물려줄 것이라곤 포도밭 몇 헥타르, 건물 및 장비로 이루어진 소규모 농장뿐이다. 따라서 자산 조정은 맨 먼저 공동상속인들을 기다리게 하는 것으로 이뤄진다. 이때에는 여러 가지 법적 기법을 쓸 수 있다. 일부 후계자들은 상속받은 재산을 오랜 기간 자매 및 형제와의 공동소유로 남겨 두며, 매출액 변동에 따라서 자신이 자본을 소유함에 대해 자매 및 형제에게 보상을 많이 혹은 적게 제공한다. 가업 후계자가 자신의 지분을 매입할 수 있는 경제적 여건이 마련될 때까지는, 가업을 이어받지 않는 상속인들이 공동소유의 중단을 요구하면 가업이 위험에 처하게 된다. 이러한 가능성에 대비하기 위해 농촌의 공증인들과 법률 전문가들은 고객들에게 농지의 집단 임차 상태를 만들 것을 권장한다. 가업 인수자는 자매 및 형제와 공동으로 소유한 농지를 임차받게 되며, 이로써 다른 공동상속인들의 지분을 매입하기까지 시간을 벌게 된다. 그동안 그는 임차인으로서의 유리한 입장을 유지할 수 있다. 상속 과정에서는 공증인의 국가대표 피에르 델마가 앞서 언급했던 기법이 반복적으로 나타난다. 직업적 재산의 과소평가, 이연된 보수의 과대평가를 통해서 보충금〔즉, 보상〕을 최소한이 되도록 줄이는 것이다.

코냑 지역에서 부르주아 계급에 가까운 생활방식을 지닌 부유한 와인업자 가족들이 상속을 할 시에는 종종 부동산(지역의 임대 부동산, 바닷가나 산에 있는 별장)과 금융자산(주식 및 채권 포트폴리오)이 포함된다. 포도원, 작업장 건물, 장비, 그리고 무엇보다도, 시간이 지날수록 가치가 올라가는 코냑 등으로 구성되는 매우 중요한 직업적 자산에 더해서 말이다. 그러나 이러한 재산 및 자산의 가치가 서로 동등하지는 않다. 상속을 구조화하는 중심은 언제나 와인 농지 소유권의 이전이다. 다른 자매와 형제는 공증상 경제적으로 등가에 해당하는 보상을 받으나, 공증에 적힌 내역은 실제로는 재산평가에서 매우 중요하게 작용하는 기술—즉 직업적 자산의 체계적 저평가, 보상용 자산의 고평가—을 거친 결과다. 이 방법을 통해 와인 농지의 소유권을 상속인 한 명(때로 재산이 아주 막대할 경우에는 두 명)에게 넘길 수 있게 된다.

시간은 자산 조정을 구성하는 재산목록 작성, 재산의 평가 및 분배의 핵심이다. 코냑 지역의 와인업자 가족들은 일반적인 자영업자 가족이 그러하듯이 미리 물려주기의 달인들로서, 다른 가족들보다 증여 및 분할 증여를 많이 실시한다.[15] 첫 증여는 종종 부모가 아직 경제활동을 하는 중일 때 이뤄지고, 이로써 후계자가 가업 내에서 본인의 역할을 맡게 된다. 예를 들어, 확장 시기에 부모가 새로운 토지를 취득하면 그 토지를 아들 중 한 명에게 미리 증여한다. 나머지 재산도 점차적으로 혹은 은퇴 시점에, 가업과 이미 이해관계가 얽힌 그 아들에게 넘겨준다. 공증인을 비롯한 법률 전문가들은 상속에 드는 시간을 강조하면서, "가업승계는 한 세대 내내 이루어진다"라고 강조한다. 상속의 각 단계마다, 다른 자녀들에게는 상대적으로 저평가된 보상이 지급될 수 있다. 시간에 따라 자산을 분산하는 방식은 회계 게임의 가능성을 넓힌다. 또한 증여의 속도는 가족기업의 시간성에 따른다. 후계자의 자매와 형제는 자신의 자산 축적의 리듬(주거용 부동산 취득, 자녀 교육비 지불 등)과는 무관하게 사업의 경영과 상속의 리듬에 따라 보충금을 받는다.

코냑에서 이런 방식의 자산 조정이 남성들에게 유리하다는 것은 명백하다. 여성들이 와인업 상속자이자 인수자가 되는 것은 극히 예외적인 상황에서이기 때문이다.[16] 그렇다면 공증인들은 왜 민법의 핵심에 놓인 상속의 평등 원칙을 훼손하면서까지 역회계를 통한 상속을 진행하는 것일까?

## 평등 원칙에 입각한 공증인들이지만……

일반적으로 공증인들은 상속에서 성별 간 평등을 보장하는 유류분 원칙에 강한 애착을 가지고 있다. 우리가 그들의 사무실에서 개별적으로 만나 심층면담을 진행하면서 그들이 다뤄 온 사건에 대해 이야기를 나눌 때, 공증인들 중 많은 이들이 우리에게 이 충성심을 상기시키기도 했다. 그들이 우리를 향해 사무실의 문을 열게 만든 조사의 틀 자체가 이 화제를 전면에 부각했다고 말해야 할 것이다.

본 연구 팀은 2006년 민법 개정 이후 10년간 공증 관행에서 일어난 변화를 평가하는 업무를 맡게 되었다. 해당 개정은 1804년 이후로 처음으로 '상속 약정' 서명을 허용하여, 유류분 권리자가 자기 권리의 일부 또는 전부를 사전에 포기하는 것을 가능하게 하는 것이었다. **감쇄소권 사전포기**RAAR는 2006년 6월 23일 법률의 핵심이다. 이는 증여가 상속인 중 한 명에게 이루어질 때 발생한다. 다른 예비 상속인들, 즉 유류분 권리자들은 상속재산의 최종 정산에 해당 증여를 반영해 달라고 청구할 권리〔수증자였던 상속인의 몫을 감쇄(축소)하라고 청구할 권리로, 이를 '감쇄소권'이라 한다—옮긴이〕를, 해당 증여로 자신의 유류분이 침해되더라도 포기할 수 있다. 다른 말로, 그들은 원래 받아야 했던 몫보다 적은 몫을 받겠다고 수락한다는 것이다. 해당 법안의 계기가 된 국민의회〔상·하원으로 나뉘는 프랑스 의회 중 하원—옮긴이〕 보고서는 이런 약정이 기업의 대물림을 용이하게 하거나 장애가 있는 자녀 혹은 생활이 어려운 자녀의 부양을 위한 것임을 명시했다.

이러한 조처는 국가 공증인 기관에 의해 요구된 것이었음에도 불구하고, 우리가 만난 공증인 대부분은 RAAR가 "다소 불편하다"라고 시인했다. 여러 공증인은 누군가에게 권리를 포기하라고 요청하는 데 불편함을 표했다. 개인으로 일하는 베르나르 르카르 공증인도 한 예였는데, 그는 고위 임원들이 많이 거주하는 프랑스 남서부 지역에서 활동하고 있다. 그는 왜 본인이 절대 RAAR를 이용하지 않는지 설명하면서 유류분 원칙을 예찬했다. "카탈라 교수님[저명한 사법私法 전문 법학자, 2012년 별세]은 이건 위선이라고 하셨습니다. 어떻게 주변 가족들로부터, 어떤 의미에서는, [그가 망설인다] 약간이라도 압력을 받는 일이 없이 자기 점유권을 포기하겠어요? 그래서 위선이라고 하신 거고, 저는 그 말씀이 맞다고 봅니다. 자기에게 법으로 주어진 권리를 포기하는 사람들은 매우 드뭅니다. 게다가, 아무튼지 간에 유류분이라는 게 있는 이유가 있는 거지요!"

자크 벨롱은 파리와 근접한 교외 지역에 그의 사무실이 소재한 50대 공증인으로, RAAR에 특히 비판적이다. 그는 이 법이 딸들의 소유권을 박탈하는 데 사용될 수 있다는 우려를 표명하며, 북아프리카 출신 고객들 이야기를 한다. "개인적인 의견입니다만, 저는 이 법을 좋아하지 않습니다. […] 아버지한테 압력을 받아 아들들이 모든 유산을 가지도록 RAAR에 서명하는 딸, 아까도 말씀드렸지만 제가 이런 문제를 겪은 적은 없는데요. 그렇지만 온갖 일이 일어날 수 있으니까요! […] 알제리나 모로코 출신 가족에게서 이런 일이 있을 수 있어서 상당히 우려스럽습니다. […] 그런 가족들만 그런 건 아니지만 문화적으로 확실히 그런 면이 있고…… 북아프리카 출신 고객들이 있는데, 프랑스에 살지만 모로코나 알제리에서의 상속에 대해서 설명을 해 줘요. 그 사람들은 프랑스 문화를 배우면서 그곳에서 일어나게 될 일들에 대해서 두려워해요. […] 그런데, RAAR를 사용하면 정확히 같은 결과를 만들어 내는 겁니다."

공증인들은 '평등'상속에 대한 보증인으로 스스로를 자리매김한다. "RAAR를 매번 작성하지는 않아요. 다행이죠! 왜냐면 감쇄소권 포기각서가 많은 사무실에는 불평등한 거래가 엄청 많다는 거니까. 우리가 하는 일은 그런 게 아녜요!"라고 말하는 크리스토프 르부르는 남서부의 큰 사무실에서 아버지에 이어 파트너 공증인으로 일하며 매년 상속 250여 건을 처리한다.

그렇다면 공증인이 하는 일은 무엇일까? 유류분을, 그리고 상속인 간의 공정성을 중시하면서도 특권적 상속인 한 명에게 자산을 몰아 주기 위해 역회계를 실시하는 데에는 왜 망설임이 없을까? 그 이유는 공증인이 불평등한 분배에 대해 평등한 외관을 만들고, 이 분배에 대한 합의를 도출시키는 역량을 값진 것으로 평가하기 때문이다. 이러한 능력은 좋은 공증인의 지표이다. 그리고 이들은 자신들이 목표로 하는 상황에서만 이 역량을 활용한다. 공증인과 고객이 '좋은 상속자'라고 간주하는 이들에게 '지켜야 하는 재산'이 전달되도록 보증하는 것이다.

## '좋은 상속자'에 대한 남성적 시각

그러나 일반적으로, 공증인들은 '좋은 상속자'에 대해 성별화되고 계급적인 개념을 갖고 있으며, 이러한 관점은 재산을 소유한 가족들의 관점과 일치한다. 공증인들은 가족기업을 이어 나가는 작업에 특히 애착을 가지고 있는데, 그 이유는 자신이 자영업자 집안에서 태어나 직업을 갖기 위해서 꽤 많은 직업적 자산을 증여받는 혜택을 누렸기 때문이다. 공증인 가운데 일부는 공증인 집안 출신, 그 외 거의 모든 공증인들은 자영업자 집안 출신이었음을 기억해야 한다. 가능한 한 '가장 유능한' 상속인에게 재산을 상속해서 가업을 번창하게 만들 수 있도록 직업적 재산을 상속하고자 하는 가족적인 경제 윤리는, 직업인으로서 재산권에 대해 가진 경제 윤리와 만나게 된다.

많은 공증인들은 '좋은 상속자'를 남성으로 상상하며, 가족적인 상속은 '본래' 아버지에서 아들로의 전달로 이루어진다고 여긴다. 이 인식은 그들이 공증인으로서 쓰는 문장에서 명확히 드러난다. 프랑스 공증인 공식 웹사이트(notaires.fr)를 예로 들어 보자.

기업 승계에 관한 페이지에는 경제활동이 정점일 시기인 장년 남성의 사진이 있다. 머리숱이 조금 적어지기 시작한 남성은 흰색과 파란색 마린 세일러복을 입은 금발 소년을 어깨에 올려놓고 있고, 소년은 하늘을 향해 팔을 뻗은 자세다.[17] 증여와 상속에 관한 페이지에 있는 사진에서는, 부둣가에서 아빠가 아들의 어깨를 잡고 있고 아들은 손을 이마께에 올려 두며 더 먼 곳을 바라보고 있다.[18] 상단의 배너에는 한 남성이 자기 양손을 깍지 낀 채로 여성의 손을 받치고 있고, 여성의 손은 어린아이의 손을 붙들고 있다. 마지막으로 '가족 부동산회사' 페이지에는 컴퓨터 앞에 앉은 젊은 아빠의 사진이 있고, 아들이 아빠의 목을 붙들고 있고 딸은 곁에 있다.[19]

공증인들이 상속에서 사용하는 가부장적 표현은 '조언 메모'에도 나타난다. 이 메모는 사무실 대기실에 배치되어 있고, 다양한 법적 주제에 대해서 실용적인 조언을 제공한다. 이 책자들에 등장하는 주체는 남성형을 중심으로 작성되며, 모든 예시는 남성으로 이야기된다. '회사 증여를 통한 친족 혹은 비친족에게의 자산 이전'은 이렇게 설명되어 있다. "일곱 **아들**과 기업을 이어받을 수 있는 요건을 갖춘 **손자**에게 분할 증여를 통해 이전한다."[20]

단계적 증여에 대해서는 다음과 같이 설명되어 있다.[21] "증여**자**[남성형]는 아들에게 집을 주고, 자신의 사망 시 **조카**[남성형, 증여자의 또 다른 자식의 **아들**]에게 상속하게 한다. 이 단계적 증여는 증여자의 자유분에 한해 이루어질 수 있다. 그러나 유류분을 상속받은 이들은 단계적 증여가 유류분에 적용되는 것을 수락할 수 있다." 잔여 증여를 설명할 때에도 마찬가지다.[22] "증여**자**는 **아들**에게 동산 포트폴리오를 주어 이를 관리하게 할 수 있다(매도 및 매수 등). 그리고 이를 증여자의 손자에게 전달할 책임이 있다." 아무리 찾아 보아도 여성형이나 딸은 결코 언급되지 않는다. 이러한 전문적, 상업적 문헌에서는 증여와 상속에 대한 예시로 여성이나 딸들이 등장하지 않는다.

## 사별한 아내 혹은 '좋은 상속자'의 반대

유산을 번영시킬 능력이 있는 인물인 '좋은 상속자'의 대척점에는 사별한 여성이 있다. 이 소위 '미망인'은 유산을 잠식하거나 낭비하리라고 의심받는 '덧붙이'다. 레티시아 알리데가 그 전형적인 인물로, 아직까지도 비슷한 방식으로 묘사된다. 언론 기사에서는 "검은 과부", "심리조종자"라는 표현을 레티시아 알리데에게 붙인다.[23] 언론매체 《렉스프레스》에 따르면, 조니 알리데는 본인의 유언장 공개가 일으킬 결과에 대해 의식하고 있었다고 한다. 그는 "레티시아가 많은 문제를 겪게 될 것이다. 레티시아를 도와주어야 한다"라고 가까운 사람들에게 말했던 것으로 알려져 있다.[24] 낭테르 지방법원에서 로라 스메와 다비드 알리데가 아버지의 유언장 조항에 이의를 제기한 가운데, 저명한 변호사들은 전략적이고 일관된 방식으로 레티시아를 "부두〔레티시아의 결혼 전 성—옮긴이〕 여사"나 "다섯 번째 아내"라고 지칭한다.[25] "'여섯 번의 유언장, 세 차례 혼인계약, 그리고 두 차례 부부재산제 변경'을 거친 영악한 '조종자', 이윽고 가수의 재산을 관리하기 위해 설립된 신탁의 유일한 수혜자가 된 여성과, 아버지의 마지막 순간을 가까이에서 지켜보지 못하고 법정에서 마지막 녹음을 들어야 하는 딸과 아들의 '깊은 고통'이 대비되었다"라는 대목을 일간지 《르몽드》에서 확인할 수 있다.[26] 이런 방식의 표현—남편 성이 아닌 결혼 전 성의 사용, 조니 알리데의 여러 부인들을 연달아 언급하는 것(마치 다섯 번째가 마지막이 아닌 것처럼)—은 레티시아와 조니 알리데 간의 혼인관계를 폄하하는 결과를 가져온다. 가수와 두 아이들 사이에 존재하는 혈연관계와 비교했을 때 사별한 여성과의 혼인관계는 가치가 없는 듯 보이게 된다. 로라와 다비드를 대리하는 숙련된 법률 전문가들의 주장은 가족법의 오랜 전통과 맥을 같이한다.

역사적으로 가족법은 상속인으로서의 사별한 아내를 의심해 왔다. 1804년에 제정된 상속법은 거의 두 세기 동안 변화 없이 유지되었으며, 상속순위(유언장이 부재할 경우 상속인을 결정하는, 법으로 정해진 순서)는 '혈족' 즉 피를 나눈 가족에게 우선권을 부여했다. 2001년까지 '생존배우자'는 상속순위에서 '직계비속' '직계존속' '방계친족(자매 및 형제와 그 직계비속)'보다 뒤에 있었다. 그러나 10건 중 8건 이상에서 '생존배우자'는 60세 이상 여성이었다.[27] 다른 상속자가 없을 경우에만 배우자로부터 상속을 받을 수 있었기 때문에 적어도 배우자가 결혼 중 함께 살던 집에 계속 거주할 수 있도록 '생존배우자에 대한 증여'가 자주 이루어졌다. 2001년 12월 3일 법률이 제정된 이후, 사별 여성의 상황은 적어도 법적으로는 개선되었다. 상속순위에서 사별 여성은 방계친족 및 직계존속보다 앞서게 되었고, 모든 자녀가 고인과 사별 여성 사이에서 태어난 경우 자신의 선택에 따라 전체 재산에 대한 용익권〔사용권〕 또는 재산의 4분의 1에 대한 소유권을 상속받을 수 있으며, 부부가 결혼을 여러 번 해 고인과 사별 여성 사이에서 태어나지 않은 자녀가 있는 경우에도 전체 재산의 4분의 1에 대한 소유권을 상속받을 수 있다(민법 제757조). 이러한 권리는 생존배우자에 대한 증여를 통해 확장될 수도 있다(예로, 재산의 4분의 1에 대한 **소유권**과 나머지 4분의 3에 대한 사용권).

3년 후, 제100회 공증인회의에서는 이 같은 변화에 우려를 표명했다.[28] 해당 회의의 '자유, 평등, 가족' 위원회장인 공증인 디디에 쿠아파르가 작성한 기사는 공증인들이 상속 문제에서 사별한 여성을 얼마나 불신하는지 보여 준다. 그는 다음과 같이 말했다. "생존배우자의 권리에 대한 역사는 사별한 이의 생존에 대한 우려와, 대를 이어서 물려줄 재산을 보존하려는 우려라는 재앙의 저울질이었다."[29] 디디에 쿠아파르는 아이가 없는 생존배우자를 위한 보존권에 강하게 반대한다. 그는 이런 보존권이 예를 들어서 조카가 삼촌의 사업을 계승하지 못하게 할 수 있다고 설명한다. 그의 이야기에서 남성인 좋은 상속인과, 그와는 상반되는 무능한 사별한 여성의 모습을 다시 볼 수 있다.

결국 2006년의 법률은 '생존배우자'를 자녀 다음 순위, 즉 2순위 상속인으로 인정하였다. 다만 이를 상쇄하기 위하여 **증여 제한**과 같은, 자기 재산에 대한 증여를 받으면 사별한 여성이 상속의 일부 또는 전부를 포기할 수 있는 도구를 만들었다. 우리가 만난 공증인은 특히 이러한 도구를 좋아했다.

남서부 교외 지역의 공증인 베르나르 르카르는 이 도구가 "매우 흥미로운" 것이라고 생각하고, 심지어는 지금보다 확장해야 한다고 생각한다. 그는 다음과 같이 말한다. "중요한 재산이 있는 경우, 나이가 들었거나 충분한 수입이 있는 배우자는 '좋아, 이제 필요가 없어. 나이 때문에 관리할 수도 없고, 충분한 수입과 충분한 연금이 있으니까 자녀에게 주고 싶어'라고 말할 수 있어요. 왜냐하면 노인들이 재산을 관리하는 건 정말 끔찍하기 때문이에요! 우리는 알 수 있죠……. 아주 오래 사는 양반들이 자신의 재산을 꼭 붙들고 있으면 재산은 위험에 처해요! 그러니 배우자는 종종 이렇게 말할 수 있어요. '자식들이 관리하는 게 좋겠어요. 일단 나는 더 이상 관리하고 싶지 않고, 자식들이 돈을 필요로 할 테니까, 앞으로 살기 위해서든 자식들을 도와주기 위해서든 그러는 게 좋겠어요'라고요." 베르나르 르카르는 최근에 발생한 유사 사례에 대해 언급한다. 그는 남편의 사망 후 은퇴한 여성이 주 거주지용 부동산뿐 아니라 투자용 부동산도 상속받았다고 설명한다.

사별한 여성 배우자는 이 공증인에게 처음부터 "공사와 임대아파트 관리가 싫다"면서 "그런 이야기를 하고 싶지 않다"라고 했다고 한다. '다른 사람 몫을 빼앗지 않기 위해서' 공증인은 사별한 여성이 생활에 충분한 연금을 받고 있다고 간주해 '고객에게 제안'한 뒤 증여 제한을 진행했다. 최종적으로, 사별한 여성은 주 거주지에 대한 용익권만 유지하고 임대 부동산의 재산권은 자녀들에게 양도한다. 그 자녀들은 자신들이 주주로 있는 부동산회사를 설립하고 건설업에 종사하는 아들이 관리하게 했다고 공증인은 말했다. 공증인은 "그는 아주 잘 해내고 있다"라고 했다.

심층면담에서 알려진 모든 증여 제한은 이와 비슷하게 진행된다. "그가 살기에는 그만큼이 필요하지 않았고", 사별한 여성은 재산 관리에 대해 '관심이 없다'거나 '망설이는' 또는 '무능한' 것으로 여겨진다. 여성인 동시에 덧붙은 식구이기도 하며 주로 노인인 사별한 여성의 모습은, 젊고 유능하며 재산을 증식시키고 집안 내에 유지할 역량을 갖춘 남성인 '좋은 상속자'의 모습과는 정반대이다.[30]

## 이혼의 역회계

공증인들은 자산을 조정해 남성 직계로 전달하는 가족 재생산 전략에서 결정적 역할을 한다. 상속에서뿐만 아니라 결혼한 부부가 이혼을 할 때에도 마찬가지다. 이혼 후, 기존의 배우자들은 더 이상 공동재산을 소유할 수 없으며 재산은 분할되어야 한다. 이 재산에 부동산이 적어도 하나 이상 포함되어 있다면, 공증인은 분할을 처리하며 공동의 자산 및 부채를 확인하고 두 부분으로 균등하게 분할한다. 그런데 연구 결과, 공증사무소에서 일반적으로 수행하는 이 작업은 이런 순서로 진행되지 않는다. 상속에서 그러하듯이 말이다. 즉, 부부 공동재산 처리 역시 **역회계**로 이루어진다. 이 방식의 회계에서는 재산의 분배가 목록 작성과 평가보다 먼저 온다는 특징이 있다.

공증인만 참여하는 상속과는 달리 이혼의 경제적 타결에는 더 많은 법률 전문가들이 참여한다. 공증인이 처리하는 부부재산제 청산은 가족법 전문 변호사가 처리하는 다른 금전적 측면, 즉 자녀 양육비나, 부부가 살던 집 할당 문제, 이혼보상금과 무관하지 않다. 이런 분야의 변호사들은 주로 여성으로, 공증인이 인가한 자산 조정이 고객에게 불리한 영향을 가져온다는 사실을 잘 인식하고 있다. 그럼에도 이러한 방식에 의문을 제기하기는 쉽지 않다.

페이드라루아르의 작은 변호사협회에 속한 미셸 아비트볼 변호사를 만나 보자. 그는 가족법 전문가로, 능숙한 변호사로 평판을 쌓았다. 그는 우리가 만난 변호사들 중 가족법을 전문적이고 격조 높은 분야로 여기는 얼마 되지 않는 변호사들 중 하나다. 미셸 아비트볼 변호사는 부부 재산분할 절차에서 자신의 역할이 공증인의 제안에 대항하는 것이라고 생각한다. "공증인의 말에 무조건 '네, 네' 하지 말고 언제나 비판적 시각을 가져야 해요!" 또한 그는 동료 변호사들 사이에서 페미니스트로 알려져 있으며 고객의 이익을 결사 옹위하기로 유명하다.

우리는 합의이혼 절차에서 재산분할을 협상하는 고객과 미셸 아비트볼의 사무실에 함께 있다. 이 고객은 42세 병원 간호사로, 농업인과 결혼한 상태이다. 농경 회사를 남편과 거의 동일한 비율로 소유하고 있다(고객 49%, 남편 51%). 토지와 창고는 공동재산이다(따라서 각각 50%). 부부의 집은 남편 부모로부터 상속받았기 때문에 남편의 고유재산이나, 그들이 돈을 들여 상당한 공사를 진행했다. 이 모든 요소는 남편이 공동재산에 대한 '보상'을 해야 한다는 의미다. 변호사는 고객이 이혼 후 얼마나 회수할 수 있는지 추정할 목적으로 기술적 계산에 착수한다. 우리와 마찬가지로 그는 이러한 계산을 따라가기 어렵다고 말한다. 고객은 다음과 같이 설명한다. "남편은 회사와 집으로 2만 유로라고 했어요. 나는 남편한테 회사는 신경을 안 쓰고 싶다고 했지만, 토지, 창고, 그리고 집에 대해서는 그럴 이유가 없잖아요!"

변호사는 말을 끊으며 정리한다. "창고는 2007년에 6만 유로에 구매하셨어요. 공증인이 현재 가치를 산정하러 방문할 거예요. 그리고 토지 세 필지는 2010년에 6천 유로에 구매하셨고, 2000유로짜리 또 다른 토지가 있어요. 그러므로 최소한 3만 4000유로[절반]를 미리 받아야 해요. 그 외에도 회사가 있죠. 단지 고객님 자본만으로도 1만 3130유로가 있으니까, 이미 5만 유로……, 그리고 회사 계정에 6만 1549유로가 있고, 우리는 여기 설명을 요청할 거예요. 이외에도 집과 추가 이익이 있어요. 집은 처음에 6만 유로 가치가 있다고 말했지만, 2만 유로를 들인 공사를 해서 집 가치가 두세 배 증가했다면, 지금은 집의 가치가 18만 유로라고 가정하겠습니다. 그러니 단지 공사비뿐만 아니라 상승한 가치만큼의 몫을 받아야 하는 거예요. 지불하는 쪽에게는 끔찍하겠지만, 포기해서는 안 돼요! 그리고 공증인도 남편도 아니고 바로 이 아비트볼 변호사 말을 들으셔야 해요!"

미셸 아비트볼 변호사는 법에 준해서 회계를 진행하여 공동재산을 명시, 가치를 평가하고 고객의 몫을 계산한다. 변호사는 남편의 제안(모든 재산에 대해 2만 유로)이 고객이 요구할 수 있는 수준에 비해 매우 부족함을 보여 주려고 한다.

그러나 고객이 떠나자, 변호사는 우리에게 조금 전의 만남을 간단히 복기하는 설명을 하고 이 사건이 앞으로 어떻게 흘러갈지 설명했다. "사자와 악어의 싸움이죠. 언젠가 우리가 맞붙으면 서로의 입장을 들어볼 거예요. 남편의 지불 능력을 은행 상태와 비교해 보고, 실행 가능한 방안을 현실적으로 찾을 거예요. 현실적이 되어야 해요. 하지만 물론 이런 이야기는 고객에게는 전하지 않아요. 강해져서 집으로 돌아가야 하니까요! 아내 분은 현재 모든 걸 포기하려 해요. 그러니까 아니라고 말하면 안 돼요. 아내 분이 자신을 지킬 생각을 하면서, '나를 방어할 거야'라고 말하면서 집에 돌아가게 해야죠. 하지만 현실도 있어요. 싸우려면 재정적 수단이 필요해요. 좋은 변호사가 있어야 하고, 견적을 잘 내야 하고, 심리적으로도 강해야 해요. 하지만 명백한 사실을 직시하기도 해야 하죠. 어떤 순간에는 그럴 만한 수단이 없을 수 있어요. 그렇게 많은 돈을 받지는 못하더라도 작은 재산이나마 갖는 게 중요해요."

이 변호사는 고객의 경제적 이익에 유념하며 공증인의 시각을 멀리하려는 경향이 있지만, 아내의 권리에 한계가 있음을 명확하게 밝혔다. 재산분할은 회사에 위험을 초래하지 않아야 한다. 변호사의 말에 따르면, 자영업자의 아내들에게 이혼은 특히 어렵다. 결국 이럴 때는 법적 규정과 반대로, 역회계가 적용된다. 기업을 남편에게 귀속하고, 기업 경영자 지위를 위협하지 않는 선에서 남편이 낼 수 있는 보상금을 협상하고, 법적 규정에 따라 예상되는 조항을 충족하는 방식의 자산평가를 하는 것이다.

이혼 후 가족기업이 종종 파산을 신청하는 경우가 있다. 그러나 그것은 남편이 전 배우자에게 지급해야 할 자본 때문이 아니다. 경제적 상황과 관련된 파산 이외에는, 배우자의 무료 노동 없이 사업을 계속할 수 없어서 일어나는 것이다.[31] 우리가 만난 많은 자영업자 사례에서 남편이 회수한 기업을 보존해야 할 필요는 당연시되고, 그런 필요를 기준으로 전 배우자가 받는 금전적 보상이 결정된다. 아내가 기업을 위해 무료 혹은 최소 보수로 제공했던 노력에 관계없이 말이다. 남편이 가정에 매이지 않게 하려고 아내가 감행한 직업적 희생, 남편 사업을 위해 아내 임금으로 지불한 대출 상환액 등 여러 희생을 생각해 보자. 그러나 결혼 중 발생한 부채에 대한 전처로서의 연대책임은 이혼으로 정지되지 않는다. 이에 미셸 아비트볼은 자영업자 아내의 경제적 운명에 "분명 어떤 정도의 불공평함이 늘 존재한다"라고 결론지었다.

이 불공평함은 작은 농장부터 대기업까지, 어디에나 있다. 베조스 부부의 이혼을 보라. 금융계 및 언론은 이 이혼이 제프 베조스의 제국을 위협할 것을 우려했지만, 실제로는 그 제국의 절반은 원래부터 매켄지의 것이었다. 《르몽드》의 알렉상드르 피카르는 "매켄지 베조스는 695억 달러로 세상에서 가장 부유한 여성이 될 것이다. 매켄지가 아마존의 8%를 소유한다면, 이 대규모 온라인 기업의 전략을 바꿔 볼 수도 있다"라고 썼으며, "하지만 베조스의 재산을 공평하게 분할하는 일이 일어난다면 놀라울 것이다. 오라클의 래리 엘리슨이나 구글의 세르게 브린의 이혼은 그들이 기업 내에서 점하는 지위에 중대한 영향을 미치지 않았다"라고 조심스럽게 언급했다.[32] 남편이 기업 지배자로서 권력을 유지하는 것이, 부부 공동재산에 대한 아내의 권리를 존중하는 것보다 당연하게 우선시되는 것이다.

이처럼 법의 정신에 어긋나는 자산 조정에 참여하는 변호사와 공증인은 자본, 특히 생산자본의 남성 대표성에 기초해 있다. 그렇다면 부동산 자산에 관해서는 어떨까?

## 완전한 청산을 위한 주택

부동산 재산의 성별은 애매하다. 남성의 자본인 동시에 여성의 공간으로 간주되기 때문이다. 결혼 당시 함께 살던 거주지가 전 아내에게 할당된다면, 이는 여성에게 부동산을 쥐여 주기보다는 자녀들을 양육하기 위한 거처를 제공하는 행위에 가깝다.

평균적으로, 모든 상황을 합해서 보자면, 이혼 후 1년 내에 결혼 당시 살았던 거주지에 머무는 일은 여성이 남성보다 더 적다. 특히 부부가 자가를 소유했거나 부부간 연령 차 혹은 소득 격차가 큰 경우에는 그런 경향이 두드러진다.[33] 간단히 말하자면 여성들은 남성들보다 주택을 유지할 수 있는 수단이 적다. 부부에게 아이가 있는 경우 부부간 성별에 따른 격차가 줄어든다. 물론 아이가 이혼한 부부의 집에 교대로 거주하는 상황은 어머니들에게 더 불리하다. 그럴 때 여성이 집을 떠날 확률은 80%로 치솟으며, 남성은 50% 미만에 그친다.[34] 그러나 다른 모든 조건이 동일한 경우, 자녀의 양육권(어머니에게 더 자주 부여[35])은 주거의 유지와 양적 상관관계를 띤다. 자녀의 주 거주지가 어머니에게 속하면 이사 가능성이 크게 줄어든다.

그런 이유로, 우리가 법원에서 연구를 진행한 재산분할 사건들을 종합하면,[36] 이혼한 부부에게 미성년 자녀가 있고 자녀의 거주지가 어머니에게 속한 경우 이혼 전 거주지의 45%가 아내에게, 14%가 남편에게 갔다. 반면, 다른 유형의 부동산—휴가용 주택, 임대용 주택, 토지 등—은 공동소유였던 경우 남성에게 두 배 더 자주 속했다. 또한 개인 소유 부동산은 남성의 것인 경우가 반대 경우보다 두 배 더 많았다.

따라서 수익을 창출하고 전달되는 부동산 자본은 남성의 소유이고, 아이들의 생활환경을 유지하기 위한 공간은 여성에게 주어진다. 이 문제는 특히 2013년 6월 파리 지방법원에서 선고된 합의이혼 사건에서 뚜렷하게 드러난다. 해당 사건은 별산제 계약으로 결혼한 부부를 대상으로 한다. 남성은 54세 컨설턴트로서 매월 고정 급여 1만 2300유로를 받으며 보상금도 추가로 받는다. 남성은 새 거주지로 파리의 38제곱미터 규모 아파트를 소유하고 있으며, 편안한 별장, 상속받아 자매 및 형제와 공동으로 소유한 부동산도 있다. 남성보다 다섯 살 어린 여성은 특수교육에 종사하며 매월 소득 1700유로를 신고한다. 사보아 지역에 아파트를 다른 사람들과 함께 공동으로 소유하고 있고, 또한 피레네자틀랑티크 지역에 있는 한 주택 소유권의 3분의 1을 보유하고 있다. 또한, 결혼 당시 살던 거주지는 복층으로 개조한 60제곱미터 규모 아파트 두 채로 이루어져 있으며 부부가 각각 소유하고 있다. 이후에 남성은 전처에게 상당액을 보상금으로 지불하는 것을 받아들였다. 복층에 대한 사용권 및 거주권을 전처에게 부여하기로 합의했으며, 이 권리는 막내인 셋째가 20세가 될 때까지 유지된다. 여기서 전 부부 거주지에 대한 여성의 권리는 명확하게 어머니로서 아이들 양육에 대한 책임과 연관되어 있다.

다른 경우에서는, 주 거주지의 전적인 소유권이 이혼보상금의 일환으로 여성에게 최종적으로 귀속된다. 이혼보상금은 "혼인의 파탄으로 생활 조건에 생기는 불균형을 최대한 보상하고자 지급되는 급부"이다(민법 제270조). 이는 일시금의 형태로 지급되며, 특히 "부부재산제의 청산 이후 예상되는 양 배우자의 자본과 소득에 따라 결정되어야 한다."(민법 제271조)

나중에 다시 이야기하겠지만, 이 보상금은 장기간의 공동생활을 한 후 여성에게 부여되며, 그동안 아내는 자녀들을 돌보기 위해 자신의 직업을 희생해야 한다. 직접적이고 완전한 부동산 형태의 보상금 지급은 드문(1.5%) 반면, 사례 중 14%의 경우는 상대방이 보상금의 지급을 전체 혹은 부분 포기한 경우에 해당한다.[37] 전형적인 예로는 여성이 결혼 시 살던 집에 계속해서 거주하며, 전 배우자에게 보충금(집이 공동재산으로 구입되었다면 부동산 가격의 절반)을 지불하는 대신 그 집의 소유권을 전부 갖는 상황에 해당한다.

이러한 유형의 사건은 역회계를 거치게 된다. 법률 전문가는 민법 제271조의 기준을 고려해 이혼보상금을 계산하지 않는다. 집의 정확한 가치를 정확하게 평가하지 않으며, 사실 시장에 내놓지도 않는다. 남편은 결혼 중 함께 살던 집을 떠났고, 아내는 남아 있었다. 아내는 주택의 나머지 절반을 사들일 돈이 없는 경우가 많지만, 부부는 이혼보상금 대신 주택 소유권을 아내에게 할당하기로 합의한다. 공증인과 변호사가 만드는 계산은 합법적인 선에서 이루어진다. 이혼보상금의 금액은 우연히도 전남편으로부터 아내가 구입해야 하는 주택 가치와 같게 되는 것이다.

따라서 여성들이 주택에 대해 받는 혜택은 남성의 기업 내 지위 보존과 그 가치가 동등하지 않다. 여성이 주택을 할당받는 경우 과거 혹은 현재의 자녀를 돌본다는 조건이 달려 있으며, 거의 철저하게 이혼보상금을 대체한다. 여성에게 결혼 시 부부가 살던 주택을 할당하는 것은 아내가 받을 자격이 있는 권리에 대한 일종의 '완전한 청산'을 구성하며, 이것이 반드시 여성에게 이득인 것은 아니다. 이혼 후 재산분할 전문가인 한 파리의 변호사는 이 상황을 다음처럼 요약한다. "유명한 문구가 있습니다. '난 아내에게 모든 것을 내주었죠. 아이들, 대출, 골칫거리.'"

상속이나 부부 재산 청산과 같은 문제에서, **역회계**는 공증인들에게, 그리고 이혼의 경우 공증인들과 협력하는 변호사들에게, 가족 재생산 전략에 연관된 경제적 조정을 법과 일치시킬 수 있게끔 하는 수단으로 사용된다. 공증인과 변호사는 상속인이나 배우자에 대해 명시적으로 불평등한 대우보다는 사무실 안에서 비밀리에 사용할 수 있는 유연한 기술을 선호하며, 재산목록과 그것들의 가치평가에 주목한다. 역회계는 이중의 의미에서 **비밀스러운** 기술이다. 공증사무소와 법률사무소의 닫힌 문 안에서 이루어진다는 점에서 그렇고, 재산법 전문가들의 재량에 따라 진행된다는 점에서 그렇다. 복잡한 법의 언어로 표현되는 이러한 회계의 기술상 특성은 그 안의 수많은 정치적인 쟁점을 가려서 어둡게 한다.

이 장에서 우리가 다룬 법률 전문가들이 여성보다 남성에게 유리하게끔 행동하는 것은 의도적인가? 의도에 대한 질문은 그다지 올바른 질문이 아니다. 역회계는 피에르 부르디외의 말대로라면 **실천논리**이다. 의도를 조직하지 않고도, 무의식적이고 자동적으로 실천하게끔 내재화된 시스템인 것이다.[38] 이런 회계를 통해, 좋은 상속인이나 우수한 기업 경영자, 분별 있는 '미망인' 혹은 훌륭한 어머니, 대를 이어서 전달되어야 하는 재산 또는 배우자에게 양도될 수 있는 재산이라는 정의들을 거쳐 사회질서에 대한 성별화된 표현들이 전달된다.

가족 관련자들 간의 경제적 이전에는 성차별적 사고가 가득 차 있고, 그것은 공증인과 변호사의 회계 방식에 내재해 있으며, 이 회계를 통해 은폐되거나 법적으로 정당화된다. 변호사와 공증인이 이 같은 회계를 취하는 까닭은 가족관계 내에서 합의를 도출하기 위해서이다. 다음 장에서는 '가족의 평화'를 이끌어 내기 위한 세무의 중요한 역할을 살펴보겠다. '가족의 평화'는 가족의 사회적 배경에 따라 형태가 매우 다양하지만, 여성에게 불리한 형태로 자주 나타난다.

# 세금의 그늘 아래서

# 여성을 희생해 이룬

# 가족의 평화

# 5

"리옹의 생엘렌 거리에 위치한 건물의 소유권을 맏아들인 장피에르에게 양도하고자 한다. 그가 건물을 발전시키는 데 노력한 점과 자매 및 형제에게 지불해야 할 보상에 대비할 넉넉한 시간을 주는 것을 고려한 처사다. […] 내가 남긴 것을 가능한 공평하게 나누고, 서로 돕고 사랑하며 잘 지내길 바란다. 자식들을 모두 같은 마음으로 사랑했다. 마지막으로 사랑을 보낸다. 아빠가."[a]

시빌은 2007년 11월 레몽 뒤푸르넬의 유언장 사본을 그의 막내아들인 앙투안에게서 전달받았다. 앙투안은 40대 중반 남성이며 리옹에서 공무원으로 일하고 있다. 그의 아버지는 최근 사망하여 세 번 결혼해서 낳은 총 일곱 자녀에게 100만 유로 이상인 부동산과 금융자산을 남겼다. 하지만 어떤 것도 15년 전에 작성된 유언장에서 예상한 바

a 1991년 2월 15일 레몽 뒤푸르넬의 유언장 일부.

와 같이 일어나지 않았다. 앙투안 뒤푸르넬은 풀리지 않는 상속 문제로 아버지의 다른 자식들과 갈등을 겪고 있다. 그는 인터넷 검색을 하다가 인류학 잡지《테랭Terrain》의 특별호를 발견하게 되었는데, 해당 호의 주제는 가족 내의 돈이었다. 그 잡지에는 시빌이 쓴, 앞선 장에서 다룬 지롱드 지역의 제빵사 가족인 필롱 가족의 상속에 대한 글이 실려 있었다.[1] 그는 이 상속이 평화롭게 진행되었다는 사실에 놀라며 자신의 가족 상황에 대한 시빌의 의견을 듣고 싶어 했다.

자발적으로 연구 참여자가 된 앙투안 뒤푸르넬은 2008년부터 2018년까지 심층면담에 총 3회 참여했다. 그는 아버지의 상속과 관련된 모든 공증문서를 시빌에게 전달했고, 어머니와 (배다른) 자매 및 형제와 나눈 이메일 및 우편도 함께 제공했다. 특히 갈등이 많았던 이 가족의 상속은 결국 2013년 12월에 지방법원 판결을 받으면서 마무리되었다. 상속에 관해 법적 갈등이 일어나는 경우는 드물다. 재판이 일어나는 경우는 전체 상속 중 약 5%에 해당한다. 그러나 이 예외적인 사례는 공증사무소에서 일어나는 비밀이 어떤 조건에서 가족의 평화를 지키는지 보여 준다.

관련된 사람들이 서로 다른 이해관계를 가지고 있음에도 불구하고, 세금을 최소한으로 납부하려는 공통의 욕망이 사적인 법률 전문가 사무실의 비밀스러운 공간에서 합의를 이끌어 낸다. 이러한 이유로 소송에 의존하기보다는 주로 법률 전문가의 사무실에서 해결된다. 크레독Crédoc〔프랑스의 생활수준 연구 조사 업체 — 옮긴이〕의 최근 조사에 따르면, 증여세와 상속세는 사회적 배경과 자산 수준에 관계없이 프랑스인들이 가장 싫어하는 세금 중 하나이며, 동시에 사람들이 가장 잘 모르고 과대평가하는 세금 중 하나다.[2] 부유한 가족들 사이에서, 상속과 이혼 시의 세금 최적화는 가족 내 불평등에 영향을 미친다. 법과 세금의 그늘 아래서 협상된 가족의 평화는 무기를 가진 이들에게 이로운 결과를 가져오며, 대부분 여성들을 희생하게 한다.

## 반항하는 막내아들 한 명

레몽 뒤푸르넬은 1911년생이다. 그는 27세 때 리옹 교외에 있는 건물 일곱 채를 상속받았다. 그는 생애 동안 음식점, 가구 제작, 중고품 판매 등 여러 '사업'을 시도했지만, 주로 임대료로 생활했다. 자녀들에 따르면 그는 상속받은 재산을 제대로 관리하지 못했으나 부는 여전히 상당했다. 그가 자녀들에게 상속한 재산은 120만 유로로, 여기에는 저축과 막대한 부동산 자산이 포함되어 있다. 유언장에 적힌 구도심 생엘렌 거리의 건물뿐 아니라, 뉘상조르주에 있는 집('라 베르셰르')도 하나 있다. 이 집에서 레몽은 마지막 아내와 임종을 맞이하였다. 그리고 리옹 외곽에 있는 다른 건물들도 있다.

상속은 세 번 결혼해 낳은 자녀 일곱 명을 대상으로 한다. 1939년부터 1944년까지 레몽 뒤푸르넬은 첫 결혼에서 아들 셋과 딸 하나를 얻었다. 장남 장피에르는 생물학 박사를 마치고 국립과학연구원의 공학자가 되었다. 차남 프랑수아는 기술자로, 자체 전자 회사를 설립했다. 롤랑은 공인회계사, 마지막으로 학위를 소지하지 않은 클로딘은 아동 시설의 관리직을 맡았다. 두 번째 결혼으로 콜레트가 태어났다. 레몽 뒤푸르넬은 1955년에 세 번째로 결혼했고, 사회복지사인 이본이 두 아이를 낳았다. 1959년에 태어난 도미니크는 알자스에서 기술 번역가로 일했다. 그리고 마지막으로 1964년에 태어난 우리 연구의 참여자가 앙투안이다. 레몽 뒤푸르넬의 사망을 계기로 발생한 상속 분쟁에서는 장남인 장피에르와 스물다섯 살 차이가 나는 막내 앙투안이 서로 편지와 이메일을 통해 대립한다. 이와는 대조적으로, 자매들은 대화에서 거의 나타나지 않거나 다른 형제들과 함께 중재자 역할을 한다.

장피에르는 일곱 자녀 중 유일하게 부동산 유증을 받는다. 레몽 뒤푸르넬은 장피에르에게 생엘렌 거리의 부동산을 주고 싶어 한다. 장피에르는 거의 20년간 무료로 이 부동산을 이용했다. 아버지는 이로써 장피에르에게 자식들 중에서 특권적인 위치를 부여한다. 장피에르는 가계의 사회적 지위를 대표하는 역할을 맡게 된다. 그러나 레몽의 사망 몇 달 전인 2007년 4월, 생엘렌 거리의 부동산이 판매된다. 또한 민법에 부합하지 않는 유증은 적용될 수 없었다. 레이몽의 삼남인 회계사 롤랑이 아버지의 법정후견인으로 이 판매 거래를 처리한다. 부동산의 구매자는 다른 누구도 아닌 바로 장피에르의 장남이다. 가족 재산의 중심을 차지하는 이 부동산은 따라서 가족 계보의 가장 정당한 계승자, 장남의 장남에게 전해진다.

앙투안 뒤푸르넬은 2001년과 2006년에 공식 증여를 통해서 리옹 교외인 빌뢰르반에 위치한 건물 두 채를 받았다. 그는 이를 임대용 재산으로 개조하기 위해 큰 공사를 진행했다. 이를 위해 그는 지방자치단체에서 중요한 공공 보조금을 받았는데, 그가 지방자치단체에서 근무했기에 잘 알고 있었다. 이러한 증여는 **단순증여**로 이루어져 있으므로, 이 부동산은 상속 시점의 현재 시가로 재평가되어야 한다. 그런데 몇 년 동안 이 가격은 상당히 상승했다. 앙투안이 이 부동산을 받았을 때, 그는 신중하게도 동등한 금액을 자매와 형제가 동시에 받을 수 있도록 분할 증여를 요청했다. 2001년에 받은 재산은 당시 5만 4000유로로 평가되었다. 분할 증여를 통해 각각의 자매와 형제들은 같은 금액을 받을 수 있었으며, 이 부동산과 관련된 금액은 최종 상속액 계산에서 고려되지 않았을 것이다. 6년 뒤, 이 부동산의 가치는 10만 유로로 평가되었으며, 상속인들 간의 평등은 앙투안의 여섯 자매와 형제 모두가 동등한 금액을 상속받아야 한다는 뜻이다. 앙투안은 이러한 위험을 고려해 분할 증여를 요청했지만, 그 당시에는 아버지와 자매들 및 형제들 모두가 이 방식을 거부했다.

상속 시점에서 빌뢰르반 임대 부동산에 대해 단순 증여로 보상하는 것은 앙투안에게 부당하게 여겨진다. 그는 이 부동산 자산을 관리하고 가치를 향상시켜 자매 및 형제에게 더 큰 이익을 주고 있다고 느끼고 있었기 때문이다. 그는 맏형인 장피에르가 생엘렌 거리 시내 중심가에 위치한, 100제곱미터가 넘는 정원이 딸린 주택에서 1961년부터 1989년까지 무료로 생활했다는 점을 고려하여 상속해야 한다고 요구한다. 만약 장피에르가 이 건물을 점유한 것과 "집을 발전시킨 그의 노력"이 가족 부동산을 보존하는 데 기여한 내역으로 제시되었다면, 앙투안이 받은 임대 건물에서의 작업도 동일한 취급을 받아야 하지 않는가? 장피에르는 이 요구에 강하게 반발하고, 그가 생엘렌 거리의 건물에서 거주한 것과 상속을 유관한 것으로 고려하려는 시도를 명확히 거부한다. 그가 무료로 사용한 이 주택은 그의 아버지가 마지막 아내와 새로운 가족을 최우선으로 보살피는 동안에 기존 자식들을 소홀히 했던 동안 아버지로부터 받았던 유일한, 그리고 마땅히 받아야 하는 도움이었기 때문이다. 아버지가 사망하기 한 달 전, 장피에르는 자매와 형제 전체에게 편지를 보냈다. "아버지가 다른 사람에게 더 많은 돈을 댈 수 있도록 내가 노력하는 동안, 아버지는 도미니크(앙투안의 누나)의 출생이 임박해 옴을 알렸다(아버지는 '이미 존재하는 자식들'을 제대로 부양하지 않으면서 새 아이를 낳았다). 나는 격한 분노에 빠져 그와 이삼 년간 연락을 끊었다. 하지만 자매 및 형제의 존재, 상속 자본을 번성시키지 못하는 아버지의 무능, 그리고 나의 노력 덕분에 13년간 국가의 최대 장학생이 될 수 있었다. 나는 이 사실을 자랑스럽고 감사하게 생각한다."

레몽 뒤푸르넬의 상속은 배다른 자매 및 형제 사이에 놓여 있던 갈등을 부활시키는 역할을 한다. 그러나 상속 분쟁은 전통적인 형태로 일어난 게 아니다. 즉, 마지막 두 자녀인 도미니크 및 앙투안과 그들의 어머니 대 이전 두 번의 결혼에서 난 자녀들이라는 형태로 일어난 것이 아니다. 오직 막내아들〔앙투안〕만이, 어머니와 누나를 비롯해 다른 모든 상속인들과 대립했다. 이 특징을 이해하기 위해서는 자산 조정의 새로운 차원인 세금에 주목해야 한다.

## 증여와 상속에 대한 세금

1970년대 이후, 기회균등과 민주주의를 보장한다는 미국을 포함해 모든 서구 국가에서 상속세가 감소해 왔다.[3] 심지어 어떤 국가에서는 상속세를 완전히 폐지하기로 결정하기도 했다. 캐나다는 1972년, 호주는 1984년, 이탈리아, 포르투갈, 스웨덴, 오스트리아 등 유럽 여러 국가는 2000년대에 상속세를 완전히 폐지했다. 프랑스의 경우 증여와 상속에 대해 누진 과세 원칙을 유지했음에도, 2000년대에는 다양한 감면 및 공제 정책의 도입으로 상속재산가액 대비 상속세의 비중이 많이 감소하였다.[4] 프랑스에서는 미국처럼 상속 전체에 대한 세금이 부과되는 것이 아니라 각각의 증여와 상속에 대해서 세금을 매긴다. 이런 방식은 시스템의 진보 원칙을 크게 제한하게 된다. 이런 과세 방식은 개인의 일생에 걸쳐 증여 혹은 상속된 자산 전체를 조망하는 것이 아니므로, 상속을 여러 번에 나누어 하면 충분히 세금을 피할 수 있다.[5] 또한 민법 이래로 상속을 누구에게 하느냐에 따라 세금이 부과되는 정도가 크게 달라 직계혈족인 부모와 자녀 간의 상속을 우대한다. 1950년대에 앙투안 피네〔당시 프랑스 총리—옮긴이〕는 자녀들을 위한 공제를 높여 세금을 많이 내지 않는 상속이 가능하도록 했다. 그러나 1960년대와 1980년대에는 상속세가 점차 무거워졌다.[6] 2000년대 이후 이런 경향은 뒤집혔다. 2007년 니콜라 사르코지 전 대통령은 당선되자마자 감면 혜택과 생전 증여에 대한 면제 횟수를 대폭 늘렸다. 직계 증여 및 상속에 대한 면세 한도는 자녀 1인당 10년마다 5만 유로에서, 6년마다 15만 유로로 세 배 증가했다. 프랑수아 올랑드 대통령 시기에는 15년마다 10만 유로, 이에 추가로 15년마다 자녀 및 손자녀에게 3만 유로를 신고 없이 증여할 수 있었다. 그 이후에는 자녀에게 물려주는 자산에 대해 누진세에 따라 5%에서 45% 사이의 세금이 부과된다.

현재 과세 대상 상속의 비율은 15%로, 2004년에 비하면 절반 수준이다.[7] 다른 어느 나라에서도 그러하듯, 세제 개혁은 부유층에게 이득이 된다.[8] 이러한 개혁은 주로 상위 20%의 상속, 100만 유로 이상에 적용되었다.[9] 또한 일부 경제 자산은 추가 면세 혜택을 받는다. 그중 하나가 인기 있는 저축 상품인 생명보험으로, 가계 재정의 37%, 사망 시 상속되는 재산의 23%를 점하고 있다.[10] 2003년 뒤트레일 법이 발의된 이후, 직업적 자산—'지켜야 하는 재산'으로 아들에게 먼저 전해지는 자산—은 특별히 혜택을 입고 있다. 이런 자산의 경우 4년간 사업체를 유지해야 한다는 조건하에 상속세가 액면가의 75%까지 면제된다.[11] 상속세 제도는 특히 직업 자산 등 다각화된 자산의 이전에 이득을 준다. 재산의 소유자는 경제적이고 문화적인 자원을 보유하며 이를 시간을 갖고 펼쳐 나가게 된다.

## 세금에 걸린 다양한 이해관계

뒤푸르넬 집안의 싸움으로 돌아가 보자. 가치를 높게 평가받은 자신의 부동산에 대해서 항의하는 데 실패한 이후, 앙투안은 전직 공증인이자 현직 변호사인 이에게 상담을 받는다. 2008년 1월 28일 변호사가 앙투안에게 쓴 편지의 내용은 다음과 같다. "저는 고객님께 다음과 같이 조언을 드리고자 합니다. 장피에르 씨가 무상거주로 혜택을 본 데 대한 보고서를 요청하시고—이는 법리에 맞습니다—또 고객님께서 직접 제안하시기 전에, 그분〔장피에르〕이 자기 이점을 평가하기 위해 제안하도록 유도하시기를 권합니다. 이런 말씀을 드리는 것이 상속 신고를 하는 공증인의 역할이기도 합니다. 상속 신고는 세무청의 감독하에 있고, 세액 조정이 발생할 시에 당국은 최대한 깐깐한 태도를 취하니까요. 이렇게 하시는 것이 고객님께 도움이 될 것입니다."

이 조언에 따라 두 달 뒤 앙투안은 '재산목록 마감 증서에 대한 유류분 청구 및 이의신청'이라는 제목으로 자매와 형제, 특히 맏형이 받은 모든 '수동 증여'와 '간접 이득'을 나열한 등기우편을 보낸다.

그의 자매와 형제는 이 전략을 매우 좋지 않게 보았다. 그들의 집단적인 전략은 권리 '없이' 재산을 조정하고자 하는 것이었다. 상속 신고 금액을 최소화하기 위해 받은 모든 비공식적 증여와 혜택을 신고하지 않는 것이다. 앙투안이 이 문제를 다루기 위해서 공증인과의 만남을 제안할 때, 그의 형인 롤랑은 이렇게 답한다(2008년 5월 7일 편지). "우리 이야기에 공증인이 끼어들어야 하는 이유를 모르겠다. 우리 이야기를 알지도 못하고 우리에게 적합한 방법을 다룰 줄도 모르잖아." 앙투안은 5월 13일 답장한다. "전문적이고 객관적인 권장 사항을 따르기보다는 '가족 내에서 처리'하려는 걸 잘 알겠다."

앙투안의 변호사가 제안한 전략은 효과가 없었다. 상속 처리를 맡은 공증인과 자매, 형제 들은 목록 작성을 최소한으로 하기로 2008년 말 합의한다. 장피에르의 아들이 이미 구입한 생엘렌 거리의 건물은 여기에 포함되지 않았다. 이 매도로 인하여 레몽 뒤푸르넬 사망 전 이미 다른 자녀들이 얻게 된 이득은 일부만 공식적으로 인정되었다. 이러한 '수동 증여' 금액은 면세 한도 아래로 유지되도록 과소 공시되었다. 이 **자산 조정**은 앙투안을 제외한 모든 상속인들에게 합의되었는데, 이 조치는 집안에서 가장 정당한 상속자의 손 안에 **뼈대가 되는 재산**이 남아 있도록 보장하면서 다른 자녀들에게는 세금 혜택을 제공한다. 앙투안이 나열한 '수동 증여'는 계산되지 않았다. 앙투안이 이러한 세금 최적화에 대해 납득하지 못하는 데에는 이유가 있다. 그는 몇 년 전에 받은 빌뢰르반의 건물에 대한 상속세를 이미 지불했기 때문에 혜택을 보지 못했기 때문이다. 앙투안 뒤푸르넬은 상속 문제를 공증사무소에서 해결하지 못하게 하는 자매, 형제, 어머니 들의 연합에 맞선다. 자매와 형제 들은 결국 공증사무소에서 작성한 재산분할 문서를 인증받은 뒤 손해배상을 청구하기 위해 법정으로 간다. 사실, 2011년 11월 공증인이 재산분할 계약서를 쓰도록 제안한 시점부터 2012년 5월 상속인들이 청구소송을 제기하고, 2013년 11월 판결문이 나오는 동안 상속세에 대한 여러 개혁안이 시행되었다. 개혁안의 쟁점은 이 사건에도 담겨 있는 세금 최적화였다. 그래서 자매와 형제 들은 법정에 "앙투안 뒤푸르넬에게 세금 1만 2913유로를 추가로 내도록 판결해 줄 것을 요구"하였으나 거부되었다.

세금에 대한 저항[12]은 가족의 유대를 강화시키는 강력한 요인이다. **자산 조정** 과정 어디에서나 볼 수 있는 세금이라는 단어는 법률 전문가들이 항상 다루는 주제다. 공증인은 세금 최적화 목표에 대해 동의를 얻어 전체 상속 과정, 즉 상속인 간 재산 분배에 대한 합의를 도출한다. 뒤푸르넬 가족의 이야기는 두 가지 문제를 제기한다. 첫째는 법률 전문가들이 세무청과 맺는 관계에 대한 문제, 둘째는 이러한 세금 관계가 단순히 더 부유한 사람들에게 부를 전달하는 가능성이기만 한 게 아니라 여성과 남성 사이의 자산 불평등에 영향을 미치기도 한다는 문제다.

## 세금을 걷고, 세금을 최소화하기: 공증인의 역설

공증인들이 세금에 대해 보이는 태도는 모호하다. 최고공증인위원회 웹사이트에 따르면 보통 '공증 비용'이라고 불리는 비용은 국고로 납부된 세금의 10분의 8이고 10분의 1은 '지출' 비용(공증인이 고객을 대신해 지불한 비용 전체), 나머지 10분의 1은 공증인이 제공한 서비스에 대한 보수다.[13] 공무 종사자로서, 공증인들은 세금 징수의 의무를 가지며, 그들의 보수 가운데 일부는 자신들이 작성한 문서에 포함된 재산 가치에 비례하므로 원칙적으로는 고객의 재산을 과소평가하는 문제와 자신의 이익은 상관이 없다.

그러나 실질적으로는 가장 부유한 고객을 위한 세금 최적화가 공증인들의 경제활동 가운데 상당 부분을 차지한다. 공증인 조언 문서에는 상속세 최소화를 위한 권고 사항이 가득하다. 예를 들어, 2014년 2월에 작성된 '상속을 위한 주요 단계'라는 제목의 문서에는 다음과 같은 조언이 담겼다. "생명보험의 수혜자가 보험 수혜자인 동시에 상속인인 경우, 두 자산 이전을 병행해서 처리하는 편이 적절하다. 현재, 생존배우자는 상속세를 면제받는다. 따라서 자녀들이 세금 부담이 적고 면제되는 생명보험 계약의 혜택을 받고, 생존배우자는 상속세가 면제되는 상속재산을 택하는 편이 현명할 수 있다."

물론 재산의 저평가 전략은 공증 관련 책자에는 결코 분명히 제안되지 않는다. 오히려, 같은 책자에서 심지어 이를 비추천하기도 한다. "재산의 저평가는 양도세를 유발할 수 있다. 또한 부동산의 재매각 시에, 상속 시 언급된 가치를 기준으로 추가적인 가치가 계산될 것이다." 위의 조언은 세무에 대해 공증인이 보이는 태도의 모호함을 잘 요약한다. 공증인은 세무 당국보다는 고객을 우선시해 명시적으로 재산을 저평가하거나 수동 증여를 멀리하지는 않지만, 세금이 많이 나올 수 있는 위험을 언급한다. 또한 추가적인 가치에 대한 세금을 줄이는 것이 현명함을 강조함으로써, 공증인들은 재산의 판매를 염두에 두고 있을 때에는 저평가를 권하지 않기도 했다.

세금에 대한 양면적인 입장은 상속 관련 업무에서만 나타나는 것이 아니라 이혼에서의 부부 재산 청산 상담 시 변호사와 협력하여 조언을 제공하는 동안에도 나타났다.

## 세무청에 맞서, 사회적으로 변동하는 비밀 유지 원칙의 기하학

공증인과 변호사 사이의 회의를 관찰할 때만큼, 어떤 관행이 합의되어 있고 어떤 관행이 합법의 경계에 위치해서 다양한 해석을 만들어 내는지 이해하게 해 주는 순간은 없다. 이혼의 세무는 후자에 속한다.

부부 재산의 청산 과정에서, 부부의 공동소유 재산과 미분할 재산은 분할세 부과 대상이 된다. 세액은 분할 대상 자산액의 2.5%에 달한다. 그러나 이 세금은 부부가 공동으로 부동산을 소유할 때처럼, 분할하는 자산이 공증문서를 필요로 할 때에만 적용된다.

2014년 12월, 연구 팀의 가브리엘 슈츠와 엘렌 스타인메츠는 파리 변호사협회에서 개최된 '가족법 내 재산 및 세금에 대한 쟁점'이라는 교육 세션에 참석했다. 이 행사는 이혼 시 비교적 우호적인 해결 방법을 제안하는 변호사인 소피 드라랑드가 주최했다. 이 자리에서 파리의 한 공증인인 크리스텔 앙드루가 변호사 약 100여 명에게 합의이혼이 분할세를 피하게 해 줄 가능성이 있음을 안내했다. 그저 공식 이혼 절차 전에 부동산을 판매하면 된다는 내용이다.

> 한 세무 변호사가 직접적으로 질문을 제기한다. "[공식 이혼 절차 전 분할한] 부동산의 매도를 공증인에게 숨겨야 할까요?" 크리스텔 앙드

루가 즉각 대답한다. "구두 분할된 내역이 있다면 알려야 합니다. 무엇이든 숨겨서는 안 됩니다. 공증인은 세무 담당자이기 전에 이혼 당사자들의 조언자이기도 합니다. 우리는 증서에 원인을 언급하거나 분배 회계를 작성하지 않을 것입니다……."

소피 드라랑드 변호사는 덧붙인다. "공증인과 두터운 신뢰 관계를 가져야 합니다. 최근 한 고객이 있었습니다. 상당한 자산을 보유한 분이었는데 대화가 가능하다는 것을 확인했습니다. 물론 이 경우 재판으로 가는 대신 이혼 절차 진행 전에, 고객끼리 협상해서 원하는 대로 재산을 나누도록 권고합니다. 그리고, 맞아요, 변호사나 고객 사이에 이에 대해 서면으로 언급하는 사항은 없습니다!"

한 여성이 "비밀 서면조차 없다는 건가요?"라고 묻는다.

소피 드라랑드는 "1050만 유로짜리 자산인데도 그렇습니다! 공통의 이익이라는 게 이미 명백한 사안이 되거든요"라고 답한다.

한 남성이 발언한다. "저는 세무 전문가인데, 여러분의 조언[서면 흔적을 남기지 않는 것]이 무척 신중해 보여요. 극도로 보수적인 것 같습니다. 세금법의 다른 분야에서 대해서는 심지어 이야기조차 나오지 않아요!" […]

참석자 중 누군가가 의아하다는 듯 공증인에게 묻는다. "하지만 그러면 여러분이 덜 버는 것 아닌지……."

공증인이 재산에 대한 수수료 없이 시간당 보수만 받지 않느냐는 의미다. 크리스텔 앙드루는 답한다. "하지만 고객을 얻잖아요!"

한 여성 참석자는 말한다. "하지만 동의하지 않는 공증인도 있지요."

소피 드라랑드는 대꾸한다. "그렇죠, 그러니 공증인을 선택해야죠!"

조금 뒤, 다른 변호사가 말한다. "이미 [세무청에 의한] 조사를 겪어

봤어요. 나는 기록을 하지 않아요. 재산 규모가 작은 부부의 이혼 사건, 소액 분할 시에도요. 책임 문제가 생기니까요. 파리의 가정법원 판사들은 재산분할 시 의심이 조금이라도 든다면 세무청으로 송부하는 경향이 크거든요. 나라에 돈이 필요하기 때문이죠. 저는 이런 식으로 하는데 매우 신중을 기해야 하고 엄청 귀찮습니다. 어떻게 해결해야 하는지 모르겠어요."

소피 드라랑드는 "세무청이 이의를 제기하지 않도록 하려면" 부동산 매매와 이혼 절차 시작 사이에 "몇 달이 지나야 한다"라고 설명했다.

한 남성이 끼어든다. "매달 그런 작업을 수행해요. 고객에게 고지를 합니다. 이 작업은 경계에 있어요. 세무청의 입장을 설명했다는 서류에 서명하게 하고, 서류는 제가 보관하고 있습니다."

이러한 교류는 법률 전문가들의 세무 당국과의 거리와 그들의 실행 방식의 다양성을 드러낸다. 고객들의 세금 혜택이라는 명목하에, 일부 변호사와 공증인은 이혼하는 부부가 재산분할을 하기 전 재산 청산 사실을 언급하지 않도록 비밀 유지에 특별한 노력을 들인다. 이는 공증인 또는 변호사의 사무실에서 구두로 이루어진 약속부터 서면 합의서 작성(공증인과 변호사 간, 전문가와 고객 간)까지 다양하다. 세무 당국에 대한 비밀 유지라는 이 구체적인 작업은 모든 공증인과 변호사와 고객에게 동일하게 이루어지지 않는다. 소피 드라랑드 변호사가 관찰한 전문가 회의에서 강조한 것처럼, 재산이 1050만 유로인 경우 추가 보상금과 주의를 요한다. 여기서 상류층의 '세금 제약 길들이기'의 강력한 원동력을 살필 수 있다.[14] 세금 적용 규칙을 완화시키고 세금을 면제받기 위해서 노력할 뿐만 아니라, 이들은 자신들의 재산을 과소평가하거나 숨길 여지를 점점 더 많이 갖는다. 가장 부유한 가족들은 (변호사, 공증인뿐 아니라 회계사, 은행원, 자산관리사 등) 많은 전문가들로 둘러싸여 있으며, 전문가들은 법을 유리하게 활용하는 데에 주력한다. 이들의 노력 덕분에 저평가와 재산 은닉 관행은 경제적 상식과 전문적 역량의 표지로 여겨지며, 일탈적인 행위로 비난받지 않는다.[15]

다른 경우, 특히 덜 부유한 고객이면, 일부 공증인들은 부유한 고객을 단골로 유지하는 것보다 즉각적인 이득 혹은 세법 준수를 선호할 수도 있다. 일부 변호사 및 공증인은 세금 조정이라는 위험을 피하고자 하는 반면, 다른 일부 변호사 및 공증인은 고객에게 위험을 감수하도록 제안할 때가 있다.

제롬 폴리는 페이드라루아르의 반쯤 시골인 지역에서 일하는 공증인으로, 전자에 속한다. 제롬 폴리의 사무실은 파리의 고급 사무실과 확연히 대조된다. 해당 공증사무소는 슈퍼마켓 위에 있다. 현대적인 흰색 플라스틱으로 된 공증인실은 개중 그나마 호화로운 공간이다. 우리가 만났을 때 38세였던 제롬 폴리는 이 공증사무소에서 5년째 일하고 있었다. 퇴직에 접어든 두 파트너는 그에게, 주변 교외 주거지역으로 이사하는 생애 첫 주택 구입 고객을 확보하게 했다. "제가 좋아하는 점이 바로 이거예요. 제 자그마한 고객들과 함께 나이 들 수 있다는 점." 고객층을 표현하는 이런 방식은 지역 부르주아 출신(아버지는 경매인, 어머니는 비서)인 그와, 소득이 적은 고객들 간의 사회적 격차를 반영한다.

"이곳은 그렇게 부유한 곳이 아니에요." 그는 말한다. 심층면담 녹음에서 그는 파리 변호사협회의 교육에서 소개된 세금 최적화 기술을, 많은 경우 공증인 모르게 사용하는 고객을 '교활'하다고 묘사한다. 그가 말하는 내용은 다음과 같다.

한 고객이 사무실에 와서, 아내와 상호 합의하에 이혼 절차 중이며, 현재 거주 중인 공동소유 주택이 있다고 했다. 제롬 폴리는 공동재산 청산에 따른 공증 비용 추정치(분할 비용 포함)를 알려 준다. 고객은 몇 주 후 돌아와 다른 공증인과 상담했더니 훨씬 더 큰 비용을 불렀다고 말한다. 공증인은 깜짝 놀랐다고 한다. "문제가 있는 거예요. 누군가가 저보다 큰 비용을 불렀다는 게 말이 안 돼요. 우리 요금은 법적으로 정해져 있거든요. 정부가 그렇게 매기니 어디든 마찬가지죠. 그럴 수가 없는데 제게 뭔가 말하는 걸 잊으신 건 아니겠죠?"

사실 그 사이, 그의 동료("좋은 친구")가 전화해서 고객 중 한 명이 자신을 찾아왔고 다시 그에게로 보냈다고 알렸다. 동료는 부부가 또 다른 공동 부동산 매각과 관련하여 은행 계좌에 큰 금액을 보유하고 있다는 설명을 했다.

그는 이 고객에 대해 다음과 같이 결론을 내렸다. "그 사람을 믿어서는 안 돼요. 인색함으로 눈이 멀어서 그 바보가 위험을 감수할 것이기 때문이에요. 공유 순자산에 따라 분할세가 부과됩니다. 만약 자산을 신고하지 않은 사실이 발각되고 세무 당국이 알게 되면 누가 조사를 받게 됩니까? 그 사람이죠. 그럼 책임을 지게 될 사람은 누구겠습니까? 바로 나예요." 파리의 부유한 고객과 공증인 간에 확립된 상호 신뢰는 이곳과 거리가 멀다. 반대로 공증인과 고객 간 서로에 대한 불신이 존재한다. 고객은 공증인에게 변호사에게 모든 사실을 말하지 않으며, 공증인은 고객이 '교활'하다고 의심한다.

자신의 고객을 어떻게든 세무청으로부터 보호하고 재산이 최소한으로 과세되도록 하여 고객 충성도를 구축하는 전략은 고객층의 종류에 따라 유리한 정도가 달라진다. 특히, 고객들이 빈번하게 변호사의 서비스를 이용하면 자산가치를 과소평가해서 일어나는 수수료 손실을 상쇄할 수 있다. 다시 말해, 이 전략은 더 다양하고 많은 자산을 가진 고객을 확보하고자 하는 변호사와 공증인이 자신들에게 유리하도록 구사할 수 있는 전략이다.

"만약 좋은 조언을 받고 싶다면, 공증인에게 아무것도 숨기지 말아야 합니다. 세무감사관에게는 숨길 수 있어도 공증인에게는 안 됩니다! 공증인들은 모든 가족의 비밀을 알고 있으며, 공화국의 모든 소문을 알고 있습니다."

파리 공증인학교 사무총장의 이 발언은 시빌에게 전해진 것이다. 공증인을 세무감사관과 대립시키는 발언은 우연한 것이 아니다. 고객들의 사생활을 보호하는 것 이상으로, 공증인은 국가와 세무청에 거리를 둔다. 소규모 부동산을 소유한 고객들을 상대로, 공증인들은 비밀보장을 내세우며 고객들에게 아무것도 숨기지 않도록 설득하고, 세무조사가 일어날 여지를 방지한다. 세무청과의 거리 유지는 특히 부유한 고객들과, 더 구체적으로는 남성들에게 유리하다.

## 세무청에 반하기, 모두 동의할까?

2014년 11월, 발레리 파리앙리는 파리 8구에 위치한 변호사 카롤 주브의 화려한 사무실에 반년 만에 두 번째로 방문한다. 카롤 주브는 상류층 고객들의 부를 최소화하여 세금을 면하게 하는 데 주저하지 않는 변호사들 중 하나다. 사업법과 세법 분야에 특화된 변호사로, 앞서 제3장에서 언급한 바와 같이 주로 친구나 기업 변호사인 남편이 추천한 기업 경영자들에게 조언을 제공한다. 그의 사무실은 아름다운 오스만식 건물에 위치하며, 큰 현관과 아름다운 안뜰이 있다. "만약 바스티유나 샤론에 위치했다면 고객들은 저를 찾아오지 않았을 겁니다. 아주 어리석은 일이지요! 그렇지만 이런 식이에요"라며 그는 인정한다.

"질문이 몇 가지 있어요." 발레리 파리앙리가 변호사 사무실에 들어서자마자 말한다. 모두 40대 중반인 이들은 전형적인 파리 스타일(청바지, 굽 높은 부츠, 타이트한 재킷, 심플한 액세서리)로 입고 있다. "제가 항상 어울리는 아주 좋은 친구들의 친구예요." 만남 이후 카롤 주브는 말한다. 손으로 머리를 받치고 사무실 책상에 팔꿈치를 대고 있는 발레리 파리앙리는 남편과 이혼하고 발생할 수 있는 재정적인 영향을 알아보려 한다. 발레리의 남편은 1년 전에 '휴식을 위해' 집을 떠났지만 이제는 이혼을 원한다. 발레리 파리앙리는 남편이 공동소유 거주지인 150만 유로 상당 주택을 부동산회사로 전환하기를 제안해 의문을 가지고 있다. 현재 그 집에는 발레리가 막내딸과 함께 거주하고 있다.

그의 남편은 국제적 기업의 재무 담당자로 매우 높은 수입을 얻는다. 정확한 금액은 모르지만 월 2만~3만 유로 사이다. 최근 그는 자문 업무를 시작하려 급여 생활을 그만뒀다. 발레리는 남편이 해고 처리가 되면서 회사와 퇴직금을 얼마나 협상했는지 알지 못한다. 자신은 이별 이후 프리랜서 뷰티 저널리스트로 일하고 있으며 월수입은 약 1500유로다. "수입이 없어요!" 그는 말한다.

남편은 세무상 이유로 이혼 절차를 시작하기 전 기다리기를 요청한다. 남편은 부부가 공동소유 재산을 정리하기 전 이혼한다면 당국에 지급해야 할 분할 비용에 대해 이야기했다. 발레리는 세금에 반발한다. "저는 50만 유로를 받아요(집을 팔면 100만 유로가 상환되거든요). 이 돈으로 다시 집을 찾아야 해요. 그런데 2.5%를 지불해야 할까요? 그러면 겨우 집을 찾으면 끝나죠!" 캬롤 주브는 이혼 전 부동산회사로의 전환이 발레리에게 유리하지 않다고 설명한다.

부부가 결혼을 하고 동등한 지분으로 재산을 공동으로 소유하고, 남편이 대출을 갚으면 그 행위는 결혼 생활의 경비 부담에 속한다. 부동산회사를 차리면 각 상환은 남편의 자본을 증가시키나 아내의 자본은 증가시키지 않는다. "뻔뻔스럽네요!"라고 변호사는 말한다. 변호사는 또한 이혼 절차를 개시하기 전, 재산을 정리하여 분할 비용을 피하려고 하면 세무조사의 위험이 있음을 경고한다. 발레리 파리앙리는 남편이, 부동산회사로의 전환 시 두 딸들에게 부동산 투자회사의 지분을 각각 10만 유로씩 증여하겠다는 제안을 한다고 말했다. 남편은 이 과정의 세금상 이점을 강조했다. 카롤은 고객에게 경고한다. 남편은 재산을 줄이고 있다. 퇴직 후 스스로 일을 시작하는 것과 마찬가지로, 재산 증여 의지 표명도 마찬가지다. 그렇게 되면 발레리에게 지불해야 할 보상금이 최소화될 것이다. 발레리 파리앙리는 실제로 이혼으로 인해 발생하는 부의 격차로 인해 상당한 보상금을 받을 자격이 있다. 그는 20년 이상 결혼을 유지한 상태이며, 자녀를 돌보기 위해 일을 그만두었고 미국으로 따라가 남편을 내조했다. 전남편은 전 아내보다 스무 배 이상 높은 소득이 있으며, 부부는 별산제 계약으로 결혼했다. 발레리가 이혼 시 요구할 수 있는 재산은 주택으로 한정된다.

남편의 목표는 자기 재산을 거짓으로 최소화하는 것이다. 그동안의 다양한 세금 최적화 전략과 일치한다. 이전에는 부동산의 자산가치를 과소평가하여 재산세를 피했고, 이제는 조기에 자녀들에게 재산을 증여하고 배우자에 대한 보상금을 줄이려 한다. 카롤은 고객에게 경고

한다. "예, 하지만 아무것도 가지지 못하실 거예요. 딸들은 나중에 물려받을 거니까 당장 증여를 받을 필요가 없어요! 남자들은 종종 그렇게 생각합니다, 특히 보상금을 지불해야 하는 사람들요." 그러나 변호사와 고객은 세금을 최소화하려 민감하게 반응한다. 이 이해는 상대방인 남편과도 겹치는 것으로 보이며, 변호사의 방어 전략을 혼란스럽게 만든다. 변호사는 여러 차례에 걸쳐 최적화 기술과 고객의 이익, 남성의 이익과("남자들은 종종 그렇게 생각한다") 여성의 이익 사이에 잠재적인 대립이 있다고 인정한다. 이미 최적화 기술의 논리에 굴복한 카롤 주브는 마침내 회사 제안을 검토하기 위해 세법 전문가와 상의하고 고객에게 진전되는 대로 알려 주겠다고 한다.

변호사 사무실과 공증사무소에서 이혼에 대한 협상은 세금에 대한 불신을 기반으로 한다. 세금은 성별 중립적이지 않다. 재산을 가진 부부들 중에서는 대부분 남성이 이혼보상금을 지불해야 한다. 따라서 남성은 부부의 재산을 과소평가하는 전략을 첫 번째로 이용하는 수혜자이다. 이혼 절차에서 법률 전문가가 제안하고 정당화하는 세금 최적화 전략은 결과적으로 남성의 이익에 부합한다.

## 남성의 부를 위한 세금 최적화에 대한 생각들

법률 전문가 사무실에서 비밀리에 이루어지는 회계 작업에는 상류층이 세금에 대해 특징적으로 보이는 태도가 깊게 스며들어 있다. 이는 알렉시 스피어Alexis Spire에 의해 세금의 "길들이기"라고 묘사된다. "세금을 길들인다는 말은 전유한다는 의미로, 즉 항상 어떤 규칙이 특정한 사례에 적용하기 위해 해석되어야 한다는 의미이고, 이들은 이 해석의 여지를 가능한 한 자기 이익과 가장 일치하도록 조정하는 것을 중요하게 여긴다."[16] 이러한 우려는 변호사, 공증인, 그리고 그들의 부유한 고객들이 공유하는 것이다. 카롤 주브와 고객 간의 논의에서처럼 이 우려는 이따금 명백하게 드러나기도 하나, 변호사 사무실에서 비밀리에 수행되는 회계 업무와 맞물려 암묵적으로 남아 있는 경우가 많다.

이는 2014년 2월 셀린과 그의 동료인 오로르 코흘랭이 페이드라루아르 지역에서 세금 최적화와 성별 불평등에 대해 보인 우려이기도 하다. 현지 변호사인 아르노 티에슬랭과 그라스 뒤퐁베르나르는 고객인 마르크와 이자벨 쿠생 부부로부터 협력적 이혼 절차의 일환으로 4인 회의를 가졌다. 회의는 구체적인 목적을 가지고 있었는데, 건설업체 대표인 마르크가 반일제 간호사인 이자벨에게 주는 보상금을 고정하고, 이를 '구제의 목적'에 부합하게 만드는 것이다. 재판상 이혼에서만, 이 액수는 재판 초기 조정 불성립 명령에 따라 판사가 정한다. 협력적 이혼 절차를 위해 아르노 티에슬랭의 사무실에서 거의 세 시간 동안 이야기가 진행되며, 비서가 정기적으로 커피와 간식을 제공한다.

구제 목적에 부합하게 하기 위해서, 그라스 뒤퐁베르나르는 토론 중에 이자벨과 마르크 쿠생의 월별 수입과 지출을 모두가 볼 수 있는 큰 보드에 기록한다. 마지막 행에 모든 정보가 담겨 있다. 둘의 월 가처분소득이 요약되어 있는 것이다. 목표는 이 마지막 줄에서 균형을 찾는 것이다. 216쪽 표에 보드의 기록이 담겨 있다.

이자벨 쿠생은 이혼 후에도 결혼 중 살던 집에 혼자 거주하고 있는데, 해당 집은 본인이 상속받은 자산이다. 그는 큰 집의 유지비가 이제 자신에게 전적으로 부과되고 있다고 불평하며, 자신과 남편이 서로

**협력적 이혼 시 보상금 결정을 위한 사전 계산**

| | 남편 | | 아내 | |
|---|---|---|---|---|
| 수입 | 월급 | 3,000유로/월 | 월급 | 595유로/월 |
| | 법인 배당금 | 2,000유로/월 | 부동산회사 배당금 | 600유로/월 |
| | 부동산회사 배당금 | 600유로/월 | | |
| | 임대소득 | 400유로/월 | | |
| | 농지 임대소득 | 50유로/월 | | |
| | 월수입 총계 = 6,050유로 | | 월수입 총계 = 1,195유로 | |
| 비용 | 소득세 | 1,586유로/월 | 보험 | 62.50유로/월 |
| | 별장 부동산세 | 53유로/월 | 상호보험 | 50유로/월 |
| | 농지 임대세 | 55유로/월 | 주택세 | 158유로/월 |
| | 부동산 대출 | 834유로/월 | 임대세 | 183유로/월 |
| | 주택 관련 비용 | 90유로/월 | 가스 요금 | 39유로/월 |
| | 보험(보트, 자동차, 주택) | 44유로/월 | 전기료 | 138유로/월 |
| | 아파트 임대료 | 700유로/월 | 텔레비전 | 133 유로/연 (11유로/월) |
| | 전기료 | 61유로/월 | 전화료 | 50유로/월 |
| | 전화료 | 30유로/월 | 수도 요금 | 19유로/월 |
| | | | 차량 대출 | 170유로/월 |
| | | | 난방 | 110유로/연 (9 유로/월) |
| | 월 총비용 = 3,453유로 | | 월 총비용= 889,50유로 | |
| 가용 금액 | | 2,597유로/월 | | 305.50 유로/월 |

에게 방해가 되지 않고 함께 살 수 있다고 생각한다고 했다. 첫 번째 협상 이후, 그의 남편은 주택 관련 세금(매달 158유로와 183유로인 주택세 및 재산세)을 부담하기로 동의했다. 이 계산이 포함되어 각각의 가용자산은 아내는 646.50유로, 남편은 2256유로에 달한다. 변호사들은 보상금 800유로를 제안하여 10유로 정도 차이로 균형을 맞추는 것이 가

능하다고 제안한다. 하지만 마르크 쿠생은 매우 격렬하게 거절한다. "아주 많은 부담을 짊어지고 있어요!"라고 그는 말한다. 그는 '여자분'이 반일제로만 일하고 있는데도 가용 소득이 같은 건 불공평하다고 생각한다. 분위기는 매우 긴장되어 있다. 아내는 "반일제는 같이 선택한 거잖아. 세금 많이 나간다고"라고 반박했다. "쉰네 살에 전일제로 일할 건 아니잖아! 그래. 사고들, 문제들 때문에 그럴 수 없다는 건 알아."

마르크 쿠생은 주장한다. "나도 구제의 의무를 다하고 싶습니다. 그런데 아내는 반일제로 일하고 저는 전일제로 일하는데 완벽히 같을 수는 없다는 거예요." 그리고 그는 덧붙였다. "제게 사용권조차 없는 집에 대한 세금을 내야 한다는 점이 이해가 가지 않습니다."

결국 이자벨 쿠생은 지출의 초기 분배로 돌아가기로 동의했다(이자벨이 주택에 대한 세금을 부담할 것이다). 구제의 의무에 대한 이야기가 다시 이어졌다. 월 1000유로라는 금액에 대해 합의가 이뤄진다. 그라스 뒤퐁베르나르 변호사는 결정적인 주장을 제시했다. "쿠생 씨, 세금 처리가 된다는 점을 알고 계신가요? [보상금은 과세소득에서 차감된다.] 부인, 1000유로를 받으시면 신고해야 하며, 이 금액은 과세됩니다. [보상금은 수취인이 국세청에 신고해야 한다.] 남편 분은 가용소득이 월 1597유로에 세금 공제로 이보다는 약간 더 많게 될 겁니다. 아내분은 1305유로고요. 허용 가능하신가요?" 부부는 합의에 이르게 된다.

변호사들이 '공정한' 보상금 수준을 찾기 위해 전개한 추론은 주목할 만하다. 부부 각각의 소득에서 부담을 공제하여, 가용 소득의 균형을 맞춘다. 그러나 이들의 생활수준은 매우 다르다. 물론 이자벨 쿠생은 결혼 시 살던 집을 누릴 수 있다. 그러나 마르크는 자신의 소득에서 주거용 거처의 임대료뿐만 아니라 자신이 독점적으로 사용하는 부동산 관련 비용 및 심지어 보트 보험료까지 공제했다. 이런 계산은 소득세 분야에서 세금 최적화 논리의 전형성을 완전히 반영하고, 특히 자영업자에게서 강하게 나타난다. 비용을 가능한 한 많이 공제하여 가용 소득을 줄이는 것이다. 이 모든 계산에서 세금 문제가 반복적으로 나타나는데, 아내의 시간제 근무의 원인이자 남편이 보상금을 더 크게 내는 데 대한 합의 근거가 되었다. 남편이 소득세에서 이 부분을 공제할 수 있게 되며, 아내는 세금을 내게 된다. 이자벨 쿠생은 처음에 계획한 바와 비교해 보자면 손해를 입었다. 계산 결과 매달 1446유로를 받지만 신고할 소득이 적어졌다.

이 예시를 통해 세금 길들이기를 적용한 회계가 남성에게 유리한 결과를 가져온다는 점을 알 수 있다. 변호사와 기업 경영자 고객 간 사회적 근접성이 국가의 통제에서 벗어난 경제적인 합의를 촉진하게 하면서, 성별 불평등을 강화하는 경향을 보여 준다.

## 성차별적인 생각: 양육비의 과세

과정을 다시 보자. 프랑스에서 양육비를 공제하면 이혼 후 성별 불평등을 줄이는 데 기여하는 게 아니라 오히려 그 반대의 효과를 가져온다! 마르크 쿠생은 배우자에게 지급한 보상금을 소득세 신고 시 공제할 수 있지만, 이자벨은 반대로 받은 부분에 대해 세금을 내야 한다. 자녀 양육 및 교육에 대한 비용도 마찬가지다.

그러나 쿠생 부부의 사례 바깥을 보자면, 남성이 의무형 양육비를 지불하는 경우가 97%이다(이런 방식의 양육비 지급이 이혼 사례의 20%

에만 적용되지만 말이다). 또한 97%의 경우 양육 및 교육비에 대한 채무자는 아버지 쪽이다(가정법원 판사가 개입한 사건 중 68%).[17] 실제로, 아이는 10건 중 7건의 경우 어머니와 함께 살고, 이런 경우의 83%에서 어머니가 양육비를 받는다. 교대 거주 혹은 아이가 아버지 집에서 사는 경우 양육비는 훨씬 적다(이 경우는 어머니가 '지급불능'일 정도로 취약할 때 발생한다). 소득세를 내는 중산층 및 상류층 이혼 부부의 경우, 양육비의 소득공제는 성별 불평등의 관점에서 중립적이지 않다. 이혼한 여성들은 양육비를 소득으로 신고하고 세금을 내야 하지만, 채무자인 남성들은 세금을 공제받는다. 이런 규칙의 존재 이유는 신비롭다. 왜 이혼한 아버지는 자신이 낸 자녀의 양육비(식비, 주거비, 기타 비용)를 소득세에서 공제받는 것일까? 그런데 왜 자녀와 함께 생활하는 어머니는 그렇지 않을까?

다른 서구 국가에는 프랑스에서 잘 알려지지 않은 다른 선택지가 있다. 캐나다에서는 1990년대부터 양육비에 대한 소득세를 수혜자에게 부과하지 않으며, 채무자에게서 공제하지도 않는다. 성별 간 경제적 평등과 공공 재정 보전을 위한 조치다. 세금의 누진성과 성별 소득 격차를 고려하여 채무자인 남성이 일반적으로 신청인인 여성보다 부유하다는 점을 감안한 퀘벡주에서는 1995년 추가 세수 약 7500만 달러를 창출했다.[18]

프랑스에서는 양육비의 세금 중립성이 고려된 적이 전혀 없다. 최근 페미니스트 단체인 '가족유기-톨레랑스제로Abandon de famille-Tolérance zéro'가 이러한 문제를 제기하기 시작했다. "채무자가 세금 공제를 받을 이유가 없다. 아이를 돌보면서 수급을 받는 사람들이 이득을 받지 못하고 오히려 받은 금액을 신고해야 하는 상황에서는 더욱 그러하다. 양육비는 수입이 아니다! 어머니는 아이를 위한 비용을 선지불하고, 아버지는 어머니의 선지급금을 상환하는 것이다"라며 단체의 공동 창립자인 스테파니 라미Stéphanie Lamy가 비판하고 있다.[19] 이 입장은 유일하다. 성차별적이라는 비판에도 불구하고, 양육비 공제는 프랑스 정부가 중산층과 상류층의 남성들에게 주는 혜택으로서 전 배우자와의 경제적 불평등을 강화한다.

## 조세피난처부터 캐시 잡까지: 세무청과 여성을 상대로 한 무지의 생산

사회경제적 사다리의 맨 위에는 남성의 부가 있다. 여성들은 대부분 대부호, 경영자, 심지어 전문직에서도 확연한 소수를 차지한다. 자산 규모가 커질수록, 남성들이 독점적으로 통제한다. 사회학자 카미유 에를랭지레Camille Herlin-Giret는 부유한 가정과 그 가정에 속한 여성 간의 관계가 "갖지 못한 소유"라고 말한다.[20] 아내들은 부부나 남편의 경제적 상황을 남편과는 달리 모르고 있다. 회계 및 관리 업무를 맡는 이가 남편이며, 세금 신고와 같은 관리 업무를 남편에게 의존하고 있다. 앞서 파리의 변호사 사무실에서 만난 발레리 파리앙리의 사례가 여기 들어맞는다. 아내는 남편이 정확히 얼마나 벌고 있는지 모른다—한 달에 2만 유로인지 3만 유로인지 알지 못한다. 부가 일정 수준에 도달하고 나면 그 부는 복잡성으로 특징지어진다. 이러한 복잡성은 우연에 의한 게 아니다. 자산관리사, 재무상담사, 회계사, 공증인, 세무 전문 변호사 등의 법률 및 재무 전문가들의 활동의 총합이 복잡성을 만들어 낸다.

이들은 '일하며 자본을 일하게 하는' 사람들이다.[21] 자산을 비호하는 자들의 주된 목표 중 하나는 부를 간섭으로부터 보호하는 것이다. 복잡성을 만드는 것은 유해한 산업이 늘 쓰는 전략인 **무지의 생산**의 일환이다. 이 개념은 과학사에서 담배 산업을 분석하는 과정에서 개발되었으며,[22] 적극적인 지식과 수동적인 무지 사이의 대립을 깨고 무지를 생산하는 데 필요한 적극적 활동에 중점을 두기 위해 사용되었다. 거대한 부를 관리하는 전문가들의 전략도 이와 같다. 자본의 노동은 복잡한 재무 및 기업 구조, 지주회사, 한 사람이 다른 사람과 연관되는 형태의 회사 등을 통해 여성들에 대해 무지를 생산한다.

2016년 《뉴욕타임스매거진》에 게재된 기사가 그 화려한 예시다.[23] 사라 퍼스글로브는 핀란드의 기업인인 로버트 외스터룬드의 아내로, 캐나다에서 이혼소송을 하는 동안 '파나마 페이퍼' 스캔들이 불거졌다. 퍼스글로브는 변호사들과 함께 남편이 몇백만 달러가 아닌 4억 달러 재산을 소유했음을 발견했다. 이혼 과정에서 철저한 조사를 통해, 이들은 역외 회사, 연막용 회사, 그리고 바하마에 위치한 신탁 등으로 이루어진 금융 제국의 복잡성을 해체했다.

물론 이러한 국제적인 차원의 금융 구조는 거부들과 관련이 있다. 하지만 보았듯이, 기업인, 자영업자, 상인, 농부의 아내, 딸, 자매 중 많은 사람들이 이혼이나 상속 시기에 가족의 자산 규모를 정확히 알지 못하고 이혼과 상속이라는 순간을 맞는다. 그리하여 자신들이 알지 못하고 인정받기 어려운 부의 권리를 주장하는 데 많은 어려움을 겪는다. 세금 최적화, 심지어 은닉이나 사기는 법률 및 자산관리 전문가들에 의해 이루어지며, 여성이 활용할 수 있는 법적 보상 조치를 우회하게 만들고, 그렇게 해서 여성들은 재산권에서 배제된다. 가족 자산 조정에서 무지 생산의 효과는 세무 당국을 속이는 데 사용되는 도구들이 얼마나 정교하느냐에 달려 있다.

소피 카살라드는 프랑스 동부의 한 부유한 도시에 있는 유명 로펌에서 파트너 변호사로 일하며, 가족법 관련 사건을 담당한다. 연구 팀의 시빌 및 라파엘 살렘과 한 심층면담에서, 그는 파트타임으로 근무하는 계약직 교사인 아내(월수입 800유로)와 은퇴한 회사 임원인 남편(월수입 2700유로) 간의 이혼 사건에 대해 불평한다. "끔찍해요. 이 사건에 제 목숨을 걸고 일을 하고 있는 느낌이에요!" 카살라드는 고객에게 이렇게 말했다고 한다. 세금 신고서상 수입과 급여 명세서의 불일치에 놀란 소피 카살라드는 남편이 자신의 연금소득과 근로소득을 아내 명의로 신고하고 있었음을 깨달았다. 그 뒤에도 그가 임대 부동산을 여덟 채 소유하고 있으며, 이에 대해 공제 가능한 비용을 신고하면서 어떤 증빙도 제출하지 않았음을 알게 되었다. 마지막으로 남자는 결혼 시 살던 부부 공동의 집을 가진 후(그는 "내게는 이 주택을 유지할 수단이 있지만, 아내는 그렇지 못하다"라고 주장했다고 한다), '수영장이 있는 큰 집'을 비밀리에 월 1300유로에 임대하고 있으며, 본인은 월세를 살고 있다는 사실을 발견하게 되었다. 이를 본 변호사가 분쟁 절차를 시작하고 회계 검토를 유도했다. 이를 받아들인 결과, 남편은 항소를 제기했지만 항소 법원은 회계 실시를 명령했다. 남편이 저지른 오류와 서류상의 일관성 결여는 그가 아내뿐 아니라 세무 당국으로부터 자신의 재산을 보호하려 생산해 낸 무지의 허술한 틈이었다. 그의 경제자본은 수입과 상당한 부동산 자산으로 구성되어 있었지만, 아마도 충분히 오래되지 않았거나 적절한 법적 사회화가 수반되지 않은 탓에 그가 법률 전문가들의 비호를 받을 수 있도록 하는 네트워크에 편입될 수는 없었다. 또한 그는 지역의 저명한 변호사에게 조언을 받고 있는 것 같지도 않았다.

소피 카살라드는 거짓말을 거듭하는 이런 고객이라면 거절했을 거라고 한다. 그러나 그는 운 좋게도 납부 능력이 있었다. 상당한 금액의, 정기적인, 공식적으로 신고된 수입인 연금을 받는다. 앞서 제3장에서 만난 변호사 미셸 아비트볼의 고객인 나탈리 무강을 기억할 것이다. 무강은 작은 부동산과 사업 자산을 소유하고 있지만 공식적인 소득이 전혀 없어 미셸 아비트볼을 설득하지 못했다. 경제자본에 대해 가지는 불확실한 태도는 이중적으로 불리한 요인이 되었다. 미셸 아비트볼은 고객이 비용을 지불할 수 있는지 의심하고, 올바르게 협력할 수 있는지도 의심했다. 자산을 소유했지만 서민계층인 이들이 세금을 멀리하는 태도는 법률 전문가와 친밀감을 만드는 대신 불신을 낳는다.

소유한 재산이 주택과 자동차뿐이거나 아예 없는데 노동소득은 과세 기준에 근접한 서민층의 경우, 이들이 세금을 회피하는 주요 전략은 세금이 신고되지 않는 노동이다. 플로랑스 베베르의 연구에 따르면, 〔그런 노동에 대해 사람들은 으레〕 가사노동(세무청이 관심 갖지 않는)이나 신고가 금지된 불법 경제(마약 거래 등)을 떠올리겠지만, 고용으로 간주되어 사회적 공제 및 세금 공제를 받을 수 있지만 실제로는 고용이 아닌 모든 활동이 해당된다.[24] 검은 일자리는 다양한 상황을 포괄할 수 있다. 소규모 자영업자의 숨겨진 활동, 고용주가 공식적인 고용을 인정하지 않은 경우의 숨겨진 고용, 일하는 시간이 전부 신고되지 않는 경우 등이 그 예다. 고객 중 일부가 저소득층이나 소규모 자영업자들에서 유입되는 한, 법률 전문가들은 이러한 전략을 모를 수가 없다. 이때 쟁점은 가정법원 판사에게 일관성 있는 서류를 제출하는 것이다. 고객도 변호사도 낯을 붉히지 않으면서 제출할 수 있는 자료를 작성해야 하는 데, 이는 여간 어려운 일이 아니다.

연구 팀의 두 동료인 뱅자맹 포어와 엘렌 슈타인메츠는 파리 근교 법원에서 열리는 재판에 참석하고 있다. 이혼한 아버지는 청소부로, 자녀 네 명을 위해 지불하는 양육비를 총 180유로로 줄이기를 요구한다. 그의 전처와 그는 모두 이집트에서 태어났다. 아내는 육아휴직을 한 사람들의 가사도우미로 일한다. 부부는 프랑스에서 결혼했고, 아이를 낳았고, 법률구조를 받았다. 남편 측 변호사는 소득 감소를 입증하려 서류 총 38건을 제출했다. 그는 한 고용주로부터 강제로 사직당해 현재 월급으로 순 325유로를 받고 있다고 주장했으며, 여기에 추가로 최저 생계비 200유로를 받는다. 상대방 변호사는 재빠르게 의심을 표한다. "최악의 상황이 우려되어 질문을 하나 드리겠습니다. 귀하는 '사직서에 서명했다'고 말씀하셨지요. 그렇다면 노동법원 관련 절차는 어디에 있습니까? 어째서 귀하는 직장을 그만두기로 결정했습니까? 제 말이 무슨 뜻인지 아시지요."

그리고 변호사는 신속하게 남성이 제출한 은행 명세서에서 어떤 계좌와 수표 결제의 존재를 지적하며 자신 쪽 의뢰인의 가설을 뒷받침한다. 전남편이 사람들의 집에서 불법 페인트 작업을 하고 있다는 것이다. 이 인종적으로 차별받는 계층 사람들에게는 입금 경로가 하나 이상 존재하는 것 자체가 일탈처럼 여겨진다. 소송을 제기하고 변호사를 고용하는 것은 걸림돌이 된다. 변호사는 자기 고객을 위해 제출할 자료를 소송에 첨부하지 않고는 법정에 설 수 없다. 따라서 자료는 고객에게 역효과를 일으킬 것이다.

사회적 사다리의 끝과 끝에서, 세금을 우회하는 것은 공통의 동기가 된다. 이는 가족 간 이해가 서로 다른 상황에서 강력하게 작용하는 요소이다. 세금 최적화를 중심으로 한 이 공통의 동기는 명시적으로 언급되지 않아도 효과적이다. 상속 문제에서 가정의 평화와 '좋은 이혼'[25] 모델이라는 미명하에, 이 동기는 법률사무소에서 진행하는 회계에 숨어 있다. 그러나 이 '공동' 이익은 여성의 이익보다는 남성의 이익에 더 가깝다. 따라서 세금 문제를 피하며 가족의 평화를 유지하는 것은 종종 여성들에게 손해를 초래한다.

이러한 합의는 특히 아내와 자매 들이 자기 이익을 인식하고 지키기 위한 금융적이고 정보적인 자원이 적은 탓에 이혼과 상속에서 더욱 쉽게 이루어진다. 특히 부유한 가정에서 여성들이 재산 관리에서 제외되고, 재산이 여성들에게 소유권을 인정하지 않아서 이러한 현상이 더욱 두드러진다. 재산에 대한 이러한 특정한 접근 방식은 상속과 이혼의 순간에 잘 드러난다. 따라서 여성들은 부유한 가정에 있는 경우에서조차 어떤 재산권을 포기하게 된다.

자산이 너무 제한적이며 고객들의 세금 회피 전략(예로, 현금으로 보수를 받는 노동)으로 법과 권리가 멀어지면 변호사들이 손쉽게 세무 당국에서 등을 돌려 공동의 이익을 보전하기 어렵다. 특히 이혼 절차는 재판으로 가는 경우가 많다. 다음 장에서는 법정으로 시선을 돌려, 성별에 따르는 경제적 불평등이 아주 뚜렷하고 명백해지는 순간에 초점을 맞추어 보겠다.

# 부의 불평등을

# 보상하는 정의?

# 6

2015년 1월 한 카페에서, 한 연구원 동료가 시빌에게 파리 대법원 기록에 접근하는 데 도움을 줄 수 있는 파리 지방법원의 가정법원 판사 친구를 소개해 준다. 남성 연구원인 동료와 여성 연구원인 시빌, 그리고 남성인 판사는 모두 30대 후반이다. 세 공무원들은 모두 시험을 통해서 직업을 얻었으며, 긴 학력을 쌓은 끝에 성공적으로 직업에 입문했다. 비공식적인 대화 중 판사는 파리 지역에서 알려진 가족법 전문 변호사가 주최하는 대규모 행사가 있다고 언급했다. 가정법원 판사들은 정기적으로 이런 사교 행사에 초대를 받는다. 가장 최근 열린 행사는 한 변호사가 새로운 치와와를 입양해서(이름이 샤넬이다) 이를 축하하는 자리였다고 판사는 짓궂은 목소리로 말한다. 판사와 두 사회학자는 이 일화를 듣고 함께 웃음으로써, 이 변호사와 그 동료들과는 자신들의 돈 관념이 확실히 다르다는 사실을 공유한다. 연구 팀은 많은 판사들과 서기관들이 이러한 부를 자신과 멀게 느낀다는 사실을 발견했다. 파리의 지방법원과 항소법원에서는 특히 판사와 서기관 들이 종종 '스타 변호사' 및 그 고객들과 교류하게 되는데, 이들 중 일부는 정치계와 연예계에서 활동하면서 '범상치 않은' 수입과 재산을 갖고 있다.

프랑스에서 가정법원 판사의 4분의 3은 여성이며, 서기관의 10분의 9도 여성이다. 판사와 서기관은 공무원으로 월급은 고정되어 있고 맡은 사건의 당사자가 가진 재산과 이들이 받는 월급은 전혀 무관하다. 따라서 판사와 서기관은 법적 한계를 뛰어넘어 최적화를 추구하는 기업주의의 이익과 쉽게 동일시되지 않는다.

또한, 법은 가정법원 판사에게 이혼 시 성별에 따른 경제적 불평등을 보상하는 몇 가지 도구를 쥐여 준다. 예를 들어 이혼보상금 설정 혹은 결혼 중 부부가 살던 공동 거주지 할당 등이 있는데, 그렇다면 가정법원 판사는 이런 법적 틀을 어떻게 활용하고 있을까? 판사들은 이런 수단을 부부였던 이들의 이혼 후 경제적 조건을 평등하게 하는 도구로 활용하고 있을까? 혹은 '여성을 위한 여성에 의한 정의'[1]의 수단(일부 '부권 옹호 단체' 들이 이렇게 주장한다[2])으로 삼을까?

## 법적 혼인관계인 부부에게만 제공되는 보상

모든 유럽 국가에는 이혼 후 부부간 경제적 불평등을 보완하는 법적 장치가 있다.[3] 이러한 장치는 세 가지 근거에 의하여 정당화된다.[4]

첫째, **부양의 논리**. 혼인관계를 넘어서, 전 배우자 간의 연대를 유지하기 위함이다. 둘째, **보상의 논리**. 이혼으로 인해 한쪽 배우자가 즉시적으로나 단기적으로 상실한 생활수준의 보상을 목표로 하며, 생활수준에 상관없이 적용된다. 마지막으로, **배상의 논리**. 이혼 시 드러났지만 결혼 기간 동안 발생한 손해를 보정하기 위한 것이다. 특히 가정과 직업에서의 각각의 전문 영역이 달라짐으로 인해 부부 사이에 발생한 격차에 대한 문제이다. 부부관계를 유지하는 동안에는 균형을 이루고 있을 수 있지만, 관계가 종료될 때는 고용시장에서의 상황이나 연금과 관련하여 매우 불평등한 상황으로 이어질 수 있다.

프랑스에서 이혼 시, 한 배우자가 상대방에게 "혼인의 파탄으로 인해 생활 조건에 생기는 불균형을 최대한 보상"하는 목적으로 **이혼보상금**을 지급하는 일이 생길 수 있다(민법 제270조). 부양 및 보상의 논리에 따라 지급되며 배상의 목적도 있다. 민법은 이 보상금의 금액을 결정할 때 "한 배우자가 부부로 생활하는 기간 동안 자녀 양육을 위해 직업적 선택을 하면서 생겨난 영향, 앞으로도 여전히 받게 될 영향, 배우자의 경력 발전을 위해 본인의 경력을 희생한 사항"을 고려해야 한다고 명시하고 있다(민법 제271조).

이혼보상금 원칙이 가지는 모호함은 성별 불평등을 제한하기 위한 다른 조치에서도 드러난다. 이는 **유족배우자연금**의 경우에도 유사하다. 해당 연금은 연금을 받던 배우자가 사망 시 그 일부분을 배우자가 수령할 수 있는 연금인데, 이 시스템의 효력은 사망한 배우자와 함께 살던 배우자의 생활수준이 배우자 사후에도 유지되는지를 기준으로 한다.[5] 이 기준은 보상의 논리를 담고 있다. 그러나 고인이 여러 번 결혼했다면 유족배우자연금은 결혼 기간에 비례하여 여러 배우자들 사이에서 분할된다. 이 경우 배상의 논리에 근거한다. 또한 연금 지급은 소득 조건에 따라 이루어지므로 부양의 논리에 의해 규정된다. 경제학자 루시 압로버츠Lucy ApRoberts는 이러한 모순점을 강조하며 결국 '배우자에 대한 의존성'이 기준인 셈이라고 지적한다.[6] 직접적인 방식의 연금과는 달리 유족배우자연금의 경우 여성들이 연금수급권에 대한 요구

**민법상 이혼보상금**

제270조. 이혼은 배우자 간 부양의 의무를 종료시킨다. 배우자 일방은 혼인의 파탄으로 인해 생활 조건에 생기는 불균형을 최대한 보상하고자 고안된 급부를 지급해야 할 수 있다. 이는 일시금으로 지급되며 금액은 판사가 결정한다. 그러나 판사는 보상금 지급 명령을 내리기를 거부할 수 있다. 민법 제271조에 명시된 기준을 고려하여 형평상 필요한 상황이거나, 보상금을 요청하는 배우자의 전적인 과실로 이혼이 발생했을 경우에 그러하다.

제271조. 보상금은 이를 지급받는 배우자의 필요, 지급하는 배우자의 자원, 이혼 당시의 상황 및 앞으로 예측 가능한 미래 상황을 고려해 결정된다. 판사가 고려하는 사항은 다음과 같다. 결혼 지속 기간, 배우자 연령 및 건강 상태, 배우자의 직업적 상황 및 이력, 결혼 동안 배우자 일방이 자녀 양육을 위해 내린 직업적 결정, 혹은 상대방의 경력을 위해 자신의 경력을 희생하면서 들였거나 들여야 하는 시간, 부부재산제 청산 후 배우자의 추정 혹은 예측 가능한 자본과 소득을 비롯한 총자산, 배우자가 현재 보유한 혹은 앞으로 가질 것으로 예상되는 권리, 각 배우자의 연금 및 보상금을 신청한 배우자가 겪게 될 연금 감소.

를 제기하는 데 어려움을 겪는 문제과 관련하여, 여성들의 연금수급권에 대한 권리에 더 큰 영향을 미치는 결과를 초래한다.[7] 사망 연금이 보상적인 차원에서 여성의 가사노동과 남성의 커리어 간의 연결고리를 인정하기는 하지만, 가사노동에 대한 재정적 보상을 무척 불확실하게 하면서 폄하하는 경향을 보인다.

유족배우자연금과 마찬가지로, 보상금 원칙에 함축되어 있는 논리들은 적용 범위를 제한한다. 보상금은 결혼을 통한 계약을 맺은 관계에만 적용된다. 그러나 2015년 통계청 조사에 따르면 커플 관계를 유지하는 사이 중 4분의 1은 결혼을 하지 않았다(19%가 사실혼, 7%가 팍스를 맺음). 캐나다, 영국, 스위스 등 다른 나라에서는 결혼하지 않은 커플이 헤어질 때 발생하는 권리를 기혼 부부와 동등하게 조정하는 문제가 법적으로 논의되나[8] 프랑스에서는 그렇지 않다. 2012년, 전략분석센터가 총리에게 제출한 보고서(「부모로서의 노동이 커리어 축소를 초래했을 때」)는 비혼 결합으로까지 배상의 논리에 의거한 보상금을 확장할 가능성을 고려했으나, 지금까지 해당 보고서 이후로 추가 조치는 없는 실정이다.[9]

## 재정적으로 약화되고 부유층에게 한정된 보상 체계

2000년대로 접어들면서, 이미 결혼한 경우의 관계에만 이혼보상금을 적용하던 범위가 한 차례 크게 축소되었다.

이에 관한 2000년 6월 30일 법률은 사회당이 다수를 차지하던 국민의회에서 통과되었다. 이 법률은 이전에는 월별 지급되던 보상금을 일시금 형태로 바꿨다(민법 제276조). 국회 토론 중, 페미니스트로 유명한 사회당의 다니엘 부스케 의원은 “여성 대부분이 이제 직업 활동을 하므로 부양 성격의 보상금(연당 지급 형태)은 이제 모욕적"이라는 의견을 개진했다. 페미니즘 진영 내에서 이혼보상금을 성별에 따른 경제적 불평등을 바로잡는 도구로 여기는 캐나다와는 달리, 프랑스에서는 이처럼 배상의 논리에 따른 가족주의적 해석이 지배적이다. 페미니즘 단체에서도, 배우자 간 경제적 의무는 결혼 바깥에서도 이어지는 배우자 간의 의무와 종속의 연장으로 여겨진다.[10]

국회의원들은 또한 커플 중 채무자인 쪽이 결국 두 집 살림을 하는 셈이 되는 재정적 부담을 개탄했다. 이혼 시 모든 계산을 청산하는 게 더 나은 방법이며, 그렇게 해서 배우자들이 자유롭게 새로운 관계를 맺는 게 낫다는 것이다. 그러나 보상금을 내야 하는 성별 중 96%를 차지하는 남성들은[11] 여성들보다 더 자주, 그리고 빠르게 다시 새로운 여성과 커플이 되는 경향이 있다.[12] 사실상 이 주장은 남성들이 지금보다 더 빨리 새로운 여자를 찾아야 한다는 뜻이다.

너무 낙관적이거나 심지어는 거짓이라고 볼 수 있는, 성별 간 평등이 이미 달성되었다는 생각을 바탕으로, 여남 간 경제적 불평등을 보상하기 위한 법적 도구 중 하나가 힘을 몹시 잃게 된 셈이다. 프랑스의 이혼보상금 개혁은 실제로 보상금 액수를 감소시키고, 제도의 적용 범위를 가장 부유한 가정으로 한정시키는 결과를 가져왔다.

법률이 시행된 지 2년이 지난 후 실시된 조사는 새로운 법률이 얼마나 이 법적 도구의 힘을 약화시켰는지 파악할 수 있게 해 주었다. 2003년에서 2004년 사이에, 신규 지급 보상금의 80%가 일시금으로, 16%는 연금 형태로 지급되었다(4%는 두 가지 모두). 그러나 일시금 형태의 보상금은 중간값이 2만 2000유로로, 기대수명을 고려한 연금 형태 보상금의 중간값이 약 9만 3000유로인 데 반해 너무 적다. 그럼에도 불구하고, 연금 형태로 지급되는 보상금을 지급하는 쪽의 소득(월평균 2350유로)은 일시금 형태로 지급되는 보상금을 지급하는 이들의 소득(월평균 2940유로)보다 상대적으로 낮았다.[13]

숫자들이 나타내는 바는 명확하다. 연금 지급은 소득이 적은 채무자들이 시간을 두고 분할 지급하는 것을 가능하게 한 반면에, 일시금 형태의 보상금 지급은 이혼 시 즉시 사용 가능한 자산을 보유하고 있는 가장 부유한 가정에 한정되었다. 법률 개혁으로 인해 배우자 간 경제적 불평등에 대한 보상은 결혼을 통해 공동생활을 하는 동안 많은 자본을 축적하지 못한 집안 사람으로서는 접근하기가 점점 어려워진다.

현재는 보상금을 일시금 형태로 지급하게 되었다. 법무부의 최신 정보에 따르면, 2013년에는 보상금 지급 건 중 9할이 일시 지급이었거나, 분할되는 경우 최대 8년에 걸쳐 지급할 수 있었다.[14] 보상금이 지급되는 이혼은 총 이혼 건수 중 5분의 1에 해당한다. 이러한 보상금은 주로 여성인(사례의 96%), 나이 있는(평균 48세), 경제활동을 하지 않는(36%), 결혼 유지 기간이 상당히 긴(평균 20년) 이들이다. 유로로 따지자면 보상금의 중간값은 2만 5000유로다.

보상금이 10만 유로를 초과하는 경우는 전체의 10%에 불과하다. 남성 대부분에게 이만한 빚은 극복하기 어려워 보인다. 그러나 집 밖에서 일한 경험이 적고 미약한 연금을 받는, 직업을 새로 찾기에는 이미 나이가 많은 여성들의 관점에서는 그리 크지 않은 수준이다. 2007년 파리 지방법원에서 심의한 어떤 이혼 사례를 살펴보자. 39년 동안 결혼 생활을 지속한 부부는 모두 60세를 넘었다. 남성은 항공우주 분야의 전직 임원으로 은퇴하여 매달 연금을 4000유로 받고 있다. 반면 그의 전처는 시간제 비서로 일했던 이로서, 연금은 전남편의 10분의 1로

월 400유로다. 판사가 남성에게, 이 여성에게 지급하라고 명령한 10만 유로라는 보상금은 여성이 받는 연금의 20년 치다. 이 금액을 여성의 연금에 더해 보면, 여성의 생활수준은 80세 때 빈곤선에 닿게 될 것이다. 반면에 남성은 사망 시까지 중위소득의 두 배에 도달하게 될 것이다.[15] 결국, 보상금이 이례적으로 크다 해도 전남편에게 부과된 지급 명령은 전 부부 사이의 경제적 불평등 가운데 일부분만을 메울 뿐이다. 이러한 불평등은 결혼 생활 동안의 성별분업으로 인해 생겨났으며 이혼을 통해서 드러난다.

경제학자들이 최근 수행한 통계적 연구 결과들은 앞서 언급한 사실을 일반화할 수 있게 한다.[16] 해당 연구는 이혼 후 배우자들의 월별 생활수준을 측정하고, 각각의 자원을 집계하고(노동소득, 자본, 최저생계비, 가족수당, 자녀 양육비 등) 소비 단위를 분석한다. 보상금 지급 명령이 없었던 이혼의 경우 생활수준 차이는 32% 정도였다. 보상금 지급 명령이 내려진 이혼의 경우, 보상금을 포함하지 않으면 생활수준이 52% 차이 났다. 보상금이 8년간 총 96회 연금 형식으로 지급된다 해도 이 수치를 40%까지밖에 떨어뜨리지 못했다.

이러한 수치들은 잘 알려져 있지 않으며 정치 토론 주제로 다뤄지는 경우도 드물다. 현대 프랑스 사회는 여성들이 이혼으로 발생하는 높은 비용을 치른다는 사실에 익숙해졌다. 이러한 상황을 해결하기에 현존하는 법적 도구는 너무 약해 보인다. 이 과정에서 법률 전문가들은 어떤 역할을 할까? 이를 고려하기 위해서는 보상금을 결정하는 기제를 자세히 들여다보아야 한다.

## 태초에 남편의 가용자산이 있었다

2013년, 보상금 지급의 3분의 2가 아내의 요구대로 이루어졌으며 이때 이혼은 합의이혼이거나 부부가 특정 지점에서 의견을 달리하는 경우 재판상 이혼으로 진행되었다.[17] 이때 보상금 액수를 도출하는 이들은 사무실 내에서 비밀스럽게 대화를 나누는 변호사와 고객이다. 연구 팀의 관찰에 따르면, 보상금을 승인하는 주체는 대부분 가족 사건 전담 판사이며, 이들은 시간에 쫓기며 당사자들의 요청을 받아 당사자들 간에 이루어진 합의에 끼어들기를 꺼리는 경향이 있다.[18]

3분의 1의 경우는 양측이 보상금 원칙 혹은 금액에 동의하지 않아 가정법원 판사가 개입하는 경우다. 그러나 판사들은 해당 사안을 다루는 규정이 법적으로 불확실하다는 점을 비판한다.

경험이 무척 풍부한 판사인 장 브루네티 판사도 그렇게 말했다. 그는 자신이 주재하는 항소법원 가족 사건 심판실에서 우리를 맞아 주었다. 심층면담에서 그는 우리 동료인 엘렌 슈타인메츠에게 민법 제270조를 해설해 주었다. "'가능한 경우' '그렇게 해야 공정해진다면'. 이렇게 쓰여 있으면 어떻게 규칙을 결정할 수 있을까요? 이런 규칙에서 수학적인 원칙이라고는 찾을 수 없습니다!"

그는 또한 항소법원의 결정을 늘 이해할 수 없다고 불평했다. "법은 판사에게 원하는 대로 할 수 있는 권한을 주지만, 일부 언급되지 않은 사항도 고려해야 합니다." 이로 인해, 장 브루네티 판사를 포함한 판사 대부분은 보상금을 결정하는 기준이 없어 결정이 어렵다고 불평한다. 판사들 사이에는 민법에 명시된 다양한 기준을 가중치를 두어 계산하는 약 열몇 가지 방법이 돌아다닌다.[19] 최종적으로, 처리해야 할 사건의 수가 많아 압박을 받고 보상금 계산 방법이 불확실하다는 점에서 판사들은 부부가 결정한 세부 사항에 깊이 관여하지 않는다.

판사들은 보상금을 결정하기 위해 **역회계**를 하기도 한다. 이러한 계산은 늘 법과 일치하지는 않지만 실용적인 방법이다. 장 브루네티 판사의 이야기를 계속 들어 보자. 아래의 심층면담 발췌 부분에서 판사는 민법 제271조에 명시된 다양한 기준과 실천 간의 간극을 설명하며 대개 남성이 보상금의 채무자인 경우 가족 재산을 처분하지 않고도 이용할 수 있는 자본은 무엇인지를 살핀다고 한다.

> "우리는 수요와 공급을 파악하고 남성에게 돈이 있는지 확인합니다. 돈이 없는 상황에서는 아내와 남편 간 격차가 있을 수 있지만 우리는 아무것도 하지 않습니다! 남성이 월 1500유로를 벌고 빚이 있으면, 그런 사람이 낼 수 있는 금액이 얼마인지 확인합니다. 만일 그 남자가 어머니로부터 상속받은 재산을 팔게 강제해야 한다면 그것도 문제지요. 실용적 접근이 필요합니다. 남성에게 가용할 돈이 있는가?"

이 판사에게 모든 종류의 보상금을 결정하기 위한 **선행조건**은 남성 배우자의 가용자산이다. 보상금 계산에 대한 법적 기준은 역회계로 무효화된다. 한쪽의 필요성, 부부 간 재산 격차, 아내가 무료 노동(가사로든 직업으로든)을 하는 사실은 남편의 납부 능력에 순위가 밀린다. 그런데 남편의 가용자산은 **현금 형태의 가처분 자본금**에 한해 고려된다. 보상금은 남성의 가족 재산을 구성하는 자산 구조 자체를 위협해서는 안 된다. 배우자 간 경제적 불평등의 보상은 따라서 남성으로 이어지는 계보가 부를 축적하고 전달한 다음에 이루어진다.

## 남편 재산 우선시 대 아내 노동의 비인정

장 브루네티가 언급한 관점은 법정에서 암묵적 기준으로 통용된다. 남성의 가용자산이 우선시되는 현상은 자영업자 부부의 경우 두드러진다. 이러한 사안은 남편이 경영하는 기업에서 아내가 수행하는 무료 노동을 법은 인정하지 않는다는 점을 상징적으로 보여 준다.[20]

파비엔과 에릭 칼리 부부는 둘 다 40대로, 15년의 결혼 생활 후 2006년 이혼 절차를 밟았다. 둘은 프랑스 동부에 위치한, 에릭과 어머니 공동소유인 1600제곱미터 규모의 온실을 함께 경영했다. 결혼 직후 7년 간, 파비엔 칼리는 어떤 법적 지위도 갖지 못한 상태로 가족회사에서 일했다. 1999년에야 파비엔도 회사에 협력자로 기재되었고 은퇴 및 실업보험도 가입했지만 급여를 받지는 않았다. 이혼소송에서 그는 일자리와 주거를 잃어 생활수준이 하락함에 대한 보상금 5만 유로를 요구한다. 그러나 소송 과정에서 남편의 재정 상태도 악화되었다. 2006년 11월에는 월수입이 2500유로로 평가되었는데, 2007년 2월에는 변호사가 가정법원 판사에게 에릭의 수입이 감소하여 지급 명령을 받은 양육비(14세 아들을 위해 월 350유로, 아내에게 월 200유로)를 더 이상 지불할 수 없다는 내용의 편지를 보냈다. 1년 후, 본격적 이혼을 위해 변호사는 다음처럼 명시했다. “에릭 칼리가 개인 회사를 운영하므로, 상기 수입은 사실상 에릭과 아내, 둘이서 운영하는 사업에서 얻은 수익이었다. 칼리 부인이 떠난 이후 매출액과 이익이 크게 감소했다.”

2009년 3월 판결에서 판사는 파비엔 칼리의 무료 기여가 보상금을 받을 만한 조건을 충족하지 못한다고 판단했다. 이혼으로 두 배우자 모두 가난해졌으니 양자간 불평등이 발생하지 않았다고 본 것이다.

기업 소유주, 자영업자 이혼 사건에서는 이런 결과가 종종 나타난다. '경기 반전' '업계 불황' '매출 하락' 같은 이유로, 어떤 선의가 있었든 보상금을 지불하기 어렵거나 불가한 상황을 정당화한다. 어떤 아내들은 재정적인 여유가 있고 소송 지속 의지가 있는 경우 배우자의 "계획적인 지급불능"을 규탄하기도 한다.

가정법원 판사는 주장들을 검증할 수단이 거의 없다. 회계 조사에는 경비가 많이 들어 이를 명령하는 데 항상 망설인다. 당사자들에게 많은 비용(수천 유로)을 물리게 되거나, 법률구조를 받으면 국가가 부담을 져야 하는 일이기 때문이다. 또한 이러한 조사는 조사로 얻어진 결과가 오래 지속되지 않을 수 있어, 제출되자마자 당사자들이 이의를 제기할 수도 있다. 앞서 보았듯, 가장 부유한 측은 수입과 재산을 평가할 때 전문가를 동원할 수 있다. 하지만 가진 부의 크기가 적거나, 상태가 나빠지면 양측 모두 전문가 비용을 부담할 수 없고, 그러면 가정법원 판사는 조사하기를 포기하게 된다. 보상금을 결정하는 건 남편의 가용자산이지만, 소송 참가자가 법정 앞에서 인정하는 부를 의미하는 것이기도 하다.

## 가정 내 노동:
## 그저 개인 사정으로 한 무료 노동인가?

이혼보상금을 결정할 때 판사들은 남편의 가용자산에 대해 역산을 하지만, 이는 여성이 혜택을 받을 자격이 있다고 판단될 때만이다. 이혼 사건에서 소득 및 경력, 가사 분담의 불평등이 심각하게 존재한다

해도, 보상금 요청은 당연하지 않다. 남성 측 변호사 의견서에는 종종 '개인 사정'이라는 표현을 찾아볼 수 있다. 여성이 가족을 위해 직업 활동을 중단하거나 부분적으로 참여한 상황을 기술하는 용어다.

2007년 프랑스 남동부 큰 도시의 지방법원에서, 수십 년간 결혼생활을 이어 갔던 운송회사 여러 곳의 최고경영자와 반일제 교사 사이 이혼소송이 제기되었고, 소송 주제는 보상금 산정이었다. 아내 측 변호사 의견서에는 "아내는 가족을 위해 직업적 전문성을 희생했다"라고 기록되어 있었다. 아내는 처음에는 세 자녀를 키우기 위해 직업을 그만두고, 이후에는 남편의 직장 이동을 따라가며(20년간 5회), 최종적으로 반일제 근무를 했다. 남편 측 변호사 의견서에는 "아내는 결혼 동안 자신의 직업을 포기하지 않았으며, **개인 사정으로** 반일제 근무를 택했다"라고 기록되어 있다. 이러한 주장은 아내에게 어떤 모욕도 아니다. 교사라는 직업이 편하지만은 않다는 점도 있으며, 어머니로서 자녀와 보내는 시간을 우선하기를 원할 수 있다. 이는 완전히 정당하다. 남편의 소득이 허용한다면 더더욱 그러하다.

또한, 아내는 남편의 직업으로 인해 이동해야 할 때 남편의 근무지 근처 학교로 전근을 요청할 수 있었다. 이는 교사들이 누릴 수 있는 편의이다. 만약 여자가 남편과 동의하여 그렇게 하고 싶었다면 그가 오늘날 주장하는 것과는 다르게, 그저 **개인 사정**이었고(물론 정당한 선택이었다), 의무는 아니었다는 말이다.

'개인 사정'으로 집안일, 양육, 직업을 결정했다고 규정함으로써, 변호사의 서술은(이 사건에서는 고객의 보상금을 가능한 한 최소화할 목적) 성차별적인 관점을 갖게 된다. 변호사들이 사용하는 '개인 사정으로'라는 수사는 성별적으로 매우 기울어져 있다. 프랑스에서는 출산 이후 여성의 39%가 직업을 변경한 반면, 남성의 6%만 그렇게 했다.[21] 결국, 어머니들은 아이를 돌보는 데 어떤 상징적 이익도 얻지 못할 뿐만 아니라 '개인 사정으로'라는 논리는 이혼 시에 이로 인한 물질적 측면의 결과를 혼자서 부담하게끔 한다.

## "그 남자는 돈이 많아요.<br>그 여자가 거기 관심을 가졌던 것 같아요!"

이런 세계관은 특히 보상금에 대한 법적 논의에서 핵심을 차지하는, 경제자본을 점한 부르주아에게서 두드러진다. 이 계층은 보상이 가능할 만한 자본을 가지고 있다. 그럼에도 판사들은 여성들의 보상 요청을 비난하며, 이혼으로 부자 남편들에게서 이익을 보려는 '부양받는 여자'라는 이미지와 거리를 둔다.

2014년 1월, 셀린 및 그의 동료 아비가일 부르기뇽과 로맹 피케티는 프랑스 서부 지역 항소법원에서 갈등이 첨예한 이혼소송을 목격하게 된다. 통신업을 운영하는 사업가가, 전 비서 겸 보조원인 두 번째 부인과 대립하고 있었다. 갈등의 주요 주제는 보상금이었는데, 아내인 블랑딘 랑드로는 30만 유로를 요구하고, 자크 랑드로는 아무런 보상금도 지불하고 싶어 하지 않았다. 1심에서는 재판부가 보상금을 15만 유로로 정하고 쌍방 귀책 이혼이라 선고했다. 아내는 항소했다.

블랑딘 랑드로의 변호사는 항소 재판에서 아내의 경제적 취약성을 강조했다. 오늘날 17세인 아들이 태어난 이후부터 그는 기업에서 비서 및 경리로 무료 노동을 했다. 변호사는 50대 후반 나이에 직업을 갖기가 어려우며 아내의 연금이 매우 낮을 것이라 예상하고, 그에 비해 자크 랑드로는 "부유한 사람"으로 "안락한 삶"을 산다고 했다. 그의 월 수입은 2만 유로 이상이며, 부동산, 금융자산 및 회사의 주식 등 재산이 약 100만 유로에 달했다. 포르셰를 타는 남자다, 하고 변호사는 요약했다. 반면 아내의 상황은 훨씬 나빴다. 8만 유로짜리 아파트 하나, 남편의 부동산회사 지분, 그러나 금융자산은 없는 상태였다. 변호사는 자크 랑드로가 "쓸데없이 복잡하게 부풀린 일"을 세워서 세금을 조작하고, "법과 사업에 대해 잘 모르는 아내가 자신의 재산이 정확히 얼마인지 모르게 하려고" 했음을 비난한다. 변호사는 남편이 최근 세 아이(그중 둘은 전 부인과의 아이)에게 증여를 여러 번 했다는 점을 지적했다.

자크 랑드로의 변호사는 매우 인상적인 변론을 시작한다. "방금 말한 모든 내용은 거짓이거나 부정확합니다." 변호사는 특히 부인의 "알코올 중독과 수많은 치정 관계"를 강조하며, 세부 사항이 전부 기록되어 있다고 주장한다. 그러나 변호사의 변론은 자산 측면에서 충격적인 주장으로 끝난다. "경제적인 불균형"이 존재한다면, 아내가 아니라 남편이 피해를 보는 상황이라는 것이다! 변호사에 따르면 그 이유는 다음과 같다. 우선 '통신업의 어려움'이다. "여태까지는 편안했다면, 앞으로는 완전히 불확실한 상황입니다!" 특히 남편이 전 재산을 자녀들에게 소유권으로 증여한 한편, 아내가 아파트 소유자가 될 것이라는 사실을 강조한다. "따라서 아내 분이 남편 분보다 부동산 자산이 많게 됩니다!" 변호사는 모든 보상금의 지급 취소를 요구한다. 또한, 아내의 일방적인 귀책으로 이혼 판결이 나도록 요구한다.

항소법원의 도미니크 베르네샤텔 판사는 그럼에도 보상금을 8만 5000유로로 선고한다. 1차 재판 때보다 훨씬 적은 금액이다. 이후의 긴 심층면담에서 판사는 해당 사건의 보상금 결정 동기를 자세히 언급한다. 먼저, 판사는 사실 부부간 경제적 상황에 차이가 없다고 판단했다. 그러니 남성이 이혼 시 아내에게 지불해야 할 보상금을 줄이기 위해 이혼 시 자녀들에게 증여하는 전략(우리가 만난 변호사들에 따르면 '고전적' 전략)이 잘 작동하는 셈이다. 또한 부부의 경제적 측면에 대한 계산보다 아내에 대한 도덕적 비난이 우선했다. 블랑딘 랑드로는 회사의 직원이었다가 남편과 결혼 후 급여를 받지 않는 협력자로 변화하였지만, 판사는 아내를 '피부양자'로 분류하고 아내의 노동 가치를 부정한다. 판사는 "그 여자가 회사에 문제를 일으켰어요! 아무것도 안 하는 듯 보이는군요!"라고 말하는 자크 랑드로의 회사 직원이 한 발언을 인용하지만, 고용주로부터 요구받은 증언이 중립적이지 않을 수도 있다는 사실을 고려하지는 않는다.

판사의 결정은 마지막으로, 몇 년 전 자크 랑드로가 이미 이혼 절차를 시작했지만 철회했다는 점에 영향을 받았다. 이때 이후로 부부는 부부재산계약을 별산제로 변경했다. 아내에게 불리한 계약이었다. 아내의 소득이 남편의 소득보다 낮기 때문이다. 그러나 이때 부부의 공동재산이 이미 분할되었다. 판사는 "아내 분은 이미 순자산 16만 9700유로의 이익을 얻었어요. 그러니 이미 배를 불렸죠! 아내는 남편에게 아름다운 연서를 썼고 둘은 다시 시작했어요!"라고 말한다. 마지막으로 판사는 이 사건을 가장 잘 요약하는 단어가 아내의 욕심이라는 결론을 내린다. "그 남자는 돈이 많아요. 그 여자는 거기 관심을 가진 것 같았어요! 그런 경우가 많아요. 여자들이 그런 경우엔 그리 똑똑하지 않죠![판사는 이 문장을 웃으며 두 번 반복한다.] 3년간 사건 처리를 했는데, 그 사건들에서 남자들은 돈이 많았고 여자들은 대체로 돈이 없었어요. 못 들은 걸로 해 줘요! [다시 웃는다.] ……이 말을 들으면 사람들은 저더러 '여성혐오자구나! 여성을 혐오하는구나!'라고 할 거예요. 사실이 아니에요!"

도미니크 베르네샤텔의 태도는 특히 여성혐오적이거나, 혹은 보상금 지급을 강하게 반대하는 것일까? 판사는 처음에는 보상금을 전혀 물리지 않을까도 생각했다. 동료와의 비공식적인 토론을 거쳐(그 동료는 "당신은 무리한 결정을 하려 해요!"라고 했다고.) 판단을 재고했다 한다. 따라서 이혼 사건에서 부부의 여건을 판단하는 판사들 사이에는 개인차가 있다. 그렇지만 도미니크 베르네샤텔 판사가 별난 게 아니다.

## 이혼보상금 결정을 꺼리는 여성 판사들

우리는 지방법원을 연구하면서 가정법원 판사들이 이혼보상금 결정에 주저함을 이미 관찰했다. 누군가는 이런 장치가 '시대에 뒤떨어진' 것이라고 간주하며, 성평등 시대에 여성을 주부로 주저앉히는 유인제가 될 수 있다고 생각한다.[22] 때로 경제학자의 글에서도 발견되는 이런 주장[23]은 놀랍다. 왜냐하면 그 주장은 반대로 적용될 수 있기 때문이다. 보상금이 높으면 남성들로 하여금 아내의 경력을 존중하고 이를 발전시키도록 장려할 수 있다. 그러나 이런 〔공평하게〕 대칭적인 주장은 절대 나오지 않는다.

부르주아를 포함한 상류층의 고액 보상금 관련 분쟁이 모여드는 항소법원을 연구하면서, 우리는 이런 분쟁을 사법적으로 해결해 나가는 과정을 더 잘 이해할 수 있었다. 이 결정 과정은 경제자본을 많이 가진 계층과 여성 판사들 간 사회적 대립의 순간이다. 항소법원 판사들은 자기 결정의 엄중성을 언급하며 전통적인 부르주아 결혼 모델에 대한, 그리고 자신들같이 직업적 경력을 쌓지 못한 동년배 여성에 대한 경멸감도 드러낸다. 판사들은 본인들처럼 직업적으로 활발하며 고학력자인 우리가 자신들과 같은 관점을 공유할 것이라 추측할 수도 있다. (부권 단체들이 공개적으로 자주 비난하듯) 여성에게 유리한 판단을 내릴 거라고 의심받는 여성 판사로서 이들이 사회학자인 우리들을 상대로 성별 중립성을 과하게 강조할 가능성도 있다.[24]

우리 동료 쥘리 미녹과의 대화에서 항소법원의 가정법원장이 말하는 바를 들어 보자. 그는 60대 여성으로 경력의 정점에 있으며, 아버지는 국립행정학교〔그랑제콜 중 하나 — 옮긴이〕 출신이고, 어머니는 교사였다. 남편은 공군 기술자였으며, 발언 당시 남편은 은퇴했다.

> "우리는 보상금에 관대하지 않아요. 결혼은 연금이 아닙니다! 우리는 19세기에 살지 않아요! 자녀를 돌보기 위해 일하지 않고 경력을 희생하여 남편을 위해 일한 여성들의 이야기는 감동적이지도 않고 설득당할 만하지도 않아요. 우리는 여기서 열심히 일하는 사람들입니다!"

이 발언은 노골적으로 "관대하지 않은" 보상금에 대한 입장과 남성의 얼굴을 한 판사의 직업윤리를 연결한다. 그가 이끄는 항소법원 가정법원은 대다수 여성으로(아홉 명 중 두 명만 남성, 서기관은 한 명만 남성) 구성되어 있다. 가족 사건은 사법부에서 여성들이 많이 종사하는 분야 중 하나다. 오늘날 지방법원의 가정법원에서 여성 판사가 사건의 8할을 담당한다.[25] 항소법원의 가정법원에서도 여성 판사가 여전히 과

반을 차지하지만 그 비율은 낮아진다. 경력이 오랜 판사들 중에서는 여성 비율이 더 낮다. 유리천장도 존재한다. 여성들은 고위급 직위에 더 느리게 접근하고 수직 구조와 무관한 지위에 더 자주 임명된다.[26]

경력 막바지의 여성 판사들은 1950~1965년생이다. 이들은 사회적으로 높은 계층 출신으로, 부모님은 자영업, 사기업 임원, 고위 공무원, 교직 종사자가 많다. 여성 판사들은 경제활동을 하며, 고위 임원, 지적 산업에 종사하는 고소득자(판사, 임원, 공학자, 조종사, 교수 등)와 결혼했다. 이들은 매우 잘살지만, 사회적 출신배경과 동맹적 관계 측면에서 경제적 부르주아들과는 약간 거리가 있다. 지적으로 상류층에 속하는 이들은, 경제자본을 많이 가진 계층에 있는, 직업 활동을 하지 않는 여성들에게 상대적으로 무관심하다. 따라서 판사들은 이 아내들에게 보상금을 많이 지급하기를 꺼린다. 자신의 커리어가 자기 세대 여성들의 사회적 운명을 대표한다고 여겨서, 여성들이 재정적 독립을 확보할 수 있으며 그래야 한다고 생각한다. 따라서 그들은 오늘날 프랑스 사회의 실제를 매우 왜곡된 시각으로 보고 있다.

도미니크 베르네샤텔 판사의 가족적 배경과 직업적 이력을 조금 더 자세히 살펴보자. 앞에서 랑드로 부부 사건의 보상금을 거의 반 정도 줄여서 선고한 판사이다. 우리가 그를 만날 때, 판사는 은퇴 직전이었다. 심층면담은 그에게 개인으로서도, 직업인으로서도 일종의 회고를 하는 자리였다. 판사는 생테티엔에서 태어났고, 아버지는 저널리스트고 어머니는 주부였다. 그는 1960년대 말 고등학교에서 남편 될 사람을 만났다. 둘은 함께 법학을 공부하고 경쟁 시험에 합격했다. 판사의 경력은 프랑스 곳곳에서 펼쳐졌다. 판사는 자신보다 높은 자리에 있는 남편이 발령을 받는 대로 움직였다. 남편이 자리를 받을 때마다 그를 따라갔지만 그 과정에서 그는 직업상 작은 포기를 해야 했다. 도미니크 베르네샤텔 판사의 커리어는 두 차례 임신마다 중단되었고, 때마다 육아휴직을 1년씩 했다. 이 주제는 심층면담 시 중요하게 다루어졌는데, 당시 셀린이 임신 6개월 차였기 때문이다. 판사는 임신과 자녀들이 커리어에 가져다주는 영향에 대한 이야기를 많이 했다. 그리고 그는 자녀를 돌보면서 사건에도 신경 쓰기 위해 자신이 무엇을 '계획'했는지 자세히 이야기했다. 그는 주로 일을 저녁이나 주말에 했다. 전일제 가사도우미를 고용해 아이 돌봄, 장보기, 식사, 청소 등을 맡긴 것을 "엄청난 안락함을 가져다준 승리"라고 묘사했다. 도미니크 베르네샤텔은 따라서 맞벌이 모델을 매우 가치 있게 평가했다. 기실 자신의 커리어가 남편의 커리어에 종속되었고 가사와 양육 노동의 책임에 압도되었음에도 말이다. 그들 부부가 찾은 해결책인 가사 외주화는 판사로 하여금, 그가 "부양받는 여성들"이라 표현한 기업인의 아내들이 직업 활동을 하지 않음을 폄하하게 만들었다. 그러나 도미니크 베르네샤텔은 '남자처럼' 일할 수 있도록 싸웠어도 완전히 그에 도달하지는 못했다.

여성의 재정적 독립이라는 규범은 중산층과 그 이상의 여성들에게 팽배하며 우리의 경우 판사에게서 찾아볼 수 있었는데, 주로 여성들에게 큰 부담을 지운다.[27] 남성처럼 가정의 경제적 필요를 충당해야 한다고 느끼지만, 급여는 더 낮고 가사를 전담하면서 오로지 자신만 직업과 가사의 조화를 찾아내야 한다. 역설적으로, 여성의 자립에 대한 규범은 여남 간 부의 불평등에 기여하고, 이 불평등은 이혼 시에만 두드러진다. 그러나 이 규범은 학력자본을 쌓은 여성들이 재정적으로 남성에게서 독립하지 못한 다른 여성들을 판단하는 데 큰 영향을 준다.

경제자본을 가진 부르주아의 성별분업에 대한 비하는 심층면담에서 매우 흔하게 나타난다. 우리에게 항소법원으로 가는 문을 열어 준 플로랑스 시모낭의 말을 빌려 요약하자면 다음과 같다. “지방에서 여전히 자주 발생해요. 남편은 50대 자영업자고, 예쁜 여자를 만나러 아내를 떠나면, 그동안 놀고먹은 첫 번째 부인이 보상금을 요구하죠. 그러면 남자들은 비열해지고요!” 플로랑스 시모낭은 이혼할 때 돈 문제를 둘러싸고 법정에서 싸우는 ‘지역 부르주아’들에 대한 엄청난 경멸을 표현한다. 물론 이러한 발언을 절대 소송당사자들 앞에서 하지는 않는다. 성별과 계급에 대한 거리나 경멸 표현은 사회학자나 판사—파리 출신, 고학력, 경제활동 중—와의 동일시로 가능해지며 연구 중 강화된다. 우리는 연구 참여자의 시각을 이해하려 노력하기 때문에 상대에 대한 공감을 표했다. 그러나 여기서 손해를 보는 건 보상금을 요청하는 다른 여성들이었다.

보상금에 대한 강한 거부감으로 인해, 판사들은 이혼 시기에 상류층을 포함한 여성들의 빈곤화에 기여했다. 반면, 같은 계층의 남성들은 결혼 생활 내내 부동산을 축적하며 평생 재산을 늘린다.

## 자산 조정에 대한 판사들의 한정된 시야

판사들이 배우자 간 재산 분배에 대해서 할 수 있는 개입은 제한되어 있다. 이미 앞에서 내용을 살펴보았다. 경제적 불평등 보상을 위한 법적 도구는 (법적) 혼인으로 결합한 부부에만 적용되고 남성의 가용자산에 따라 영향력이 달라지며, 판사들이 그러한 도구들을 적용하는 데 거부감을 갖기도 한다. 그러나 판사들은 이혼 절차와 시간적 제약에 따라서 더 큰 한계를 갖는다.

합의이혼이 증가하면서 부부가 경제적으로 협상하는 사건 대부분은 변호사와 공증인의 사무실에서 비공개로 진행된다. 이 절차에서 당사자들은 이혼 원칙 뿐만 아니라 모든 결과(특히 경제적인 측면인 공동 거주지 처리, 보상금, 양육비, 결혼으로 형성한 재산의 분할 등)를 두고 합의한다. 합의이혼은 오늘날 이혼 사건의 절반 이상을 차지한다. 최근까지 이 유형의 이혼은 대부분 한 번 법정에 출석해 짧게 처리되고, 이는 대부분 이미 제출된 합의서를 판사가 승인하는 식으로 끝난다. 우리가 조사한 2013년의 상호 합의이혼 협약 857건 중 18건만이 승인되지 않았다(대부분 당사자 중 한 명이 도중에 이혼을 포기한 경우였다).[28]

2017년 이후로는 판사의 승인조차 필요없다. 이제 이혼을 하려면 변호사 2인과 공증인 1인만 있으면 된다. 이 변화가 많은 것을 달라지게 했는지 말하기는 아직 어려우나, 이혼 합의서가 공증인의 손에 있으므로 합의이혼을 연구하기 훨씬 어려워질 것이며, 국가는 관련 정보 및 기록을 더 이상 중앙으로 집중시키지 않는다는 것은 확실하다. 더 이상 요구를 조절하거나 권리를 협상하기 위해서 가정법원 판사 앞으로 가지 않는다는 사실은, 변호사와 공증인에게 다른 지평을 열어 준다.

합의이혼에서는 협상의 결과—특히 재산분할 및 보상금의 금액과 조건—는 배우자 간 권력관계, 각각의 변호사 간 권력관계(남편과 아내가 선임할 수 있는 능력에 차이가 난다는 점을 고려하면) 및 공증인의 전문성에 따라 달라진다. 따라서 이혼한 배우자 간의 경제적인 합의는 점점 더 법적 개입을 받지 않고, 판사의 시선과는 먼 곳에서 논의된다.

재판상 이혼은 배우자들이 이혼 자체에 동의하지 않거나, 더 많은 경우 재산분할에 동의하지 않을 때 이루어지는데, 이 경우 보상금 결정은 가정법원 판사의 권한이다. 그러나 4분의 3 이상, 이혼 판결은 재산분할보다 전에, 법정이 아닌 공증사무소에서 내려진다.[29] 따라서 판사들이 가지는 정보가 매우 제한된다. 앞서 보았듯 재산분할, 즉 보상금을 포함해 부부의 실질적 재산 분배에는 재판 절차가 필요하지 않다. 판사가 결정한 보상금은 "재산분할 이후 예측 가능한 부부의 자산"을 고려해야 한다고 규정되어 있으나 실제로 판사의 결정은 부부들이 실제로 소유한 내역을 알지 못하는 상태에서 이루어진다.

2014년 11월, 연구 팀의 셀린과 바네사 코다치오니는 파리 항소법원에서 열린 오전 재판에 참석한다. 갈등이 불거진 이 사건은 건설업자인 기 로시오와 그의 아내인 마르틴 프티의 이혼 사건이다. 마르틴은 기 로시오의 회사에서 20년 이상 비서로 일했던 사람인데 항소를 제기했다. 아내는 특히 6만 유로로 결정된 보상금을 문제 삼고 있다. 원심에서 아내는 50만 유로를 요구했고 남편은 아무 말도 없었다. 아내는 또한 '부부의 재정적 문제 해결을 위한 추정 재산목록 작성 및 제안'을 위해 전문가 조사를 요청했으나 원심에서 거부되었다.

이로 인해, 아내의 변호사인 카트린 뷜은 변론과 거의 90페이지에 달하는 의견서 작성에 오랜 시간을 쏟아부으면서 보상금과 재산목록 문제를 두고 논하고 있다. 공동재산제로 부부재산계약을 한 부부의 재정적 상황은 복잡하다. 기 로시오는 결혼 전 회사를 창업했지만, 결혼 공동체가 회사 자본의 증가에 기여했을 수 있다. 그는 2010년 회사를 173만 유로에 매각했으며, 2년 뒤 그의 아내를 떠났다. 이후 그는 이 돈을 타투 숍에 투자했는데 어떠한 수입도 가져오지 않는 것으로 보인다. 부부는 1991년 결혼 직후에 부동산회사를 설립했으며, 이 회사는 현재 총 74만 5천 유로 가치의 임대용 부동산 4건을 소유하고 있다. 조정 불성립 명령에 따라 여전히 마르틴 프티가 거주하고 있는, 부부가 살던 공동의 집은 어머니에게서 상속받은 본인의 재산이다. 기 로시오는 이 집을 갖기 위해서 세 자매의 지분을 매입해야 했는데, 〔부부〕 공동 자금으로 매입할 수 있었을 것이다. 부부는 또한 결혼 중 코트다쥐르에 보조 거주지를 얻었다. 기 로시오가 자금을 대서 공사를 진행했지만 자금의 출처는 분명하지 않다. 이 주택의 평가 역시 불확실한데, 기 로시오는 65만 유로라고 하나 마르틴 프티가 상담한 지역 부동산 중개인은 148만 유로라고 한다.

보상금 관련 논의에서, 기 로시오는 수입이 크게 감소했다고 주장한다. 회사 경영자로서는 한 달에 1만 3000유로의 수입을 받았고, 회사 지분을 매각한 후에는 직원으로서 월 6000유로를 받았다. 그러나 건강 문제로 직장에서 해고된 이후로는 실업급여로 매달 4000유로를 받고 있다. 노동계층의 딸인 마르틴 프티는 비즈니스 및 사무 관련 학위를 취득한 비서로, 남편을 위해 적은 보수 또는 무보수로 항상 일했다. 그는 세 딸을 낳았고 그때마다 1년씩, 총 3년간 육아휴직을 했다. 그에게 이혼은 해고를 의미했다. 2012년 실업 기간 이후 월급 1800유로의 일자리를 다시 찾았다. 전반적으로 부부 사이의 소득과 재산에는 차이가 있어 보이나, 정도는 확실하지 않다.

변호사 카트린 뷜은 두 가지 해결법을 고민 중이다. 우선 재산 대부분이 기 로시오에게 속한다는 가정하에, 이 차이를 보상하기 위한 높은 액수의 보상금을 할당한다. 둘째, 남편이 〔부부〕공동체에 중대한 '보상'을 해야 하는 입장이라고 가정한다. 변호사 카트린 뷜은 기 로시오가 공동체에 대해 빚진 바가 34개 항목이라고 본다. 이에 따라 부부 재산분할이 더욱 아내에게 유리하게 이루어져야 한다고 주장하면 아내의 보상액은 낮아질 수 있다. 법정에서 카트린 뷜은 두 번째를 주장한다. "제 의뢰인은 처음에 50만 유로를 요청했으나 30만 유로로 낮추었습니다. 공동재산에 대해서 다시 이야기할 수 있을 것이기 때문이지요. 다음 라운드는 재산분할입니다!"

시빌과 카미유 페가 실시한 심층면담에서 변호사는 자기 전략을 명확하게 밝혔다. "보상금 요청을 낮추었어요. 놀랄 만한 일이죠. 제가 판사였다면, 보상금 자체를 부인하지 않을 테니 보상금을 작게 매겼고, 다만 판사가 재산분할 시 보상금을 지급하기를 부인하는 걸 허용하지 않을 거예요." 그러나 변호사는 자기 전략에 대한 불확실성을 우려한다. 그는 판사들이 세부 사항에 대한 고려 없이 그저 재산분할만을 명령한다는 사실을 알고 있다.

파리 항소법원에서 내린 판결은 이러한 우려가 사실임을 확인하게 한다. 처음 판결에 비해 보상금이 두 배로 증가하여 6만 유로에서 12만 유로로 늘고, 손해배상금 1만 유로가 추가로 부과되었다. 그러나 이 판결은 단지 '당사자들이 재산분할 평가에서 결코 합의하지 않음'을 확인하는 데 그쳤고, 기 로시오가 결혼 공동체에 해야 하는 보상이 어떤 보상인지, 그리고 금액은 어느 정도인지는 언급하지 않았다.

실제로 판결에서 "로시오가 개인적으로 결혼 공동체에 한 기여를 고려하면 공동체의 재산 분배는 매우 불평등하게 이루어지리라고 예상된다"라고 명시되어 있다. 즉, 보상금 결정은 이혼으로 인한 부의 불평등을 추정하고 있지만, 부의 분배 시 이를 해결하기 위한 어떤 개입도 보장해 주지 않았다.

따라서 많은 부부가 법원 개입 없이 이혼을 할 뿐 아니라, 법원이 개입하더라도 이혼으로 인한 경제적 문제 가운데 일부에만 그러하다.

법관들은 보상금과 같은 기존의 법적 도구를 사용하는 과정에서 부부의 전반적인 경제적 상황을 파악하지 못한다.

## 부부 공동 거주지의 귀속: 재산분할의 템포와 권력관계

재판 절차는 결혼 이후의 자산 조정을 오랜 시간에 걸쳐 조정하면서 여성의 경제적 약화를 구체적으로 야기하는 결과를 가져온다. 절차적 시간성은 결코 중립적이지 않다. 절차가 오래 걸릴수록 협상을 오래 끌고 갈 때 필요한 자금을 갖춘 사람이 유리하다. 특히 부동산 결정과 및 재산분할 시에 그러하다.

2016년 2월 24일, 셀린과 가브리엘 슈츠는 페이드라루아르 지역의 미셸 아비트볼 변호사 사무실에 있었다. 우리는 이미 가족법 분야에서 명성을 가진 이 변호사를 여러 번 만났다. 오후로 접어들 무렵, 스테파니 베를랑은 우편으로 통지받은 이혼 절차의 첫 단계인 조정 불성립 명령에 관해 물어보기 위해 변호사와 약속을 잡았다. 40대이며 상당히 통통한 그는 면담 중에도 패딩을 벗지 않는다. 난방이 잘 되고 화려한 사무실에 불편해한다는 점이 뚜렷이 나타난다. 스테파니는 또한 은행원 출신인 아버지와 함께 왔다. 아버지는 면담 동안 꼼꼼하게 메모를 하고 때때로 개입한다.

스테파니 베를랑은 반려견 미용사 직업을 자영업으로 영위하며, 수입은 한 달에 500유로로 낮게 추산한다. 그는 이 금액이 과소평가된 것임을 암시하면서도, 어느 정도 인정하고 있지만, 최저생계비를 받아야 하는 선이다. 이혼 절차 중인 남편은 아내보다 더 잘 번다. 공사 현장 일용직 노동자인 남편은 매달 1800유로를 번다. 부부 사이에는 15세와 11세인 두 딸이 있고, 어머니와 함께 산다. 이혼 이후 주말과 휴가 일정 조율에 약간의 어려움이 있지만, 이 문제는 스테파니를 크게 걱정시키지 않는다. 그가 주로 걱정하는 내용은 한 달 벌어 한 달 먹고사는 것이다. 스테파니가 부부 공동의 집을 급히 나오고서 그렇게 되었다.

스테파니는 변호사에게 남편과 끊임없는 격렬한 말다툼을 하다가 어느 순간 두려움을 느끼고 경찰을 호출했으며, 경찰은 남편이 총을 들고 있으니 가능한 한 빨리 떠나는 것이 좋겠다고 조언했다. 그 후 그는 딸들과 함께 자기 부모 집으로 가서 잠시 머물렀으며, 몇 주 후에는 임대주택을 찾아 이사했다. 매달 말이면 상황은 어려워지고, 남편은 전날 판사가 결정한, 두 딸 앞으로 된 양육비 월 320유로를 아직 납부하지 않았다.

그가 변호사와 대화하는 주된 내용은 주택을 어떻게 하느냐는 것이다. 조정 불성립 명령에서 집은 남편에게 할당되었다. 남편은 여전히 거기에 살고 있으며 앞으로도 그러기를 원한다. 집은 시골에 있는 큰 건물(창고, 작업장, 헛간 등이 있음)이며, 10만 유로쯤으로 평가되고 아직 상환 중인 대출이 있다. 스테파니 베를랑은 집을 포기하더라도, 전 남편이 자기 부동산 지분을 빨리 매입하여 대출 상환 대신 현금을 자신에게 주기를 바란다. 변호사는 이러한 절차의 결과는 매우 불확실하고 어려움이 많이 남아 있다고 말한다.

이혼에서 생긴 경제적 문제 해결에 대한 시간성과 관련 있는 문제다. 부부 중 한쪽이 이혼을 신청하면 중재에 몇 달이 걸리고, 부부가 화해하지 않으면 또 다른 명령이 내려진다. 이때 이혼 절차 동안 주택을 부부 중 한쪽에게 할당하는 결정을 내린다. 거주는 무상 혹은 유상일 수 있다. 스테파니 베를랑의 경우, 남편이 주택을 얻었지만 유상 거주로서, 주택을 독점적으로 사용하는 데 대한 보상으로 소유자인 양측 모두에게 소유 보상금을 지불해야 함을 의미한다.

미셸 아비트볼 변호사는 고객에게 이게 구체적으로 무슨 의미인지 설명한다. 남편은 아내에게 '임대료' 조로 돈을 지불해야 한다. 변호사는 지급액을 계산하는 두 가지 방법을 알려 준다. 하나는 주택 가격의 특정 비율로 계산하는 것이다(월 118유로). 다른 하나는 임대료를 기준으로 하는데, 이 방법이 고객에게 훨씬 유리하다. 그럴 경우 돈은 두 배가 된다. 그러나 무슨 방법을 선택하는지에 관계없이, 이 보상금은 달마다 즉시 지급되지 않는다. 부부 재산분할이 공증인 앞에서 완료되는 때까지 받게 될 부분에서 차감된다.

그러나 방금 보았듯, 이 작업은 대부분 이혼 판결이 난 뒤에만 이루어진다. 공증인이 실시하는 작업에는 많은 시간이 소요될 수 있다. 그동안 스테파니 베를랑은 전남편으로부터 어떤 보상도 받지 못하며, 주택 대출을 상환하고(월 246유로), 자녀와 함께 사는 집의 월세를 지불해야 한다(월 126유로, 주거 보조금 고려).

부부가 재산분할이 될 때까지 기다릴 수 있는 능력이 있는지는 매우 중요하다. 저축이 넉넉하면 비교적 무관할 수 있지만, 소득이 적고 특히나 불규칙한 사람들에게는 재산분할의 속도가 큰 영향을 미친다. 스테파니 베를랑은 변호사에게 설명을 듣고서 남편으로부터 임대료를 받으려면 남편의 노력과 지불 능력에 의지해야 한다는 점을 알게 된다. 남편은 여전히 집에 살고 있다.

스테파니 베를랑은 말한다. "임대료를 내야 해요. 그게 내 지분을 살 때 보장금(보상금을 말한 것이다)에 포함된다고요."

변호사는 어휘 오류를 지적하지 않고 동의한다.

스테파니 베를랑: "하지만 그렇게 못 내게 된다면요? […] 아니면 대출을 받을 수 없다면요?"

아버지: "영원히 지속될 수 있어요……."

변호사: "맞아요. 그래서, 만약 우리가 집에 남아 있었다면 시간은 상관없었을 거예요. 그런데 여기서 문제는 상대가 시간을 끌 수 있다는 겁니다."

아버지: "딸애는 집에 남을 수 없었어요……."

변호사: "하지만 그 남자가 골치 아픈 사람이라면, 오래 걸릴 수도 있어요. [아버지에게 말하며] 따님이 집을 떠난 걸 탓하는 게 아니에요. 알겠죠! 어쨌든 해결책을 찾아보려고 해요. 협상을 하는 게 좋아요. 원치 않는다면 오래 걸릴 수 있어요. […] 사실, 저는 집에 남는 게 따님이어야 하고 남자가 떠나야 한다고 말하고 싶었지만 따님 선택이었어요, 자신의 삶이고요! 전 늘 고객들에게 집을 떠나지 말라고 조언해요[…]. 집은 상대에 대한 권력의 수단이에요. 우리가 집에 머무른다면, 상대는 경제적으로 궁지에 몰립니다. 고객님[엄숙한 어조로], 남편 분이 공증인 앞에 가겠다고 하길 바라요. 만일 그러고 싶어 하지 않는다면, 고객님이 궁지에 몰립니다. 2~3년 후에나 돈을 받을 수밖에 없겠죠."

변호사 미셸 아비트볼이 요약한 대로, "가정을 떠나는 것은 체스에서 지는 수를 두는 것과 같다"라고 할 수 있다. 가정에 남는 사람(남성이 보통 재정적으로 더 유리한 상황에 있다)은 집과 보상금 협상에서 유리하다. 그쪽의 재정적 상황, 의지, 그 사람의 속도에 따라 모든 게 진행된다. 그와 달리, 다른 쪽은 일상에서 지속적으로 지출하면서 언제든 부동산이 저평가될 수 있다는 사실을 받아들여야 한다. 왜 스테파니 베를랑과 같은 많은 여성들이 부부 공동 거주지 지분을 재매입하기를 빠르게 포기하는지 설명할 수 있을까?

## 부부 공동 거주지를 보존하기: 불평등에서 비롯된 실패의 일부

여성이 일반적으로 이혼 후에 주택을 유지하기 어려운 이유는, 남성보다 부유하지 않기 때문이다. 첫째로 소득 측면에서는 다음과 같다. 2011년 기준 이성애 가정에서 여성은 남성보다 소득이 평균 42% 낮았다. 여성이 남성 소득보다 높은 경우는 전체 중 4분의 1에 불과하다.[30] 둘째로, 그들이 보유한 재산도 적다. 여성은 원가족에서 상속자가 되는 일이 더 드물며, 배우자보다 평균적으로 더 어리고, 개인 자산을 덜 축적하였으며, 직업적인 위치 면에서 일을 해서 배우자만큼 많이 축적하기가 불가능하다.

은행에서도 여성 대부분은 집을 재매입하고 배우자 지분을 사들이기에 상대적으로 불리하다. 프랑스 남서부 주거지 밀집 지역에 있는 공증인 베르나르 르카르는 다음을 강조한다. "이혼은 어떻게 한다지만 자기 은행 계좌하고 이혼할 수는 없잖아요. 그러니 집을 매입하고 대출을 상환하고, 대출 기간을 연장하지 않고 재협상할 수 있는지 같은 모든 문제가 석 달 안에 이루어지지는 않을 거예요. 하지만 종종 해결책을 찾을 수 있지요."

해결책은 모두 남성이 과거 결혼 시의 공동 주택을 유지하는 식으로 흘러갈 가능성이 높다. 만약 이런 해결책을 합의안으로 제시한다면 가정법원 판사가 의심하지 않는다. 가정법원 판사는 당사자의 청구를 기반으로 판단하여, 강력한 반대가 없는 한 기존 상황을 승인하는 것이 좀 더 일반적이다.[31] 따라서, 해당 주택의 귀속 문제는 경제적 불평등을 보완하는 대신 이를 인정하는 결과를 낳을 수 있다.

변호사 사무실과 공증사무소에서 협상된 이혼에서, 과거의 부부 공동 주택은 때때로 아이들의 양육을 위한 가정 생산 공간으로 간주되며, 이는 전 배우자에게 보상금으로 형식적으로 할당될 수 있다. 이로써 아내가 상대방의 커리어를 위해 한 희생에 대한 계산을 종결시키는 것이다. 소송절차에서는 이러한 협정이 덜 고려된다. 보상금의 확정이 부부재산제 청산, 즉 재산분할보다 앞선다는 이유만으로도 그렇다.

보상금은 먼저 전남편의 재산 상황에 대한 명확한 평가가 없는 상태에서 논의된다. 그런 다음, (특히 결혼 시 살던 집을 소유한 경우) 재산분할이 공증사무소에서 협상된다. 이 과정에서 주로 거주지의 운명도 결정된다.

재산 관련 합의에 드는 시간이 길어지는 것은 여성에게 불리하다. 여성들은 경제적으로 대체로 더 취약하며, 부부의 재산에서 자신의 몫이 저평가되더라도 더 빨리 수용한다. 주택에 남는 사람은 재산분할의 범위뿐만 아니라 템포를 조절할 수 있다. 문제는 주택의 시장가치가 아니라 주택에 남은 사람이 전 배우자에게 얼마를 언제 지불할 것인가이다. 스테파니 베를랑의 경우, 집에 대해 기대할 수 있는 보상은 전남편의 지불 의사와 성실성뿐 아니라 자신이 기다리고 협상할 수 있는지 여하에 달려 있다. 앞서 제4장에서 비슷한 상황을 본 적이 있다. 대학 강사이자 법률 전문가인 아내 소피 푸크리는 주택에 살고 있는 건설업자인 남편이 재산을 낮게 평가하면 이에 저항하고 기다릴 수 있는 여유가 있었다. 그 결과, 소송에 7년이 소요된 끝에 집이 판매되었고 금액은 배우자 간에 공정하게 분배되었다. 그러나 스테파니 베를랑의 상황은 훨씬 더 어렵다. 소득이 적은 스테파니는 더 이상 살고 있지 않은 집의 주택 대출을 상환하지 않는 상황이 되기를 바라며, 다달이 거의 250유로를 부담한다. 그에게는 기다릴 여유가 없다. 그러나 스테파니 베를랑에게 경제적인 우위가 없었던 건 아니다. 그는 남편보다 가정에 대한 기여분이 더 커서, 결혼 시 살던 부부 주택의 지분을 59% 보유하고 있다. 그런데 심지어 이런 상황에서도 스테파니는 주택을 유지할 능력이 없었다. 가정폭력이라는 맥락에서 신체적 및 정신적인 자원이 부족하고, 소득과 저축이 적어 재정적으로 지원받을 수 없었다. "딸애는 정말 집에 남을 수가 없었어요!" 아버지가 한탄한다.

경제적 제약을 불러오게 되지만 가정폭력으로부터 벗어날 필요성, 전 배우자와 대면하지 않을 필요성은 대부분 여성의 문제다. 연구 결과 가정폭력 피해자의 약 4분의 3은 여성이다.[32] 사회학자 카트린 카발랭Catherine Cavalin의 요약처럼, "결국, 젠더 및 주거지—가지고 있는지 그렇지 못한지, 겪어 온 폭력 때문에 집을 잃을 수 있는지 아닌지—와 폭력 간의 관계는 성별 간 커다란 불평등을 나타낸다."[33]

이혼 절차의 시간성은 불평등을 강화하여, 위기가 발생했을 때 가정폭력으로부터 집을 떠나는 문제가 전남편과 재산을 협상할 때 영영 불이익을 보도록 만든다. 물론, 2010년 7월 9일 법률로 도입된 보호 조치령은 이런 구조를 뒤집기 위해 피의자를 공동 거주지와 멀어지게 한다. 그러나 실제로 이 긴급적인 조치가 실행되는 경우는 매우 제한적이다. 보호 조치를 내려야 하는 가정법원 판사는 대체로 두 배우자 간의 조정을 하는 역할이며, 갈등이 일어나는 이혼 상황에서 폭력이 도구화될 수 있다고 우려한다.[34]

결국, 이혼 순간에 드러나는 성별 불평등을 보상하기 위한 법적 개입은 매우 제한적이다. 물론 어떤 경우는 다른 경우보다 더 비극적이기는 하나, 사회적 위치가 어떠하든지 간에 가족법은 여성의 빈곤화를 막지 못한다.

법정에서도 마찬가지다. 법률 전문가들은 암묵적으로 성별에 기인한 **역회계**로 경제적 불평등을 보상할 수 있는 도구의 적용 범위를 상당히 줄인다. 보상금의 결정은 우선 남성의 가용자산을 기준으로 한다. 현금 지급 형태로 지급되는 보상금은 재산이 충분히 많고 다양한 가정에만 적용된다. 이는 부인의 필요보다 남편의 지불 능력에 따라 결정되며, 이때 남편이 자산을 계속 유지하는 데 중요하게 고려되는 자산은 배제된다. 법원에서 이루어지는 부부 공동 거주지 할당은 남성들에게 유리하며, 재산분할 시 보상의 금액과 지급 시기를 결정하는 건 남성 쪽이다. 시간과 돈은 남성의 편이다.

마찬가지로 공증인 앞에서 재산분할을 할 시, 남성 상속인이 '지켜야 할 재산'을 받게 되는 문제를 논하지 않는다. 법정에서 계산을 할 때에도, 여성들이 주로 가사 및 양육을 담당했고 앞으로도 그러하리라는 사실을 논하지 않는다. 판사나 변호사는 가족 안에서 일어난 가사 및 양육의 전체 가치를 결코 총체적으로 평가하려 하지 않는다. 상속에서나 부부 재산분할에서나, 채무자인(자매와 형제에게 보상을 지불해야 하는) 상속인, 주택에 남은 배우자, 양육에서 부담을 덜 짊어진 쪽의 지불 능력(및 지불 의지)이 계산의 기초가 된다.

여기서 검토한 가족법의 두 제도인 보상금과 결혼으로 형성한 재산분할은 재산이 존재한다는 사실을 전제로 한다. 그러나 부부가 이혼 시 주택 소유자가 아니며, 보다 일반적인 의미에서 재산이 없을 경우 법원은 어떻게 처리할까? 부부가 이혼하면, 남편의 수입이 적어 이미 서민계층에 속해 있지만 실업, 은퇴 또는 시간제 근무로 인해 수입이 더 낮아지는 계층의 여성들은 어떻게 될까? 혼인으로 중산층에 속했던 여성들이 이혼하면서 제한된 수입으로 아이들을 부양해야 하면 어떻게 될까? 가용 자본이 없을 시, 가족법은 배우자 간 생활수준의 불평등을 보상하기 위해 어떤 조치를 취할까? 행정기관(가족수당기금, 사회주택, 노인연금 등)은 가장 가난한 계층인 여성들을 위한 부의 재분배를 달성하기 위해서 사법 시스템에 어떻게 개입할까?

# 모든 사람의 노예는

# 프롤레타리아의 전처

7

2009년 어느 평범한 아침 파리 지방법원의 가정법원이었다. 우리 팀원인 엘렌 스타인메츠와 마리옹 아주엘로가 안나 드 마테이 판사와 아침 공개재판 참석 약속을 잡았다. 10년 전에 개원한 이 법원에서 공개재판 절차는 유리와 목재로 편안하고 현대적으로 꾸며진 공간에서 진행된다. 그곳엔 다양한 색깔의 폴더가 쌓여 있다. 녹색은 이혼, 노란색은 법외 이혼 또는 이혼 후(법적으로 혼인한 바가 없는 커플 혹은 이미 이혼한 커플이 당사자인 경우) 조치, 분홍색은 성년 이상 자녀 양육권 신청 등.

안나 드 마테이는 특이한 판사다. 아르헨티나 출신으로 치안판사로 근무하다 프랑스 로스쿨에 진학해 변호사가 된 후 경쟁 시험을 거쳐 판사가 되었다. 그는 형사사건을 많이 다루었는데, 가족 사건은 다룬 지 6개월밖에 되지 않았다. 그는 50대로, 검은색과 빨간색의 우아한 드레스를 입고 그에 어울리는 안경을 쓰고 보석을 착용했다. 우리는 그를 '파니 아르당'〔프랑스의 배우—옮긴이〕이라 부른다. 그의 억양을 보면 프랑스어가 모국어가 아님을 알 수 있지만, 그는 완벽한 프랑스어를 구사한다. 나디아 아슬룸 서기관은 출근하자마자 사무실 구석의 컴퓨터 뒤에 자리를 잡았다. 청바지와 터틀넥 점퍼를 입은 그는 판사보다 훨씬 캐주얼한 복장을 하고 있다.

오전 9시 15분, 안나 드 마테이는 그날 아침 15건의 사건을 처리해야 하고 그만큼 많은 부부의 사연을 들어야 한다. 첫 사건은 노란색 폴더에 있었다. 사실혼 부부가 공동 자녀의 양육에 대한 합의를 위해 변호사 없이 공개재판에 출석하는 건이다. 판사가 서기관에게 묻는다. "시작할까요?" 서기관은 고개를 끄덕이고 복도로 나가 첫 번째 당사자를 불러온다. 사무실 문을 열고 들어서며 서기관은 말한다. "흑인 부부인 것 같네요."

바로 뒤, 무사 뎀벨레가 판사 맞은편 의자에 앉았다. 흰색 셔츠에 가죽 재킷을 입고 안경을 쓴, 보수적인 복장을 하고 있다. 그의 사실혼 배우자인 파티마타 디아키테가 옆에 앉을 때까지 기다렸으나 시간이 걸렸다. 이 젊은 여성은 아기를 데리고 있었는데, 나디아 아슬룸이 사무실에 들여보내지 않았기 때문이다. 파티마타 디아키테가 문 앞에 서자 서기관은 미소를 지으면서 "딸을 압수하겠다"라고 하고, 그를 접수처로 보냈다. 데님 원피스와 샌들 차림의 그는 의자 아래에서 곧장 옷을 벗었다. 서기관이 사무실로 돌아온 후 심리가 시작되었다.

무사 뎀벨레와 파티마타 디아키테는 둘 다 말리 출신으로, 30대에 접어들었다. 두 사람은 2년 남짓 동거했고, 2006년 아들 마디아바가 태어난 직후 헤어졌다. 아들은 지금 세 살이 되었다. 아들은 태어날 때부터 파티마타가 보았지만 그에게 주거 문제가 생기면서 마디아바는 아동 사건 판사에 의해 한동안 위탁가정에서 지내게 되었다. 최근 몇 달 동안 아들은 어머니와 이복 여동생과 같이 산다. 파티마타가 이 문제를 가정법원에 회부한 경위는 가족수당기금이 그렇게 요청했기 때문이었다. 마디아바의 아버지가 양육비를 지급하지 않기 때문에 그는 가족부양수당(2009년 당시 월 90유로)을 받고 있으며, 법원이 무사 뎀벨레를 빈곤층이라고 인정할 때에만 수당 지급이 연장될 수 있었다.

파티마타 디아키테의 가족구성원이 그에게 무상거주 환경을 제공해 주고는 있지만 그의 재정 상황은 여전히 어렵다. 실직 상태에 배우자도 없는 파티마타는 가족수당기금으로부터 자신과 두 자녀를 위해 가족수당, 편모수당, 가족지원수당으로 구성된 수당 월 780유로를 받고 있다. 그는 때때로 '대체 근무'를 하지만 이 활동의 성격과 빈도는 명확하지 않다고 덧붙인다. 그의 활동을 증명할 서류는 없다.

프랑스어로 자신을 제대로 표현하지 못하고 때로 판사의 질문에 답하지 못하는 파티마타 디아키테와 달리 무사 뎀벨레는 말할 때 훨씬 더 자신감이 넘친다. 무기한 계약을 맺은 버스 운전사로 일하고 월 1300유로의 꾸준한 수입을 보여 주는 급여 명세서와 전년도 세금 신고서를 가지고 있다. 하지만 무사에게는 부양 자녀가 네 명이고, 다달이 상환해야 할 임대료가 월 705유로이며, 상환에 어려움을 겪고 있는 신용대출이 있다. 그의 새 파트너는 레스토랑에서 주방 보조로 파트타임으로 일하며 한 달에 700유로를 번다.

청문회는 마디아바의 거주지, 친부 방문권, 양육비 금액 등 세 가지 사항을 다룰 예정이었다. 처음 두 가지 사항은 몇 초 만에 해결되었다. 어머니가 아이에 대한 책임을 져야 한다는 것이 아버지와 어머니 모두에게 분명했다. 또한 '격주 주말마다 우호적인 조건으로' 접근하는 권리가 현 상태를 바꾸지 않을 것임이 분명했다. 무사 뎀벨레는 특히 그가 일하지 않는 한 주말에 할 수 있을 때마다 자식을 데리고 있다. 그러나 마지막 안건인 자녀 양육비는 논쟁의 여지가 있다.

"제 고향에서는 양육비라고 부르지 않습니다." 무사 뎀벨레는 말한다. "저는 매달 아이들 학비와 식비로 필요한 금액을 보내 줘요." 그럼에도 불구하고 안나 드 마테이 판사는 매달 보낼 일정액을 정하라고 하고, 결국 남자는 매달 100유로를 제안한다. 판사는 파티마타 디아키테에게 "마땅한 금액인가요? 225유로를 요구하셨잖아요." 파티마타 디아키테는 금액이 너무 적어서 자신과 자녀들이 몸을 누일 곳이 없다고 한다. "일을 했다면 그 정도도 받아들였겠지만 난 일을 하지 않아요!"라고 항의했다. 판사는 간결하고 명료하게 심리를 마무리한다. "그는 일을 하고 있고 자녀가 다섯 명이에요. 양육비는 아버지의 수입에 따라 조정되는 것이라 귀하의 필요에 따라 조정되지 않을 수 있습니다. 그의 제안이 마땅하다고 봅니다."

## 한부모가족의 빈곤

자녀의 유일한 양육자인, 서민계층의 싱글 맘은 이혼으로 일어나는 경제적 문제의 주 희생자다. 본 연구는 '서민계층'이라는 용어를 사용할 때 올리비에 슈바르츠Olivier Schwartz의 정의를 따른다. 해당 정의는 다음과 같은 기준으로 서민계층을 규정한다. 사회에서의 피지배적인 자리, 노동에서의 하위계급성, 경제적 자원의 빈약성, 정당한 문화자본과의 먼 거리.[1] 서민계층은 최저수당으로 생활하는 실업자(파티마타 디아키테)부터 제법 안정적인 계층을 대표하는 노동자 및 말단 공무원(무사 뎀벨레)에 이르기까지, 광범위한 지위를 포괄한다. 이러한 큰 차이에도 불구하고 서민계층에서 이혼은 경제적으로 시련을 주는 사건이다.

이혼은 가장 취약한 계층의 빈곤을 증가시키고, 이전까지 경제적으로 잘 지내던 사람들을 불안정하게 한다. 이렇게 경제적으로 취약해지는 상황은 여성에게 더 큰 영향을 미친다.

서민계층 내부에서도 성별에 따른 소득 격차가 발생한다. 심지어는 프랑스 사회에서 부부간 소득 격차가 가장 큰 집단이 가장 빈곤한 부부의 경우다. 2011년 통계청이 가계 세금을 통해서 소득을 조사한 바[2]에 따르면, 성별에 따른 소득 격차는 3분위, 즉 가구당 연 소득 3만 유로 미만으로 소득이 가장 낮은 이성애 부부의 30%에게서 가장 많이 나타났다. 부부 중 여성이 소득이 없거나 실직 상태, 시간제로 일하는 비경제활동인구인 경우는 연 소득 1만 7000유로 미만인 부부 중 10%에 해당한다. 그들 가운데 전일제로 일하는 여성은 11%에 불과하다.[3]

이혼은 서민계층 유자녀 여성의 생활수준에 큰 영향을 미친다. 행정적으로 '한부모가족'으로 분류되는 10건 중 8건 이상은 이혼 여성이 자녀를 홀로 양육하는 경우다. 오늘날 다른 유럽 국가와 마찬가지로 프랑스에서도 이러한 가족은 빈곤과 생활 불안정의 위험을 겪는다.[4]

프랑스에서는 성인과 14세 미만의 자녀로 구성된 한부모가족의 월 소득(세금 및 사회보장 혜택 공제 후)이 1128유로(2017년 기준)보다 낮으면 빈곤층으로 간주한다. 여기서 상대적 빈곤선은 유럽에서 가장 널리 통용되는 기준인 중위 생활수준의 50%를 사용했다.[a]

a 출처는 프랑스통계청(INSEE), 2017. 유럽에서 빈곤선은 상대적으로 결정된다. 소득이 소위 '중간' 생활수준의 일정 비율 이하인 경우 빈곤층으로 간주된다. 중위 생활수준은 인구의 생활수준의 중간값이다. 빈곤선은 같은 주거지에 사는 사람 수를 고려한다. 통계청의 계산 방식

이 기준에 따르면 상대적 빈곤선 아래에서 생활하는 수치가 부부의 경우 7%, 독신자는 13%에 불과한 데 반해 한부모가족은 5가구 중 1가구에 달한다.[5]

재정상의 빈곤이 초래하는 결과는 매우 구체적이고 물질적인데, 특히 주거 측면에서 나타난다. 파티마타 디아키테와 그의 두 자녀는 가족구성원의 집에서 무상거주를 하고 있는데, 이 경우 그 환경이 불편하리라고 예측되는 것처럼 한부모가족은 주거 문제를 크게 겪는다. 다른 어떤 유형의 가구(자녀가 있거나 없는 부부나 1인 가구)보다도 이 가족이 임차료 지불, 전기, 수도, 가스, 전화 요금 납부, 적절한 숙소(크기, 난방, 위생 측면) 에서의 생활 등에서 가장 큰 어려움을 겪는다.[6] 이러한 문제를 인식하여, 프랑스의 사회적 임대 정책은 이혼 이후의 여남 간 불평등을 보완하는 역할을 한다. 2015년, 이혼 후 사회주택 세입자 가운데 여성의 48%가 이혼 후에도 살던 곳에 계속 살았고, 남성의 경우 그같은 경우가 37%에 그쳤다. 민간주택 세입자(남성이 10% 더 높음)나 주택 소유주(남성이 16% 더 높음)의 상황과는 비교할 수 없는 수치다.[7] 따라서 한부모가족은 사회주택을 과대표한다. 이들은 2006년 프랑스 전체 가구의 7% 미만에 불과했지만, 임대주택에 거주하는 가구의 16%, 임대주택이 아닌 사회주택에 거주하는 가구의 12%를 차지했다.[8] 이러한 적극적인 주택 정책에도 불구하고 한부모가족은 매일 허

은 성인은 1로, 14세 이상은 2분의 1로, 14세 미만은 10분의 3으로 계산하는 것이다. *Cf.* 불평등감시기구, '프랑스 내 불평등지수', 2019년 9월 10일 (https://www.inegalites.fr/Les-seuils-de-pauvrete-en-France?id_theme=15) [조회일 : 2019년 9월 20일].

리띠를 졸라매야 한다. 매년 통계청은 다양한 유형의 가구가 경험하는 소비 제한을 기록하는데,[9] 2016년 한부모가족 가운데 42%는 가족이나 친구와 함께 일주일짜리 휴가를 떠날 여유가 없었고, 47%는 낡은 가구를 바꿀 여유가 없었다. 25%는 새 옷을 살 여유가 없었고, 18%는 격일로 고기나 생선을 먹을 여유가 없었다. 21%는 친구나 친척을 접대할 수 없었고, 18%는 가장 가까운 사람에게 1년에 한 번 이상 선물을 줄 수 없었다. 16%는 '좋은' 신발 두 켤레를 소유할 수 없었고, 9%는 돈이 부족해 지난 2주 동안 하루도 제대로 된 식사를 하지 못했다고 답했다. 소비와 관련된 모든 질문에서 한부모가족은 스스로의 소비를 가장 많이 제한한다고 답했다.

## 거지와 착한 왕자

프랑스에서 한부모가족이 경험하는 빈곤은 가족 및 사회 정책에 따른 공공 연대 조치의 시행을 정당화하는 사회문제로 간주된다.[10] 파티마타 디아키테는 두 자녀를 홀로 키우며 정부로부터 각종 보조금을 받아 그 혜택을 합하면 월 780유로에 달한다. 가난한 미혼모를 지원하는 사회안전망이 존재하지 않는 북미에서 보면 이 상황을 부러워할 수도 있다.[11] 하지만 서민계층 유자녀 여성을 위한 복지국가의 지원이 대가 없이 제공되는 것은 아니다. 프랑스에서 가족적 정의와 사회적 행정은 성차별적 무의식을 바탕으로 운영된다. 이런 기관은 남성을 착한 왕자라고 보는 동시에 여성을 거지로 취급한다.

첫째, 이혼의 경우 지방법원에 소를 제기하는 여성의 수가 남성보다 두 배 많다는 사실에 주목해야 한다.[b] 여성은 남성 배우자보다 재산이 적고 자녀를 책임져야 할 가능성이 높아 결혼 생활이 파탄에 이르면 구체적이고 즉각적인 예산 및 주거 문제가 발생한다. 따라서 여성은 양육비를 신속하게 설정할 필요가 있다.

마디아바의 아버지가 무능력한 것으로 판명되면 매달 지원금 90유로를 계속 받을 수 있도록 판사에게 신청해 달라는 요청을 받은 파티마타 디아키테의 상황을 다시 살펴보자. 결국 일은 그렇게 흘러가지 않았다. 청문회가 끝났을 때 아버지(무사 뎀벨레)는 한 달에 100유로를 아이의 보살핌과 교육을 위한 비용으로 지급하게 되었다. 파티마타 디아키테가 실제로 그만큼의 양육비를 받았는지 또는 오늘날에도 계속 받고 있는지는 명확하지 않다. 이것은 단순한 일화가 아니다. 최근 공식 보고서에 따르면 프랑스 법원이 명령한 양육비의 20%에서 40%가 미지급 상태다.[12]

결혼 생활이 파탄 나면 서민계층 유자녀 여성은 오랜 시간 동안 거지의 위치에 갇히게 된다. 자신이 받을 자격에 해당하는 사회적 혜택을 가족수당기금에 신청하는 것도, 배우자가 부도덕하다는 판결 혹은 양육비를 받아 내기 위해 법정으로 가는 것도, 해마다 양육비 지급 액수를 늘려 달라거나 그저 정해진 양육비를 다달이 꼬박꼬박 지급해 달라

b '가족 사건 4000건' 데이터베이스 중 2013년에 보관된 재판상 이혼 및 합의이혼 파일 2129건에 기초한 서술이다. 이에 따르면, 절차상 공동 신청해야 하는 상호합의이혼을 제외하고, 두 배우자가 공동으로 또는 개별적으로 신청서를 제출한 경우는 6%, 여성만 신청서를 제출한 경우는 62%, 남성만 신청서를 제출한 경우는 32%에 달했다.

고 자신의 전 배우자에게 요구하는 것도, 전부 여성 몫이다.

반대로 남성은 법적 별거 절차 중 관대한 포지션을 취할 수 있는 기회가 있다. 양육비를 '제공'하거나, 자녀와 관련해서 들어가는 예외적 비용(학비, 교정, 과외 활동 등)을 충당하는 '제스처'를 취할 수도 있다. 혹은 결혼 생활 중 살던 집을 '남겨' 주거나 전 아내에게 자신의 이름 사용을 '허락'하기도 한다. 예를 들어, 무사 뎀벨레는 정기적인 양육비를 제대로 지급하지 않으면서도 다음과 같이 말한다. "매달 자녀의 학비와 식비로 필요한 금액을 보내 줍니다."

물론 아버지가 재정적으로 더 잘살수록 더 관대할 수도 있다. 서민계층 아버지들은 이마에 땀을 흘리며 모은 연금을 매달 꼬박꼬박 내면서 '착한 왕자'의 이상적인 모습을 구현하기 어렵다. 이들에게 공개재판은 상징적인 폭력으로 가득 찬 시련과도 같다. 파리 지역의 한 법원에서 셀린과 사브리나 누이리망골드가 참관한 공개재판에서, 기간제 계약직 청소부로 한 달에 겨우 1000유로를 버는 한 아버지가 가정법원으로부터 '지급불능' 판정을 받고 매우 힘든 시간을 보내고 있었다. 관리비 면제라는 좋은 소식이 그에게는 한편으로 굴욕감으로 다가온 것이다. 그는 판사, 서기관, 놀란 방청객들에게 이렇게 말한다. "지금 법정에 있는 것 같아요!" 일부 서민계층 남성은 법적 제도에 의해 부과된 부양자 역할을 맡을 수 없을 때, 이혼 절차를 아버지로서의 자기 자질에 대한 도덕적 도전이라고 느낀다.[13]

그들 중 일부는 단순히 공개재판에 오지 않기도 한다. 서민계층 아버지의 불참은 법 외 이혼 또는 이혼 후 사건에서 두드러지는데, 이런 사건들은 양육자로서의 특징(자녀의 거주지 고정 또는 변경, 방문 및 숙박권 또는 양육비 지급)과만 관련되어 있고, 당사자 중 한 명이 부재해도 진행할 수 있다는 점은 주목할 만하다.. 2013년에는 여성이 혼자 참석한 경우가 14.4%, 남성만 참석한 경우는 6.5%로, 남성만 참석한 경우는 여성만 참석한 경우의 절반에 불과했다.[14] 남성 불참은 고위직 부부(3.7%)에서는 매우 드물지만, 블루칼라 노동자 또는 직장인이 대다수인 부부(16%)에서는 훨씬 더 흔하다.

서민계층 유자녀 남성이 가정법원과 거리감을 느낀다는 징후는 불참뿐이 아니다. 무사 뎀벨레와 달리, 일부는 고용 상태를 증명하는 서류 없이 "주머니에 손을 넣고" 오거나 표면적으로 "나는 관여하지 않는다"라는 태도를 보이기도 한다.[15] 이러한 태도에는 몇 가지 이유가 있다. 대다수 부부는 이혼 전까지 아내가 자녀와 가정을 돌보았기 때문에 남성에게 가족 문제는 '여자들 일'로 보일 수 있다. 또한, 특히 직업적으로 숙련된 서민계층 여성은 기관을 상대하는 데 남성보다 더 익숙하다.[16] 그들은 잘 정리된 서류를 가지고 공개재판에 참석하고, 정기적으로 만나는 가족수당 담당관과 미리 논의하는 등 절차에 깊이 관여한다. 그러나 이러한 익숙함은 사회적으로 허락된 조건이다. 예를 들어, 성인기에 프랑스에 온 파티마타 디아키테는 프랑스어를 충분히 구사하지 못하거나 기관이 요구하는 적절한 행동양식에 숙달되지 못해(공개재판에 맨발로 출석함) 기존 서민계층에서 얻을 수 있는 여성적 자원의 혜택을 받을 수 없다.

서민계층 남성들이 이러한 '여성 법원'에 도발적 태도를 보이거나, 혹은 불참으로 회피하려는 경향이 더 강한 이유는, 이혼 후 생활수준이 크게 떨어질 가능성이 배우자보다 낮기 때문이다. 실제로 가정법원은 전처와 자녀의 생활수준을 해치는 한이 있더라도 서민계층 남성의 재정적 자급자족과 잠재적인 새 가족 내에서 노동자 및 생계 부양자bread-winner로서의 지위를 보존해 주는 경향이 있다. 안나 드 마테이 판사는 다음과 같이 요약했다. "그는 일을 하고 있고 자녀가 다섯 명이에요. 양육비는 아버지의 수입에 따라 조정되는 것이라 귀하의 필요에 따라 조정되지 않을 수 있습니다. 그의 제안이 마땅하다고 봅니다."

## 아버지의 소득에 따라 조정되는 자녀 양육비

이혼 사례의 97%에서 자녀의 양육비와 교육비를 부담해야 하는 쪽은 아버지라는 사실을 기억하자.[17] 따라서 우리는 **채무자**인 아버지와 **채권자**인 어머니라고도 말할 수 있겠다. 법리적 관점에서 볼 때, 아버지가 지불하는 양육비는 아버지의 자원, 어머니의 자원, 자녀의 필요(추정치)라는 세 가지 변수에 따라 달라지며, 세 변수 사이에는 위계가 없다. 프랑스 민법 제371조 2항에 따르면 "부모 각각은 본인의 자원, 상대방의 자원 및 자녀의 필요에 따라서 자녀의 유지와 교육에 기여한다"라고 명시되어 있다. 그러나 법원에서 양육비를 정하는 관행은 법률과 다르다. 가정법원의 양육비 결정에 대한 계량경제학적 분석에 따르면, 양육비 액수는 **우선적으로** 채무자, 즉 아버지의 소득에 따라 달라지는 것으로 나타났다.[18] 국가 차원의 통계적 결과는 문화기술지적 관찰과 궤를 같이한다.[19]

첫째, 판사는 불공정하거나 장기적으로 유지될 수 없는 듯 보이는 합의라고 하더라도 부부간 합의가 선행한다면 이를 승인한다. 그러나 법원이 정당화하는 양육비 결정에서 가장 크게 관여하는 요소는 아버지의 가처분소득 또는 실제 지불할 준비를 하는 금액이다. 판사는 특히 청구 금액과 제안된 양육비 간의 차이가 크지 않은 경우 심리 중 당사자들이 합의에 이를 수 있도록 노력한다.

양육비에 대해서 당사자 간 합의가 이루어지지 않으면(이혼 사건 중 절반, 재판상 이혼 중 75%를 차지), 가정법원은 먼저 아버지의 소득, 주거비(임대료 또는 융자 상환, 공과금, 전기, 가스, 전화 요금 등), 자동차 비용, 때로는 상환 중인 신용카드 이용 금액 등을 자세히 조사해 지급 능력을 평가한다. 법원이 사용하는 기준 중에서 확실하게 누락된 요소가 하나 있는데, 그것은 바로 아이를 돌보는 어머니가 가진 자원 및 생활 조건이다. 안나 드 마테이 판사는 파티마타 디아키테에게 다음과 같이 직설적으로 말했다. "양육비는 아버지의 수입에 따라 조정되는 것이라 귀하의 필요에 따라 조정되지 않을 수 있습니다."

가정법원의 여성 혹은 남성 판사가 아버지가 부양 능력이 없다고 간주해 양육비를 면제하는 경우는 전체 사건 중 3분의 1에 달한다.[20] 이처럼 양육비 지급이 면제되는 아버지의 비율이 높은 것은 특정 조건에서 양육 의무 이행이 불가한 부모를 대신해 양육비를 지급하는 가족지원수당ASF의 존재와 관련이 있다. 콜렉티브옹즈Collectif Onze가 법원을 대상으로 설문조사를 실시할 당시(2008~2012년), 가족지원수당은 자녀 1인당 월 90유로 정도였고, 양육비 지급액이 바닥을 찍었다. 가정법원 판사 대부분은 어머니가 불확실한 양육비를 지급받는 것보다 정기적으로 이 수당을 받는 것이 더 낫다고 판단했고, 결국 양육비 의무는 소득이 최저임금을 초과하는 아버지에게만 부과되었다.

가족지원수당은 2013년부터 올랐고(현재 자녀 1인당 월 최대 115유로까지), 2016년 4월부터는 판사가 정한 양육비가 이보다 낮은 경우 양육비의 일부를 보완하는 금액을 받을 수 있게 되었다. 이러한 조치는 판사들로 하여금 서민계층에 속한 아버지가 자녀 양육과 교육에 금전을 부담할 수 있도록 양육비를 소액으로 설정하게 하였다.[21]

## 일하는 아빠, 한가한 엄마

서민계층 아버지에게 양육비가 부과되는 경우가 상대적으로 희귀하며 그 금액이 낮은 현상을 설명하는 요인은 가족지원수당뿐이 아니다. 가정법원 판사는 실직한 아버지가 직장에 복귀하여 실업수당 수혜자였다가 급여 생활자로 지위가 전환되는 경우, 그로 인해 지급액이 증가함으로써 그가 노동한 결실을 박탈당하는 일이 일어나서는 안 된다고 본다. 남성의 소득은 보존된다. 남성의 노동은 특별한 도덕적 가치를 지니고 있기 때문이다. 자녀를 위한다는 미명하에, 남성의 존엄성을 위한 두 가지 조건인 노동자, 생계 부양자로서의 아버지가 가진 이미지를 보존하는 것이다.

안나 드 마테이 판사가 무사 뎀벨레와 파티마타 디아키테 사건을 다루고 두 시간 후, 또 다른 부부가 판사 앞에 서게 되었다. 아리안 불랭과 페르난도 마르티네즈 부부는 9세와 11세 두 자녀를 두었으며 이혼한 사이다. 아리안 불랭은 몇 달 전 이혼 합의서에 명시된 아이들의 교대 거주에 이의를 제기하는 청원서를 제출했다. “실제로는 아이들이 주로 제 집에 있어요. 아이 아빠가 일찍 나가고 늦게 돌아와서 아이들이 아빠랑 있으면 아이들끼리만 있어야 해요.” 그는 아이들의 거주지가 공식적으로 자기 집으로 고정되고 양육비도 지급될 수 있기를 원한다. 도시 계획과 학교 계획을 담당하는 지역 공무원인 아리안의 월급

(월 2180유로)은 전기 기술자 전남편(월 1300유로)보다 많다. 페르난도는 이제 막 급여 생활을 시작했으며, 집과 작업 현장 사이의 이동 시간을 고려하면 아침 7시에 출근해 저녁 7시경에 돌아온다.

그러나 청문회는 아리안 불랭이 원했던 대로 진행되지 않았다. 안나 드 마테이 판사는 처음에는 교대 거주를 중단하는 것을 매우 꺼렸다. 그는 어머니에게 아이들 등교 전 아침 한 시간, 방과 후 저녁 한 시간, 아버지 귀가 전, 아이들이 집에 있는 몇 주간 아이들을 돌볼 수는 없는지 여러 번 물었다. 불랭은 확실하게 안 된다고 답했다. 아리안 불랭은 왜 두 아이에 대한 양육비(월 500유로) 지급 요청이 거부된 것인지, 페르난도 마르티네즈가 현재 직업과 수입이 있음에도 불구하고 지급 불능자로 판정된 이유가 무엇인지도 이해하지 못한다. "그가 양육비의 절반도 부담하지 않으면 그건 제가 내라는 건가요?" 불랭은 항의했다. "생계보조금을 받다가 더 이상 받지 않는 아버지를 보는 것은 아이들에게도 좋습니다. 아이 아버지가 그런 경우고, 떳떳해도 돼요."라고 판사 안나 드 마테이는 말한다.

즉, 아버지가 다시 직장을 잡고 자녀 양육에 기여할 의지가 의심스럽지 않은 경우, 특히 양육비 지급이 이미 취약한 상황을 불안정하게 만들 가능성이 있는 경우 판사들은 아버지의 노동소득을 '보호'하는 경향이 있다. 아버지의 노동에 대한 도덕적 평가에는 어머니가 자녀를 돌볼 수 있을 여지가 언제나 있으리라는 전제가 수반된다.

여성에게 부여되는 모성의 자명한 성격과, 그 파생 명제로서 자녀의 필요에 대해 무조건적으로 커리어를 조정하라는 요청은 예외적인 상황, 즉 어머니가 자신의 직업적 제약 때문에 아버지에게 자녀를 더 많이 돌볼 것을 요구할 때에 여실히 드러난다. 상드린 카베르네 판사에게 이런 요청은 아주 드문 일이지만 한편으로 무척 충격적이었다. 서른 살 즈음인 카베르네는 소년법원 판사를 거쳐 지역 대도시의 지방법원에서 가정법원 판사로 일한 지 두 달째였다. 직장 일로 잡아먹히다시피 한 회사 임원과 결혼한 카베르네는 두 자녀의 엄마로, 80%만큼 일하고 있다. 그의 신상은 그가 판사로서 가족 사건을 맡았을 때 어떤 판결을 내리는지를 이해하는 데 중요한 역할을 한다. 연구 팀의 엘로디 에느캥과 알리나 수루바루가 진행한 연구에 담긴 그의 발언은 다음과 같다.

> 상드린 카베르네: "저는 아빠들이 직업적으로 바쁜 상황인데도 불구하고 아이를 본다는 데 놀랐어요. 매주 수요일이 아니라 한 달에 한 번일 때도 있지만, 이미 대단한 노력이라고 생각해요. 모든 걸 원하는 대로만 할 수는 없고 […] 그들에게 재정적으로도 희생이 따른다고 생각하니까요."
>
> 알리나 수루바루: "그리고 오늘 아침에 '나는 일해야 하니까 그이가 더 자주 (아이를) 봐야 한다'고 설명한 여성 분. 이미 그런 말을 들어 보신 적 있어요?"
>
> 상드린 카베르네: "정말 깜짝 놀랐어요! 아이를 골칫거리 취급하면서, 일을 하려면 마치 아이를 없애야 한다고 말하는 것 같았죠. 저는 그 분에게 뭐라고 하기 직전까지 갔지만, 이미 화가 나 있으니 문제를 더 키우지 말자고 생각했죠. 하지만 개인적으로는 충격을 받았어요. 힘든 일이라는 건 이해하지만, 육아를 감당해야 하는 다른 싱글 맘들도 있거든요……. […] 정말 충격을 받았어요, 정말[한숨]…… 아버지가 그랬다면…… 성차별적이지만 더 많이 이해할 수 있었을 거예요."

2000년대 초반부터 '공동양육'이 가족법의 기본 원칙으로 자리 잡았지만,[22] 판사들은 여전히 아버지와 어머니를 매우 다른 잣대로 평가한다. 아버지의 노동과 소득을 보호하면서 아이 돌봄("대단한 노력")을 값지게 평가하는 반면, 어머니는 항상 자녀를 위해 존재하고, 아버지의 부재로 일어나는 일을 조정할 것으로 기대된다.[23]

이전 장에서, 검찰청 치안판사인 남편에게 집안일을 '너무 많이 기댈 수 없어서' 전업 가사도우미를 고용한 것을 개인적 승리라고 설명하는 퇴임 직전의 도미니크 베르네샤텔 판사가 떠오르는 대목이다. 가족법 전문 변호사도 마찬가지다. 이러한 경향은 전문 보육 서비스를 이용하기 어려운 저소득층 여성을 대할 때에도 비용을 측정하지 않고도 직업 활동과 자녀 양육을 조화하는 선택을 높게 사는 쪽으로 흘러간다. 판사와 변호사는 여성의 소위 '조정' 능력이 경제적, 문화적, 사회적 자원 및 주변인의 지원에 크게 좌우된다는 사실을 간과하는 경우가 있다. 의식적으로든 아니든, 이런 법률 전문가들은 여성이 놓인 사회적 위치가 어떠하든 여성의 유료 노동은 자기 본연의 역할, 즉 자녀 양육에 따라 좌우되는 게 정상이라는 인식을 정당화한다.

이 쟁점은 프랑스 동부의 시골 지역에 있는 작은 법원에서 셀린과 오렐리 필로샤보가 관찰한 한 사건에서 드러난다. 47세 알제리인 아흐메드 벤사이드, 39세 모로코인 카디자 하툽은 젊은 여성 변호사 두 명, 그리고 에티엔 팔레토 판사와 조정 심리에 회부되었다. 부부에게는 세 살 난 딸이 있으며, 남성은 가정폭력으로 유죄판결을 받고 10개월 동안 별거하고 있다. 그 이후부터 아흐메드는 어머니와 살고, 카디자와 아이는 결혼 당시 거주지에 살고 있다. 이혼을 신청한 건 남성이다. 관계에 폭력적인 맥락이 있음에도 불구하고 하툽은 별거로 인해 재정적으로 어려워져 이혼할 "준비"가 되지 않았다고 말하고, 가구의 수입 대부분이 운전기사로 일하는 남성의 월급(월 1700유로)에서 나온다고 말했다. 남성의 변호사는 이렇게 말한다. "자녀에 대해 마련된 합의점이 적어도 하나 있습니다. 공동 친권, 어머니와의 거주, 첫째, 셋째, 다섯째 주, 토요일 오전 11시, 일요일 오후 7시에 우호적인 방문 및 숙박권, 남성이 공동 차량을 사용할 수 있는 조건입니다."

"난 일해요. 월요일부터 토요일까지 새벽 3시에 일어나고, 차가 필요해요!"라고 남자는 덧붙인다. 여자는 건조하게 가로막는다. "그래서 그가 일하면 나는 일을 할 수가 없어요!" 하톱은 차가 없으면 일자리를 다시 찾을 수 없을 것이라 설명한다. 그의 변호사는 하톱이 15개월 기간제 계약직으로 일했으나 계약이 갱신되지 않았고, 실직 후 생계를 위해 가사를 했으며 재취업을 위해 비싼 경비원 교육 과정을 거쳤다고 말한다. 변호사는 방문 및 숙박권 문제도 제기했다. "벤사이드 씨는 금요일 저녁에 방문할 권리를 포기했어요. 그러나 하톱 씨는 금요일 저녁부터 일요일 저녁까지의 방문 일정을 제안했어요. 아버지가 딸을 하루 더 보는 건 좋은 일 아닌가요!" 남자는 토요일 아침에 일해야 한다고 항의한다. "어떻게 하라고요? 지금은 어머니와 함께 지내니 괜찮지만, 나가 살게 되면 어떡하란 말입니까?" 변호사가 즉각 답한다. "유모를 구하면 되죠!" 어머니는 구석에서 소리쳤다. "그 애 책임이 아녜요……. 매일 일할 자리를 찾으려면 어떡해야 하나요?"

여기서 급여를 받는 피고용인("유모를 구하면 되죠!")에게 위임함으로써 집안일과 직업을 조정할 수 있는 여성 변호사의 사회적 세계와, 수입이 적어서 그러한 가능성에 가 닿을 수 없는 소송당사자의 사회적 세계 간의 불일치가 드러난다. 그러나 남성의 변호사는 어머니가 주말마다 아이를 돌볼 시간이 있어서 전남편이 직업 때문에 받는 제약을 조절할 수 있다고 본다. 다시 한번 말하지만, 남성의 유급 직업 노동은 가치 있게 평가되고 보호받는 반면에 여성의 무급 가사노동은 그 착취가 정당화된다.

아버지가 토요일에 일하고 주말 내내 자녀를 돌볼 수 없는 경우 아버지의 접근권과 주거권을 축소하게 되지만 여성은 자녀를 우선으로 두고 이를 중심으로 근무시간을 구성해야 한다. 만일 이에 대한 금전적 보상을 요구한다면 정당하지 않은 것으로 간주된다. 이런 편향은 경제적으로도 큰 함의를 갖게 된다. 자녀와 함께 거주하는 어머니가 부담하는 보육 비용은 계산에 포함되지 않으며, 자녀를 돌보기 위해서 경제활동이 감소하고 그로 인해 발생한 소득 손실에 대한 보상은 더더욱 고려되지 않는다.

## 어머니의 희생을 고려하지 않은 척도

양육비를 계산하는 구체적인 방식은 어머니가 매일 자녀를 돌보는 데 드는 기회비용을 무시하는 쪽으로 만들어져 있다. 경제학자들이 쓰는 말로, **기회비용**은 얻을 수 있었던 것을 잃는다는 뜻이다. 이때 잃은 것은 어머니의 소득이고, 자녀를 혼자 돌보기 위해 근무시간을 줄이는 문제와 관련 있다. 아버지의 소득만을 기준으로 양육비를 산정하면 판사는 이혼 후 양육자 역할에 여성이 치르는 이 비용을 무시하게 되고, 그렇게 결정을 내리면 결국 자녀를 돌보는 어머니의 소득이 감소하는 결과가 생겨난다.

이러한 관행은 심지어 명시적인 규칙이 되기까지 했다. 2010년 법무부 웹사이트에서 '시뮬레이터' 형태로 제공되는 양육비 가이드라인이 도입되고부터다.[24] 민법 제371조 2항은 자녀의 양육과 교육에 대한 기여도를 결정하기 위한 세 가지 요소(부의 소득, 모의 소득 및 자녀의 필요)에 위계가 없음을 언급하지만, 채무자인 아버지의 소득만 고려된다. 양육비는 단순히 아버지 소득 백분율에 따라서 계산되며('최저생계비' 기준) 두 가지 기준에 따라서 조정된다. 바로 접근권 및 주거권 범위(방문권이 적은 경우 양육비가 높고 교대 거주의 경우 낮음) 및 자매와 형제 수가 그것이다. 표준 방문권의 경우(격주 주말, 방학 기간 절반) 자녀 양육비는 한 자녀의 경우 채무자 아버지 소득의 13.5%, 두 자녀의 경우 자녀당 11.5%, 세 자녀의 경우 자녀당 10%에 해당한다. 따라서 아버지의 지불 능력은 양육비 계산의 핵심 요소다. 어머니의 자원, 생활 조건은 시뮬레이터에서 고려되는 변수가 아니다.

어떻게 이런 선택이 정당화될 수 있을까? 첫째, 판례상 척도가 상대적으로 일관되었기 때문이다. 이 척도의 설계자들은 판사들의 관행적인 성별 편견을 바로잡기보다는 이를 판례의 기준으로 삼았다. 둘째, 척도의 설계자들은 자녀 양육비를 부모 소득비로 계산해 낼 수 있다는 가정에서 출발했다.[25] 이러한 방식의 아동 양육비 측정은 제2차세계대전 직후 빈곤 퇴치를 목표로 공공정책을 시행하면서 시작된 계량경제학 전통에 기반하고 있다. 계량경제학에서 자녀 양육비는, 유자녀 가정이 무자녀 가정과 동일한 생활수준을 유지하기 위해 필요로 하는 추가 소득을 뜻한다. 1990년대 후반부터 프랑스 통계청은 소위 '수정된 OECD' 척도를 택했다. 해당 척도는 가계소비에 기반하는데, 이를 이용한 까닭은 유자녀 가정이 무자녀 가정의 소비와 같아지기 위해서는

어느 정도의 추가 소득이 필요한지를 파악하기 위함이다.[26]

프랑스 법무부가 사용하는, 부모 소득 중 자녀에게 할당되는 몫을 정하는 척도는 이런 맥락에서 생겨났다. 양육비는 어머니 소득의 특정한 비율과 아버지 소득의 동일한 비율을 합한 결과로 간주된다. 양육비로 아버지에게 청구되는 몫은 아버지 소득의 마지막 부분이다.

**자녀의 교육 및 양육 기여에 필요한 양육비 측정을**
**법무부 참조표 작성자에 따라 모델링**

$C_e$는 자녀에게 들어가는 비용,
$Y_f$를 어머니 소득, $Y_h$를 아버지 소득으로 한다.

$$C_e = \alpha(Y_f + Y_h) = \alpha Y_f + \alpha Y_h$$

이 연금 계산 방법은 두 가지 주된 문제를 안고 있다. 첫째, 자녀에게 들어가는 비용에 대한 평가에 논란의 여지가 많다. 2015년 7월, 가족고등평의회는 가족의 총재산에 따라 자녀에게 들어가는 비용을 다르게 측정하는 문제를 다룬 보고서를 발표했다.[27] 이 보고서를 기반으로 한 문화기술지적 연구에 따르면, 서민계층 가정에서 부모는 통계조사에서 가족이 함께 소비하는 것으로 파악되는 예산, 특히 식료품에서 자녀를 위해 희생했다.[28] 예를 들어, 부모는 자녀가 케이크를 먹을 수 있도록 본인은 케이크를 먹지 않을 수 있다. 가족의 필요에 대한 총비용이 과소평가되면 자녀의 비용도 과소평가된다. 통계적으로 '보이지 않는' 이 비용은 결혼 생활 중에는 부모 양쪽이 모두 감당하지만, 별거한 이후에는 아이를 양육하는 쪽, 즉 대체로 어머니가 전적으로 책임지게 된다.

법무부가 제시한 양육비 계산 방식이 안은 두 번째 문제는 어머니의 커리어나 노동소득 면에서 자녀 양육으로 인해 발생하는 **기회비용**을 고려하지 못한다는 점이다. 다시 말해, 육아는 부모 각각의 소득에 영향을 미친다. 부모가 부부로 함께 살면 기회비용을 어느 정도 공유하므로 전체 가구소득이 영향을 받는다. 그러나 이혼을 하면 아이를 양육하는 어머니가 이 부담을 독점적으로 지게 된다. 따라서 직업 영역과 가정 영역 모두에서 여성 노동의 가치에 대한 문제는 양육비를 설정하는 법적 논의에서 거의 다루어지지 않고 있다. 여성의 가사노동은 자녀의 양육과 부양에 대한 기여분으로 간주되지 않는다. 그저 당연한 것이다. 직업 측면에서 이런 가사노동의 기회비용은 자녀 양육비 추정 시 고려되지 않는다. 판사 역시 양육비 설정 척도가 그러하듯이 양육권을 가진 어머니의 커리어와 직업 소득을 거의 고려하지 않는다.

따라서 양육비 척도는 홀로 자녀를 양육하는 어머니가 겪는 경제적 희생을 **이중으로** 무시하는 셈이다. 우선 자녀를 위해 희생하는 소비를 고려하지 않고, 일상에서 아이를 돌보기 위해 희생하는 커리어와 소득을 고려하지 않는다.

환원적인 계량 경제 모델로 정당화되어 반박을 어렵게 만든 오늘날의 프랑스 양육비 계산법은 **역회계**에 해당한다. 법은 자녀의 전체 비용을 논의한 다음 이 비용을 부모가 어떻게 분담할지 결정해야 하는 방식으로 쓰여야 할 것이다. 관행적으로 모든 계산을 결정하는 요인은 아버지의 가처분소득뿐이다. 양 당사자가 법원에 제출하는 서류가 겉으로 보기에 대칭적이기 때문에(아버지와 어머니 모두 소득과 지출에 대한 서류를 제출해야 한다), 자녀 양육비 계산에 존재하는 쟁점의 위계가 가려진다. 법정에서, 유일하게 중요하다고 여겨지는 질문은 이것뿐이다. 아버지가 낼 수 있는 돈이 얼마인가?

## 아버지가 양육비를 지급하지 않는 경우

양육비는 기본적으로 채무자인 아버지의 소득을 기준으로 설정되지만, 그렇다고 해서 이 소득이 집중 조사 대상이 된다는 뜻은 아니다. 가정법원 판사는 전문 회계사를 기용할 수 있기는 하다. 그러나 실제로 판사는 대체로 그렇게 하지 않는다. 소득을 철저히 조사하는 것이 소송당사자에게, 특히 서민계층과 중간계층에게 너무 부담되는 비용을 소요하며 소송절차를 너무 길게 할 수 있기 때문이다.

2009년 3월 파리 법원에서 셀린과 제레미 망댕이 참관한 공개재판은 무척 드문 예였는데, 이때 소송당사자가 자신의 소득을 모두 신고하지 않았다고 암묵적으로 인정했다. 건축업에서 자영업자로 일하는 자크 뒤부아는 가정법원에 전처 미리암 아바디에게 지급하는 두 자녀 양육비(자녀 1인당 월 275유로)를 감액 신청했다. 신청서에는 다음과 같은 자필 문구가 포함되어 있다. “2007년 7월 이후 사업 중단(활동 불충분으로 사업자등록 말소)으로 수입이 없고 정규 직장을 구하지 못해 여러 임시 직업소개소에 등록되어 있으며 2007년 5월 14일 자 명령을 적용할 수 없는 몇 가지 문제가 있다. 따라서 양육비 지급을 중지하고 기존 양육비 지급 건의 취소를 요청한다.”

법정에서 자크 뒤부아는 녹색 점퍼를 입고, 구부정하게 앉아 이브 드페르 판사의 질문에 마지못해 대답하는 등 서민계층 남성 피고인들에게서 흔히 볼 수 있는 태도를 보였다. 동떨어져 있는 자크와 달리 미리암 아바디는 의자에 똑바로 앉아 자신감 있는 목소리로, 정기적으로 살피는 서류를 앞에 두고 말했다. 미리암 이바디는 청과물 도매업체 판매 보조원으로 한 달에 약 1200유로를 번다. 그는 전남편의 요청에 분개하고, 엄숙한 목소리로 그를 이름 대신 성으로 부른다. "그는 건설업자였어요. 집을 짓고 있는 코트다쥐르로 가려고 비행기를 타고, 돈을 쓰고 다녔어요. 뒤부아 씨는 돈을 내지 않으려고 장인 카드를 반납하고, 2000유로짜리 일이 아니면 집에 있기를 선호해요. 12월부터 뒤부아 씨는 너무 많이 일해서 아이들을 볼 수 없었지만 소득 신고를 그다지 하지 않았어요. 반면 저는 정직해서 모든 소득을 신고해서 불안정한 상황에 처해 있습니다." 미리암 아바디는 전남편이 양육비 지급을 피하려 계획적으로 파산한 것이라고 비난한다. 남자는 그것을 부인하지 않는다. 그는 자신을 "시스템을 받아들이지 않는 반사회적인 사람"이라 묘사한다. 이 말은 여성을 분노하게 했다. "뒤부아 씨는 지프를 운전해요. 차의 휘발유 소비량이 제 월급과 맞먹는다고요." 이윽고 아바디는 치안판사에게 회계감사관을 부를 생각이라고 말했다. 이브 드페르 판사는 이렇게 대답한다. "뭐 때문에요?" 미리암 아바디는 깜짝 놀랐고, 잠시 더듬거린다. "계좌를 감시할 감사관"이라고 말한 다음 남자에게 직접 말한다. "나는 놀고먹지 않아! 무엇보다 난 정직해!"

공개재판 직후 있었던 심층면담에서 이브 드페르는 이 사건에서 결정을 내리기가 어려웠다는 데 대해 이렇게 말한다. "남자는 전혀 굴복하지 않을 거예요[…]. 조사 조치를 취하는 것은 어떤 경우에도 그가 원하는 대로 할 거라는 뜻이죠. 남자는 모든 수입을 숨기고 있어요. 그러니까…… 모르겠어요. 그렇게 소득을 숨기면 강제로 조사할 수 없어요. 유죄를 선고하기도 어렵고요. 하지만 어쨌든 돈을 내지 않게 되거나, 돈을 내지 않을 수 있는 상황으로 갈 거예요……. 왜냐면 그 남자, 전처 말대로 지프를 운전한다느니, 기타 등등 말했던 게 사실이라고 확신해요! 분명 그 남자는 돈을 가지고 있을 거예요. 문제는…… 이 경우에는 복잡한 게 아니고, 서류상으로 재산이 하나도 없다는 거예요."

> 제레미 망댕: "하지만 양육비를 결정할 때…… 글쎄요, 양육비를 결정할 때 곤란하지 않으신지……."
>
> 이브 드페르: "네, 하지만 문제는 가지고 있는 증거가 아니라 생각하는 바에 따라서 결정하는 게 결코 효과가 없다는 거예요. 절대로 그렇게 작동하지 않아요. 예를 들어 심리를 할 때 어떤 사람이 파산을 준비한다는 것을 알 수 있어요. 저도 처음에 일부러 파산한 사람들과 씨름하곤 했어요. 그러면 모두 지는 거예요. 그렇게 한 사람은 돈을 갚지 않으니 강제집행 절차가 제대로 작동하지 않거든요. 그러면 결국 항소법원에 가게 되고, 사람들은 끔찍한 상황에 처하게 돼요. […] 어떻게 돌아가는지 아시는지 모르겠지만, 양육비를 주지 않는다고 나중에 고소장을 제출하면 검찰이 조치를 취해서 결국 아동방임죄로 교정법원에 서게 될 수도 있어요. 교정법원에 가는 것은 무척 성가신 일이에요."

열흘 후 내려진 판결에서 판사는 자크 뒤부아가 "자녀 양육 및 교육에 대한 기여분을 지불할 수 없다"라고 판단하고 그의 양육비 지급을 취소했다. 플로랑스 베베르가 지적했듯, 무신고 노동에 대한 도덕적 비난은 무엇보다도 '수평적'이다. 즉 사회적 위계상에서 상하가 아니라 유사한 위치에 있는 사람들 사이에서 이루어진다는 뜻이다.[29] 사회적 지위가 높은 가정법원 판사는 이러한 유형의 관행에 무관심하며, 조사를 더 이어 갈 만한 시간도 의향도 없다. 이런 사건이 형사소송으로 이어지는 경우는 거의 없다.

그러나 **가족 유기**는 형사범죄다. 형법 제227조 3항에 따르면, 양육 의무를 2개월 이상 이행하지 않으면 이 범죄가 성립되며, 2년 이하의 징역형 또는 1만 5000유로의 벌금형에 처할 수 있다. 그러나 실상 검찰은 이 문제를 적극적으로 다루지 않는다.

2014년 10월, 셀린과 뮈리엘 밀은 툴루즈에서 변호사협회가 주최한 양육비 지급 콘퍼런스에 참가했다. 오후 끝 무렵, 가족문제를 전문으로 다루는 변호사들 앞에서 청소년 검찰청의 한 검사는 '가족 유기죄'에 대한 프레젠테이션을 진행했다. 연설은 거의 준비되지 않은 듯했고 매우 짧았다. 검사는 "기소 수준이 낮다"라는 점과, 툴루즈에서는 다른 검찰청과 마찬가지로 "죄목을 적용하는 것이 아니라 돈을 지불하게끔 하는 것이 목표"라는 점을 언급하며 시작했다. 발표자는 기소 취하 조건과 형벌 조정의 빈번한 사용을 설명했다. 연설 말미에 간담회를 주최한 변호사는 "높은 양육비 미지급률"과 "한부모가족의 빈곤"에 대해 우려를 표하며 이 분야에서 "왜 더 엄격한 형법상 조치가 이루어지지 않는지" 질문했다. 이에 대해 검사는 "이런 체납자를 일반 체납자로 간주하는 것을 검찰이 꺼린다"라고 퉁명스럽게 대답했다.

그는 가정법원 판사로 일했던 경험을 바탕으로 양육비 미지급은 "더 넓은 맥락"을 보여 주며, 특히 그 맥락은 부모 간 갈등을 포함하고 있다고 말했다. 즉 어떤 아버지의 양육비 미지급 행위는 자녀를 만나는 데 겪는 어려움의 이면이라는 것이다. 이 주장은 회의장에 항의를 빗발치게 하고, 많은 소란을 일게 했다. 많은 변호사들이 시끄럽게 항의했다. "너무 쉽네! 항소가 접수되지도 않겠어!" "양육비는 지급되지 않는데 매번 의심받는 건 어머니들이지!" 또 다른 변호사는 다음과 같이 흥분했다. "양육비를 받지 못하는 여성의 고통을 알고 있잖아요. 중재를 이야기하지만 이 단계에서 우리는 모든 것을 시도했고 오직 국가만이 양육비를 회수할 수 있습니다!" 그러나 검사는 설득되지 않는다. "기소로 아무 일도 일어나지 않아요!" 한 변호사는 자신이 여러 차례 항소했지만 결국 포기했다고 말했다. "검사가 돈을 제대로 지불하지 않는 아버지의 이익을 옹호한다"라고 변호사는 말했다. 가정법원 판사는 고소 및 기소 건수에 관한 전국적 차원의 수치가 존재하는지 물었다. 검사는 수치를 모른다고 인정하며 질문을 회피했다. "기소가 이 문제를 해결하는 게 아니라는 걸 알아듣지 못하니 참 곤란하군요!"

최근 법무부가 이혼한 지 2년 된 여성들을 대상으로 실시한 설문조사에 따르면, 양육비 미지급을 경험한 응답자 중 38%는 집행관에게 임금 혹은 은행 계좌 압류 등 지급 조치를 자비를 들여 취했다고 답했으며, 12%만이 가족 유기에 대한 소를 제기했다고 답했다.[30]

2013년 11월, 셀린은 다른 많은 사건(주로 가정폭력)과 함께 가족 유기죄를 다루는 파리 지방법원 교정법원의 판결에 참석했다. 해당 사건을 주재한 판사 브누아 아르티그는 심층면담에서 가족 유기죄로 인한 교정법원 출두는 최후의 수단이라고 설명했다. "이런 상황에서는 중재를 하고, 형법상 중재자의 개입이 이어지는 것이 논리적이에요. 우리는 사람들을 화해시키려 노력해요. 양육비를 지급하지 않거나 지급하지 않았던 사람은—분쟁이 있었기 때문이든 지급할 수 없기 때문이든—바로 청문회에 보내는 대신 확인을 하고, 항소하고, 양육비 검토 요청을 하게 되면서 시간이 걸려요. 아버지가 양육비를 댈 수 없다고 해서 바로 청문회에 보내는 일이 없도록 노력해요."

교정법원에서의 절차는 양육비 지급 능력이 있음에도 불구하고 지급하지 않는 아버지를 위한 것이다. 항소 절차가 길고 다양하며, 미지급 양육비는 몇 년에 걸쳐 지급되기 때문에 날짜와 수치를 놓고 다툼이 벌어지기도 한다. 한 사례로, 직업이 없는 어머니에게 자녀가 여전히 의존하고 있음을 법원에서 여러 차례 확인했음에도 직업을 알 수 없는 한 아버지(보너스 제외 13개월간 월 소득 2050유로)가 성인 딸에 대한 양육비(월 220유로) 지급을 거부한 경우가 있다. 어머니 쪽 변호사는 2005년 이후 어머니가 입은 손실을 1만 7056유로로 추정한다(어머니는 1만 9450유로가 아니라 2394유로만 수령). 브누아 아르티그 판사는 이 사건이 2006년 10월 1일부터 2011년 1월 1일까지의 기간 동안만을 법원에 회부했으므로 전체 양육비 회수 판결을 내릴 필요가 없다고 했다.

이러한 판결의 주요 쟁점이 경제적인 문제가 아님은 분명하다. 검사는 3개월 징역형을 요청했다. 판결 순간 브누아 아르티그는 매우 엄숙했다. "귀하는 유죄판결을 받았으며 딸을 돌보는 데 양심적이지 못한 태도를 보여 주었습니다. 민법에서 자녀가 자급자족하는 상태가 아닐 때, 자녀에 대한 부모의 부양은 당연한 의무임을 상기시켜 드리고 싶습니다. […] 귀하는 집행유예를 동반한 1개월 징역형을 선고받았습니다. 귀하의 딸은 오늘날 경제적으로 독립적인 상태입니까? 귀하가 이에 대해서 알지조차 못한다는 점이 딸에 대한 귀하의 관심을 나타냅니다. 이런 상태가 계속되면 귀하에 대한 소가 또다시 제기되고, 이번에는 실제

징역형이 선고될 것입니다. 여성은 민사소송을 제기했습니다. 귀하는 비금전적 손해에 대한 1000유로, 제475조 1항에 따른 800유로 추가 지급 명령을 받았습니다. 양육비 체납액 회수와 관련하여 해당 법원은 강제력을 행사할 수 없으며, 그에 관해서는 가정법원에서 처리될 것입니다."

형사소송의 주요 목적은 법을 엄숙하게 상기시키고, 양심 없는(그래서 징역형을 선고받을 위험이 있는) 아버지를 겁주는 것이다. 경제적 관점에서, 형사판결은 미지급 양육비 채권자에게 전 배우자의 임금을 압류할 수 있는 추가적인 수단을 제공한다. 그러나 미지급 양육비를 되찾기 위한 싸움은 끝나지 않았다.

## 미지급 양육비 되찾기: 가족수당기금의 새로운 과제?

2019년 9월, 니콜 벨루베 법무부 장관과 크리스텔 뒤보 보건연대부 장관, 마를렌 시아파 양성평등부 장관이 양육비 지급을 위한 공공서비스 신설을 발표하며 대대적인 홍보에 나섰다.[31] 이 개혁은 노란 조끼 운동 당시 광장에 등장해서 운동하던, 홀로 자녀를 양육하는 여성들의 경제적 요구에 대한 응답으로 제시되었다. 2020년 6월부터 부모의 요청에 따라 이혼 판결 또는 이혼 합의서가 발급되는 즉시 가족수당기금은 채무자 부모의 계좌에서 금액을 인출하여 수령자 부모에게 지급하는 중개자 역할을 할 수 있다. 특히 가정폭력의 경우 두 부모 간의 접촉을 피하고 양육비 미지급을 방지할 수 있다. 미지급 금액이 신고되면, 채권자 요청에 따라 가족수당기금은 채무자에 대해 최대 24개월까지 회수 절차를 개시할 수 있다. 상황이 정상화될 때까지 가족수당기금은 유자녀 여성이 재혼하지 않은 경우 자녀 1인당 가족지원수당을 월 115유로 지급할 수 있다. 2021년부터는 이 제도가 이전부터 오랫동안 별거한 부부를 포함하여 모든 부모에게 확대될 수 있다.

'혁명'이라고 이야기되었지만 실제로 이 시스템은 이미 이전부터 상당 부분 존재했다. 2014년부터 가족수당기금 지사 스무 곳에서 미지급 양육비에 대한 보증GIPA을 실험하며 양육비 회수에서 그 역할이 강화되었다. 이 역할은 2017년 1월 가족수당기금 내 미지급 양육비 회수를 위한 국가기관ARIPA이 설립되며 한층 두드러졌다. 2019년 유일한 새로운 기능은 지금까지 잘 알려지지 않았던 이 제도가 다시 알려지는 한편으로, 미지급이 입증될 때만 아니라 별거가 이루어지는 때부터 가족수당기금이 회수에서 중개자 역할을 할 수 있다는 사실이다.

사회학자 에밀리 빌랑Émilie Biland은 2012년 니콜라 사르코지부터 2019년 에마뉘엘 마크롱까지, 2014년 나자트 발로벨카셈과 로랑스 로시뇰에 이르는 모든 정치 성향의 정치인들이 관련 내용을 발표하며 가족수당기금 내에서 징수가 이루어지는 과정을 실시간으로 연구했다. 빌랑은 개혁에 관한 모든 보고서를 참고하고, 개혁을 추진한 고위 공무원과 이 주제에 대해 공개적으로 발언한 페미니스트 활동가들을 인터뷰했다. 에밀리 빌랑은 미지급 양육비에 대한 최근의 이니셔티브를 "눈속임으로 인한 회복"이라고 묘사한다.[32]

2017년 프랑스 사회보장기금에 따르면, 양육비 미지급 피해자의 10%만이 실제로 가족수당기금을 이용했다.[33] 가족수당기금이 수혜자들을 대상으로 실시한 연구에 따르면 가족지원수당 절차가 복잡하고 행정 요건이 까다로워 양육비 미지급 채권자들이 신청하지 않는다고 인정한다.[34] 에밀리 빌랑은 또한 페미니스트 단체 대부분이 이 문제보다는 여성에 대한 폭력 문제에 초점을 맞추거나 가족수당기금 내 양육비 회수 기관 설립에 대한 논의에 참여하지 않는 등 이 문제에서 적극적으로 운동을 전개하지 않음을 보여 주었다.

2012년에 설립된 단체인 '가족유기-톨레랑스제로'만이 부부 별거 중 '여성과 아동에 대한 경제적 폭력'에 반대하는 입장을 공개적으로 취하고 있다. 단체의 공동 설립자인 스테파니 라미는 과거는 물론 개혁이 이루어진 현재까지도 미지급금 환수 기관이 가진 단점을 비판한다. 우선, 라미는 미지급 양육비를 대신해 가족수당기금이 지급하는 가족지원수당이 별거 중인 기혼 여성이 다른 남성과 동거하지 않을 때에만 지급된다는 사실을 비판한다. "이 사실은 여성들이 국가 행정부를 후견인으로 두거나 남자를 후견인으로 둔다고 간주된다는 의미입니다."[35] 라미는 또한 가족수당기금이 보조금을 처리하는 데 몇 달이 걸리고 민사 절차가 상호 배타적이라고 비난한다. "수혜자가 재무부에 회수 절차를 진행하는 경우 보조금을 받을 자격이 없어요. 반대로 가족수당기금이 서류를 관장하고 있으면 집행관에게 사건을 회부할 수 없어요."[36]

마지막으로, 이 제도는 자동 시행되지 않고, 채권자의 요청이 있어야만 개시된다. 따라서 여성은 모든 행정 업무를 책임지면서 '징징거리는' 위치에 갇히게 된다. "모든 절차는 이미 혼자서 아이를 돌보고 있는 어머니가 아니라 빚을 진 사람이 취해야 합니다."[37]

다른 정치적 선택도 가능하다. 1975년 양육비 공적 회수 시스템을 구축한 선구자로서 항상 인용되는 퀘벡은 회수 업무를 세무 당국에 맡겼다. 당국은 양육비를 지급하지 않는 아버지(특히 상류층)를 상대로 훨씬 설득력 있고 강력한 행정을 펼친다.[38] 프랑스 국가는 재무부 대신 가족수당기금을 선택하고, 채권자의 요청이 있을 때 징수 조치를 계시함으로써 서민계층 남성의 소득을 보호하는 위치에 서고, 여성을 행정 업무의 최전선에 배치한다.

마지막으로, 가족수당기금의 양육비 징수 시스템은 실제로 서민계층을 위한 것임에 유의해야 한다. 가족수당기금은 많은 복지 혜택(보조금, 주거비 혜택 등)을 관리하기 때문에 둘 다 수혜자인 경우 이들의 서류를 잘 파악하고 있다. 서민계층 아버지의 공식적인 소득이 통제하에 있다는 의미다. 가족수당기금과의 거래가 적고 소득 확인이 어려운 중산층 및 상류층 아버지의 경우에는 그렇지 않다.[39] 또한, 양육비를 회수하는 가족수당기금은 아동 1인당 월 115유로보다 높은 양육비를 받을 가능성이 높은 중산층 및 상류층 여성에게는 관심이 적다. 이는 가정법원 판사가 결정한 양육비와 가족지원수당 간의 차액을 징수 기관이 보장해 주지 않기 때문이다.

## 여성의 예산 및 섹슈얼리티 관리

마르셀 모스Marcel Mauss의 『증여론L'Essai sur le don』[40] 이후, 인류학은 우리에게 증여가 주는 사람의 지위를 향상시키고 받는 사람의 지위를 낮춘다는 점을 가르쳐 주었다. 이혼한 서민계층 남성 다수는 관대한 증여자의 자세를 취할 만한 지급 수단을 갖지 못한다. 감히 자신에게 빚진 바를 주장할 수 없는 많은 여성들은 전 배우자와의 권력관계를 계속 유지하기보다는 어려운 물질적 조건 안에서 살아가기를 선호한다. 따라서 그들은 스스로와 자녀를 부양하기 위해 사회 당국, 특히 한부모가족에게 특정 사회적 혜택(2009년부터 재편된 보조금) 또는 불특정한 혜택(가족수당, 주거 보조금 등)을 제공하는 가족수당기금에 의지한다.

프랑스에서 서민계층 내에서는 공적 재분배가 성별에 따른 경제적 불평등을 일부 보완하는 역할을 한다. 이혼 후 빈곤해진 어머니들은 복지국가의 보살핌을 받아야 했다. 1980년대에 접어들면서, 한부모가족 전용 수당 신설은 미지급 양육비 환수 제도 도입과 양육비 지급액에 대한 논쟁에 대한 대안으로 보였다. 그러나 당시에 실제 지급되는 금액은 무척 적었다. 경제위기와 함께 증가하기 시작한 실업과 불안정한 임금 등 남성들이 직면한 경제적 어려움에 기인한 결과였다.[41] 2010년 양육비 지급액 척도 도입도 동일한 접근 방식의 일환이다. 이전 판례와 비교할 때, 이 법은 어려움에 처한 유자녀 여성에 대한 사회적 지원이라는 관점에서 가난한 아버지에 대한 양육비 지급을 더욱 줄였다—일반적으로 이 양육비는 더 가난한 어머니에게 돌아간다.

북미의 상황은 매우 다른데, 신자유주의적 사회정책으로 인해 서민계층 여성들은 프랑스보다 더 많이 고통받으며, 전 배우자로부터 실질적으로 경제적 이전을 받지도 못한다.[42] 서민계층 남성, 특히 해당 남성이 흑인일 경우 양육비를 지급하지 않으면 형사처벌 대상이 되는 미국에서 볼 때 프랑스의 상황은 만족스러워 보일 수 있다.

그러나 더 자세히 살펴보자면, 프랑스식 가족 지원은 여성으로 하여금 예산과 섹슈얼리티와 같이 내밀한 삶에 대한 국가의 통제라는 대가를 치르게 한다. 법정에서 청구서, 은행 명세서, 의료비 청구서, 학교 출석 증명서, 여가 활동 등록 증명서를 제공하고 이러한 비용을 새로운 동거인 남성과 나누는지 아닌지를 증명해야 하는 의무를 진 쪽은 대부분 어머니다.[43] 전 배우자가 자녀를 돌보지 않으면서 자신보다 소득이 두 배 많아도 법정에서 지불 능력이 없다고 선언되면 사회부조에 의존해야 한다. 그러나 가족수당기금은 이혼한 여성이 아니라 **빈곤층**(어떤 보조금은 수입 제한선이 있다) 어머니 및 **고립된** 어머니를 지원한다. 한부모가족을 위한 사회적 혜택을 받으려면 재혼한 상태가 아님을 정기적으로 증명해야 한다.

이러한 정책을 선택할 때 발생하는 결과는 무엇일까? 첫 번째는 여성을 청구인의 위치로 유지시키는 것이다. 자녀의 아버지는 양육비 지급이 (거의) 면제되는 반면, 어머니는 생계 보장 혜택을 받기 위해 전적으로 복지국가에 마주해 행정절차를 밟을 책임을 진다. 여성들은 '관리될 수 없는 것의 관리자'로서 노동 대부분을 떠안는다. 아이들에게서 박탈될 수 있는 몫을 최소한으로 유지하면서 월말까지 예산을 균형있게 사용해야 하는 것이다.[44] 자녀를 매일 돌봄으로써 양육과 교육에 주된 기여를 하는 것도 여성이지만 양육비와 수당을 청구하는 위치에 있는 것도 여성이기 때문에, 정기적으로 자신의 재정 상황 및 결혼 여부를 증명해야 하는 것도 바로 여성이다.

19세기 말 페미니스트이자 무정부주의 운동가 루이즈 미셸Louise Michel은 회고록에서 "노예는 프롤레타리아이고, 모든 사람의 노예는 프롤레타리아의 아내"[45]라고 쓴 적이 있다. 21세기 초, 이혼이 널리 퍼지고 있는 오늘날에는 모든 사람의 노예는 무료 가사노동에 배정되고 국가나 새 배우자에게 재정적으로 의존하도록 단죄받은 프롤레타리아의 전처라고 말할 수 있다.

## 끝맺으며

마르크스는 계급을 노동력이 아닌 생산자본의 소유 여부에 따라 정의했지만, 20세기 서구 국가의 사회적 계층화와 착취는 임금노동의 조건이 일반화되면서 변화했고 이는 대체로 학력자본에 따라 다른 결과를 보였다. 따라서 사회학자들은 직장과 학교 사이의 사회계층 관계의 구성을 조사했다. 그러나 21세기에 접어들며, 생활 조건과 사회적 지위에서의 차이가 경제자본의 가족적 대물림과 점점 더 연관된다.

현대 자본주의에서 부의 불평등이 심화된다는 점은 통계가 확실히 뒷받침한다. 일부 사회집단은 자본을 적절히 활용하여 부를 자녀에게 대물림하는 반면, 다른 집단은 부에 접근할 기회를 영원히 박탈당한다. 경제자본이 재생산에 대해서 수행하는 새로운 역할에 관심을 가지기 위해서는, 사회계층을 재해석하는 새로운 접근법에 대해 알아야 한다. 가족관계와 성별 불평등이라는 관점으로 독해하는 것이다.

## '21세기 자본'에서 자본의 성별로

지금까지는 토마 피케티를 필두로 경제학자들이 부의 불평등의 심화를 연구했다. 『21세기 자본』과 비교하자면 우리의 연구는 두 방향으로 나아간다.

우선 사회계층을 중요시하는 사회학적 관점으로, 가족과 법 간에 차별적인 관계가 존재한다고 본다. 이 관계는 부의 불평등을 통계로 내는 데 영향을 미친다. 경제자본과 문화자본을 가진 부유층에게는 선택권이 있다. 자신들이 소유한 모든 재산을 다 신고하지 않고 자녀에게 상속하기로 선택할 수 있다. 그들은 이 권리를 활용한다. 그러나 자산을 보유했어도 문화자본이 적고 그리 부유한 것도 아닌 계층은 국가의 통제로부터 자산을 보호하기가 더 어렵다. 반면에 문화자본만 높은 가정은 자산을 과소하게 신고할 확률이 적다. 마지막으로, 경제자본과 문화자본이 모두 부족한 계층은 당국에게 모든 자산을 드러내고, 그 과정에서 자산이 약화된다. 개인이 가족법과 재산법을 접하는 사회적 위치에 따라 자산을 공식화하는 능력에 차이가 생긴다. 따라서 사회계층 간 부의 불평등에 대한 통계만으로는 현실을 다 설명할 수 없다.

다음으로, 우리는 부의 가족적 차원을 고려했다. 부의 불평등을 다루는 경제학자들은 가구구성원 간의 분배, 그들 간 관계를 질문하는 대신에 가구를 하나의 단위로 설정하여 부에 다가간다. 우리가 그 대신 질문하는 내용은 누가 가구에서 무엇을, 왜 소유하는지이다. 데이터의 단편적 특성에도 불구하고 통계조사의 구성 방식상, 성별에 따른 자산 불평등을 밝히기 위해 가구를 관찰 단위로 해체하는 가치를 보여 주었다. 또한 가족에 대한 문화기술지적 연구를 통해 개인이 소유한 자산을 처분할 권리가 성별에 따라 동등하지 않다는 사실을 밝혀냈다. 법률 전문가들은 가족 자산이 성별에 따라 불평등하게 분배되는 문제를 합리화함으로써 남성이 점한 부를 저평가하는 데 일조한다. 프랑스 통계청의 '자산' 조사에 명시된 수치, 2015년 프랑스 여성과 남성 간 부의 격차 16%는 빙산의 일각일 뿐이다.

## 페미니스트 가족사회학을 위하여

지난 20년간, 프랑스 사회과학 분야에서 젠더연구는 그 모습을 드러내면서 나름의 입지를 확보했다.[1] 다른 연구자들처럼 우리도 '유물론' '포스트구조주의' '퀴어이론' 사이에 그어진 인식론적, 정치적 구분에 구애받지 않고 서로 다른 뿌리에서 파생한 여러 이론을 '동시에, 그리고 비슷한 열정으로'[2] 수용해 왔다.[3] 2000년대 초 연구 경력을 쌓아 가는 초기에, 우리는 미국과 프랑스에서 영어로 **젠더연구**에 대한 교육을 받았다. 동시에 우연한 계기로 프랑스 페미니즘을 연구하게 되었다. 조앤 스콧Joan W. Scott의 저술 「젠더: 역사 분석의 유용한 범주Gender: A Useful Category of Historical Analysis」[4]를 읽은 후, 우리는 젠더라는 관점으로 세상을 보고 성별의 권력관계를 사유함으로써 가족사회학, 경제사회학, 기업사회학 분야를 흔들겠다는 데 뜻을 모았다.[5]

국립과학연구원과 대학에 자리를 얻은 우리는 이전 세대처럼 '전투적'이라는 이유로 연구자로서의 자질을 박탈당하지 않고[6] 앞선 세대보다 더 폭넓은 범위에서 연구와 교육에서 **페미니즘**을 적용할 수 있었다.[7] 젠더연구는 남성 중심적 지식의 관점을 폭로하고 도전하는 데 필수적으로 기여한다.[8] 권력관계를 설명하는 모든 비판적 지식이 그러하듯이, 젠더연구는 가장된 중립성 대신 연구자의 주관적인 정치사회적 입장을 고려하고, 한편으로 객관성 기준을 적용하는 과학적 객관성의 비전을 제안했다.[9]

본서는 '가족 내 경제'라는 연구 주제로 1970년대 유물론 페미니즘이 선호한 '가부장제의 정치경제학'으로 돌아온다. 당시 아내의 무료 노동을 착취하고 전유하는 가장의 지배를 이론화한 주제로 회귀한 것이다.[10] 그러나 젠더연구와 페미니즘 운동은 그 사이 이 문제를 대체로 소홀히 대했다. 물론 페미니즘 활동가들이 이성애 가족 내에서 요구를 하는 데 겪는 어려움은 실비아 페데리치Silvia Federici가 미국에서 가사노동에의 임금 지불을 둘러싼 쟁점을 설명하며 보여 주는 등 여타 국가적 맥락에서도 발견할 수 있지만,[11] 이 연구가 포기되는 데에는 프랑스라는 나라가 가진 특수성이 존재한다.

1980년대 프랑스에서 유물론적 페미니스트들은 가족사회학을 배제하고, 마르크스주의로 논할 만한 직업에서의 영역을 다루는 사회학에 집중했다.[12] 이 세대 여성 연구자들은 직장 내 여남 간 불평등에 초점을 맞추었다.[13] 이들은 공사 영역의 이분법을 넘어 일을 개념화하는 데 기여했지만, 한편으로는 이분법을 유지하기도 했다.

가족이라는 영역에 대한 무관심은 프랑스 국가주의 페미니즘의 방향성을 반영하기도 한다. 19세기 이후 친국가주의적 관점에서 추구한 가족 정책의 보수적 기조로,[14] 프랑스 페미니스트들은 여성의 해방을 직업 영역에서 추구할 수 있다고 믿었다. 따라서 제도 내에서 여성의 대의를 장려하는 사람들은 직업적 평등이라는 주제를 택하고 가족관계에서 발생하는 경제적 불평등에 대해서는 포기했다.[15]

급진 페미니즘에서도 엇비슷한 이유로, 페미니스트들은 대안적 가족 모델과 성소수자의 권리 증진을 위해 가족에 대한 연구는 뒷전이었다. 퀴어 비평을 통합한 젠더연구는 미국에서처럼, 프랑스에서도 이성애 섹슈얼리티의 비중과 몸의 관계에 초점을 맞춘다.[16] 연구, 활동 모두에서 남성우월주의자들은 이혼의 순간을 정치화함으로써 가족관계를 페미니스트보다 더 빠르게 주제로 다뤘다.[17] 그럼에도 불구하고 연구 영역과 활동 영역 모두 여성에 대한 폭력과 싸우며 가족관계 속 물리적 지배관계에 대한 관심을 되살렸으며, 최근 연구들은 공권력이 이러한 폭력을 다루는 방식에 의문을 제기한다.[18] 페미니스트 단체가 양육비 미지급 문제를 쟁점화하면서 '여성과 아동에 대한 경제적 폭력'이라는 용어를 퍼뜨리는 데 성공한 것은 우연이 아니다. 본서에서 다루는 연구 역시 가족 내 성별에 따른 지배관계에 대해 연구 영역과 활동 영역이 관심을 기울인 결과다.

## 성별을 활용한 가족 재생산 전략 재검토

본서는 부르디외의 가족 재생산 전략이라는 개념을 페미니즘 관점에서 재검토하게끔 한다.

피에르 부르디외의 사회학은 본 연구에서 중심적이면서도 역설적인 역할을 한다. 카빌리와 베아른 농촌사회에 대한 부르디외 초기 연구는 경제자본의 상속을 통해서 재생산을 사유할 수 있게 하는 귀중한 개념적 툴을 제공한다. 그러나 부르디외 사회학은 같은 개념을 급여 생활자가 증가한 제2차세계대전 이후의 프랑스 사회에 적용하였다. 이러한 관점을 확장하여 사회적 배경에 따라 달라지는 가족 교육 전략[19]과 그 결과가 개인과 가족 간의 관계에 미치는 영향을 강조했다. 『세계의 비참La Misère du monde』에서, 이전 세대와는 전혀 다른 세상에서 유산을 물려받은 상속인에게 가족은 도덕적 딜레마, 죄책감, 때로는 고통도 낳는 장소라고 분석된다. 피에르 부르디외는 아들에 대한 아버지의 열망과 야망, 그리고 아들이 물려받은 유산을 전유하는 사이에 모순을 만들어 내는 상속에 대해 매우 개인적인 글을 썼다.[20]

상속, 상속인, 자본이라는 어휘를 경제적 영역에서 차용해 문화 분석에 사용함으로써 경제적 상속을 도리어 모호하게 만들어서는 안 된다. 오늘날 재생산을 사유할 때에는 경제자본과 문화자본을 필수적으로 관련지어 생각할 수 있어야 한다. 예를 들어, 파리 주변에 젠트리피케이션이 일어나는 지역에서는 상속받은 문화자본 및 경제자본을 충분히 축적한 여성과 남성이 수익성 높은 부동산 투자 덕에 지적 자산이나 직업적 지위가 취약할 때에도 부르주아 계층으로 남아 있을 수 있다. 이 계층은 가족의 지원을 받아 적재적소에 투자할 뿐 아니라 재산의 가치를 높인다. 경제자본을 가진 부유층이 특정 지역으로 이주하여 주택을 높은 가격에 구입하면서 오히려 이들이 보유한 부동산의 가치가 증가한다.[21] 반면, 대도시 중심가의 부동산 가격 상승으로 인하여, 학력을 갖춘 계층은 사회적 지위를 유지하기 어렵고 학력을 경제자본으로 전환하기도 어려워진다.

위처럼, 가족 내 지배관계와 가족 재생산 전략이 가족 내에서 만들어내는 불평등, 특히 성별과 출생 순서에 따라 발생하는 불평등을 분석하는 연구는 거의 없다.[22] 오늘날 여성은 남성보다 더 많은 자격을 갖추게 되었다. 이런 발전으로 인해 어떤 가정에서는 자녀가 부모의 사회적 이동에 대한 희망을 어느 정도 실현해 주기는 했지만, 여성에 대한 부의 불평등은 계속 증가하고 여성이 하위직에 머무는 현상을 막지는 못했다. 오늘날 대다수 여성이 남성보다 더 많은 자격증을 보유하지만 소득은 42% 적고 관리자가 될 가능성은 더 낮다. 이는 문화자본에 대해 의문을 갖게 한다. 여성이 남성보다 우수한 문화적, 교육적 자원을 가지고 있음은 분명한 사실이지만, 여성과 남성은 동일한 방식으로 그 자본을 활용하는가? 따라서 경제자본과 교육자본을 연결하여 가족 재생산 전략과, 그것이 여성과 남성의 사회적 궤적에 어떤 영향을 미치는지 알아보아야 한다.

본서에서 살펴본 바와 같이, 노동시장에서 성별 불평등은 여전히 매우 심각하다. 이러한 불평등은 **남성 중심** 직장에서 여성이 목소리를 내기 어려운 점 등의 차별과 관련이 있지만, 그뿐만이 아니다. 부분적으로는 학교에서 성별에 따라 다르게 이루어진 교육이 만드는 방향의 결과이기도 하다. 교육은 여학생들을 재정적으로나 상징적으로 보람이 적은 직업으로 유도한다. 성별에 따라서 일과 일에서 기대할 수 있는 보상에 대해 맺는 서로 다른 관계는 시간 순서로 따지자면 가족 안에서 가장 먼저 만들어진다.

가족은 아주 어린 나이부터 금전적 보상뿐 아니라 이타심, 헌신과 같은 상징적 보상에 대한 선호를 학습시킨다.[23] 다양한 형태의 차별적 학습은 성별에 따라 결정된다. 출생 순서의 영향, 그리고 자매와 형제 구성에 따른 영향까지 고려할 때, 여성과 남성 간 명백한 불평등이 발생한다. 앞서 살펴본 바처럼, 경제자본의 축적과 가족 재생산 전략에서 성별 역할이 평생에 걸쳐 적용된다. 아들은 가족 내에서 특권을 가진 자로서, 상속에서 보다 이른 시점부터 혜택을 받아서 더 빠르고 효율적으로 자본을 축적하고, 불확실한 지분으로 현금 보상을 받는 경향이 큰 자매들보다 자산을 더 많이 상속받는다.

이처럼 성별에 따라 차별되는 상속과 성별에 따른 성향은 이성애 부부 내의 성별분업과도 연결된다. 요즘에도 여성은 무급 가사노동에 특화되어 있고 남성은 직업적 커리어에 집중한다. 남성은 출신 원가족에서뿐 아니라 부부와 자녀 안에서도 특권층이다.

반면 여성은 일을 하지만 자본을 쌓지는 못한다. 부부가 이혼 등으로 갈라서는 시점에서 여성이 겪는 빈곤이 뚜렷해진다. '자율성'이라는 명목으로 자산을 개별화하며 여성의 경제적 취약성은 더욱 두드러지고, 원가족 내에서 정당하지 않은 상속인으로 존재하는 여성이 악순환의 고리에 갇히게 한다. 문화자본의 성별은 의문스럽지만,[24] 경제자본의 성별은 단호하게 남성이라 말할 수 있다. 부의 불평등이 점점 더 지위와 조건의 불평등을 형성하고 있음을 생각할 때, 이는 결코 사소한 발견이라 할 수 없다.

## 불평등을 정당화하는 법의 형식적 평등주의

일생에 걸쳐 남성은 부유해지고 여성은 평생 동안 부를 박탈당하는 과정은 가족이라는 친밀한 영역에서만 일어나지 않는다. 형식적으로는 가족법과 재산법이 평등주의적임에도, 그 법이 실행되는 차원들은 성별에 따른 부의 불평등을 정당화하고 비가시화하는 데 일조함을 본 연구는 보여 주었다.

공증인 및 변호사와 같은 전문가들은 가족의 이익을 보호한다는 명목하에, 특히 절세라는 이름으로 성차별적인 과정에 참여한다. 상속의 경우 공증인은 전체 재산의 목록을 작성하고 평가한 다음 동일 지분으로 나누는 대신, 가장 중요한 자산을 남성에게 할당하고 다른 자산의 목록과 평가를 조정하여 공식적으로는 평등하게 만든다. 변호사와 협력하여 부부 재산을 청산하는 때에도 동일한 역회계를 사용한다. 이는 남성이 자매와 전처에게 상당한 보상을 지불할 수 있는 부유한 가정에서 더욱 분명하게 나타난다. 이들은 세무사, 회계사, 은행가, 공증인, 자산관리사 등 다른 전문가와 협의하면서 자기 특권을 유지하도록 보상금을 최저로 책정하고자 한다.

사법의 개입은 불평등을 거의 해결해 주지 않는다. 첫째, 상속 및 부부 재산 청산은 공증인 및 변호사 사무실에서 비공개로 이루어진다. 둘째, 가족에서의 역할과 전문성의 조화를 자랑스러워하는 여성 판사들은 이혼한 여성에게 소득을 제공할 수 있는 법적 도구(예를 들어 이혼 보상금)에 대해 거의 정당성을 부여하지 않는다. 남성 동료들과 마찬가지로 그들은 가사노동의 가치, 특히 여성의 무료 노동이 커리어를 희생하지 않는 남성에게 만들어 주는 혜택을 거의 알지 못한다. 무엇보다도 이러한 보상적 도구는 부유층을 위한 것이어서 그런 도구를 실행하려면 자본이 필요하다.

중산층에서 문화자본과 재산의 축적, 그리고 상속은 결혼이라는 사건을 기반으로 하며 이혼은 이를 약화시킨다. 따라서 법과 법률 전문가들은 여성을 희생시켜 자녀가 집을 상속받거나 사립학교에 계속 다니거나 가업을 물려받을 수 있도록 한다.

가정법원의 판사들은 서민계층 부부의 경우 자녀의 모범으로 여겨져야 마땅한 남성의 노동을 배려하려 노력한다. 판사들은 아버지를 돈이 없는 사람으로 판정하거나 양육비를 낮게 책정함으로써 여성들이 가족수당 혜택에 의존하게 만든다.

본서는 전 사회계층에서 형식적으로 평등주의적인 가족법과 재산법이, 그 실행에서는 여성 빈곤을 강화하는 다양한 방식을 보여 준다. 그럼으로써 프랑스에서 비교적 새로운 법의 성별에 대한 연구에 기여할 수 있다.[25]

## 현대 계급사회의 핵심인 성별

재산 혹은 자격이 있든 없든 간에, 가족법과 재산법을 둘러싼 여남 대립은 가족 재생산 전략을 실행하는 데 경제자본과 문화자본 사이의 복잡한 관계를 관찰할 수 있는 장소다. 여성과 남성이 변호사, 판사와 맺는 관계는 부의 수준뿐만 아니라 신뢰 또는 불신, 공모나 적대, 동일시나 타자화, 편안함 또는 위협을 만들어 내는 사회적 근접성에 따라 달라진다. 법, 전문가 및 국가와의 관계 속에서 드러나는 사회적 위계 역시 성별화되었다. 사회적 사다리 맨 아래에서 여성은 빈곤하다. 이혼을 당하면 전남편에게 비용을 지불하게 하는 대신 복지국가에서의 청구인이자 수급자라는 굴욕에 직면하게 된다. 중산층과 상류층에서는 자산 보유 여부, 자산의 규모에 따라 여성과 남성이 성별화되는 형태가 달라진다. 부부의 주 거주지만 자산으로 보유한 경우, 여성과 남성은 함께 법률 전문가를 만난다. 자산의 가치가 증가하고 다양해지고 또 여기 직업 자산이 포함되면 남성은 공증인 및 변호사와 관계를 맺는 특권을 갖는다. 사회적 사다리의 맨 위에서 남성은 돈에 대한 권력과 행정을 길들일 권한을 오만하게 자임한다.

법 및 전문가와 다양한 관계를 맺는 모든 가족에서, 여성은 남성의 이익에 자신을 희생하게 되면서 더 가난해진다. 성별 불평등에서 계급관계와 남성 지배는 분리할 수 없다. 성별 질서의 재생산은 다양한 사회계층 내에서 부를 보존하고 전달하면서 이루어진다. 한편 계급의 재생산은 남성을 부유하게, 여성을 빈곤하게 만드는 과정을 기반으로 한다. 가족의 부가 개인의 지위를 점점 더 결정짓는 지금과 같은 시대에, 계급 불평등의 해결 없이는 여남 간의 불평등을 해소할 수 없으며, 성별 질서를 뒤집지 않고서는 계급사회를 폐지할 수 없다.

## 자료 목록

# 통계적 자료

주석에 달리 명기되지 않은 한, 2004년부터 2015년까지의 프랑스 통계청 '자산' 조사를 활용해서 나온 통계자료는 시빌 골라크가 만들었다.

본서는 또한 2013년 가족법원 판사들이 2개 항소법원에서 판결한 사건 1000건과 7개 지방법원에서 판결한 사건 3000건을 표본으로 삼은 '가족 사건 4000건'이라는 제목의 자료에도 기초하고 있다.

더 구체적으로는, 2015년부터 2017년까지 우리 연구 팀은 2개 항소법원 관할에 있는 7개 지방법원에서 2013년에 최종 판결이 선고된 가족사건 2983건을 활용했다. 법무부의 일반 민사사건 번호에서 판결 선고 건 가운데 10%를 무작위로 추출해 표본을 만들었다.

주요 소송 유형에 따라 (1) 합의이혼 (2) 재판상 이혼 (3) 법 외 이혼 혹은 이혼 후 등 세 가지 범주가 만들어졌다. 데이터베이스에 따라 각 범주마다 사건 800건에서 2500건이 포함되었다. 이 사건으로부터 소송당사자와 자녀의 사회인구학적 특성(직업 활동 및 주거 상황), 소송의 특성(변호사 유무, 진술들의 길이, 제출 문서 등), 소송당사자의 요구 및 선고에 대한 정보를 얻을 수 있었다. 이에는 전문가 보고서, 아동 심리, 이전 사건 및 당사자가 관련된 기타 법적 절차에 대한 정보도 포함되어 있었다. 사건들 중 10%는 판결이 내려지기 전 중단되었고, 이 경우 분석에서 제외했다.

소송당사자의 사회적-직업적 범주에 대한 출처는 다양했으나, 그중 가장 최신 정보를 기준으로 했다. 소송당사자의 82%는 사회적-직업적 범주를 프랑스직업분류PCS 명명법에 따라 분류 가능했다(이전 PCS를 알 수 있는 현 은퇴자 포함). PCS로 분류를 알 수 없는 이들 중 5%는 은퇴하지 않은 비경제활동인구, 8%는 최종 직업을 알 수 없는 취업자, 실업자, 은퇴자였다. 나머지 5%는 직업이나 경제활동 여부를 알 수 없었다. 소송당사자는 항상 민사사건기록에 기재된 성별에 따라 분류되었다(여성 혹은 남성). 이 해당 사건기록들에 대해서는 서면을 통해 체계적으로 접근 가능했다.

본서의 독자들은 우리가 자료로 삼은 통계 결과의 원본을 다음 웹사이트에서 찾아볼 수 있다. http://justines.cnrs.fr/ les-actualites/le-genre-du-capital/.

## 문화기술지적 자료

### 2장

필롱 가족에 대한 모노그래프, 2001년에서 2003년까지 시빌 골라크.

로젤린 필롱과 심층면담 녹음, 2002년 3월 시빌 골라크.

클레르 쿨멜과 심층면담 녹음, 2002년 1월 시빌 골라크.

알랭 쿨멜과 심층면담 녹음, 2002년 5월 시빌 골라크.

사브리나 르장드르와 심층면담 녹음, 2005년 5월 시빌 골라크.

크리스틴 새놀과 심층면담 녹음, 2005년 5월 시빌 골라크.

시빌 골라크 필드노트: 2005년 4월 8일, 2006년 8월 5일, 2006년 10월 30일, 2007년 1월 5일, 2007년 7월 28일, 2007년 8월 1일, 2008년 5월 7일, 2008년 8월 23일, 2009년 1월 18일, 2009년 7월 8일, 2009년 7월 23일, 2010년 12월 27일, 2012년 2월 22일.

잔 르 베넥과 심층면담 녹음, 2002년 1월 시빌 골라크.

에릭 르 베넥과 심층면담 녹음, 2002년 4월 시빌 골라크.

### 3장

프랑스 서부 지역의 변호사 그라스 뒤퐁베르나르 사무실에서 지네트 뒤랑과의 상담 참여관찰, 2014년 2월 셀린 베시에르와 카미유 페.

프랑스 남동부 지역의 한 지방법원 '정보를 충분히 제공받은 최고경영자' 사건 파일, 2010년 3월 셀린 베시에르와 에밀리 빌랑.

파리 항소법원의 판사 브리짓 시글리이노 사무실 참여관찰, 2014년 12월 셀린 베시에르.

프랑스 남서부 지역의 공증인 세바스티앙 다르기와 심층면담 녹음, 2015년

10월 셀린 베시에르와 시빌 골라크.

프랑스 서부 지역의 공증인 제롬 폴리와 심층면담 녹음, 2016년 2월 셀린 베시에르와 시빌 골라크.

프랑스 남서부 지역의 마르크 푸제와 심층면담 녹음, 2015년 10월 셀린 베시에르와 시빌 골라크.

프랑스 서부 지역의 변호사 이브 르 플로흐와 심층면담 녹음, 2014년 2월 카미유 베르탕과 가브리엘 슈츠.

프랑스 서부 지역의 변호사 그라스 뒤퐁베르나르 사무실 참여관찰 4회, 2014년 2월 셀린 베시에르와 카미유 페.

프랑스 서부 지역의 변호사 미셸 아비트볼 사무실에서 나탈리 무강과의 상담 참여관찰, 2016년 2월 셀린 베시에르와 시빌 골라크.

파리의 변호사 세실 마르탱뒤부아와 심층면담 녹음, 2014년 11월 셀린 베시에르, 오로르 코흘랭, 카미유 페.

파리의 카롤 주브와 심층면담, 2014년 11월 안나 샴프로와 시빌 골라크.

파리의 공증인 장피에르 샤르트랭과 심층면담 녹음, 2015년 1월 셀린 베시에르.

노르망디의 공증인 세드릭 르 구엔과 심층면담 녹음, 2015년 1월 셀린 베시에르.

잔 르 베넥과 심층면담 녹음, 2002년 1월 시빌 골라크.

프랑스 서부 지역의 변호사협회 참여관찰, 2014년 2월 카미유 베르탕, 시빌 골라크, 가브리엘 슈츠.

프랑스 서부 지역의 변호사 아르노 티에슬랭과 심층면담 녹음, 2014년 2월 아나이스 보나노, 시빌 골라크, 오로르 코흘랭.

프랑스 서부 지역의 변호사 그라스 뒤퐁베르나르 사무실에서 고객 상담에 대한 비공식적 대화 참여관찰, 2014년 2월 셀린 베시에르.

파리의 클로티드 랭보도킨스와 심층면담 녹음, 2014년 12월 뮈리엘 밀.

파리 항소법원의 판사 브리짓 시글리아노와 심층면담 녹음, 2014년 11월 카트린 아샹.

프랑스 남동부 지역 한 지방법원의 판사 장 브루네티의 브라히미 사건 재판 참여관찰, 2010년 3월 엘렌 슈타인메츠.

## 4장

공증인 피에르 델마와 심층면담 녹음, 2014년 12월 시빌 골라크.

변호사 안 프리소갈로와 심층면담 녹음 및 이후 변호사가 보낸 서면 자료, 2014년 2월 오로르 코홀랭과 가브리엘 슈츠.

상속 문제 연구 그룹 내 참여관찰, 2016년 2월 셀린 베시에르와 시빌 골라크.

프랑스 서부 지역 한 지방법원에서 뤼포-푸크리 사건, 이혼 참여관찰, 부부 재산분할 및 주택 매매계약에 대한 문서 참조, 2016년 3월 셀린 베시에르.

공증인 마르크 푸제와 심층면담 녹음, 2015년 10월 셀린 베시에르와 시빌 골라크.

공증인 베르나르 르카르와 심층면담 녹음, 2015년 10월 셀린 베시에르와 시빌 골라크.

공증인 자크 빌롱과 심층면담 녹음, 2016년 6월 셀린 베시에르와 시빌 골라크.

공증인 크리스토프 르부르와 심층면담 녹음, 2015년 10월 셀린 베시에르와 시빌 골라크.

변호사 미셸 아비트볼 상담 참여관찰, 2016년 2월 셀린 베시에르와 시빌 골라크.

파리 지방법원 합의이혼 사건 파일, 2013년 6월 뤼실 피에드페.

카트린 뷜과 심층면담 녹음, 2014년 11월 시빌 골라크와 카미유 페.

## 5장

앙투안 뒤푸르넬과 심층면담 녹음, 2008년 1월 시빌 골라크.

장피에르 뒤푸르넬이 자매와 형제에게 2007년 6월 22일 보낸 편지, 시빌 골라크 수집.

앙투안 뒤푸르넬의 변호사가 보낸 편지, 2008년 1월 28일 시빌 골라크 수집.

앙투안 뒤푸르넬이 아버지의 상속 담당 공증인에게 2008년 3월 18일 보낸 등기우편, '재산목록에 대한 이의제기', 시빌 골라크 수집.

롤랑 뒤푸르넬이 2008년 5월 7일 형제에게 보낸 편지, 시빌 골라크 수집.

앙투안 뒤푸르넬이 2008년 5월 13일 형제 롤랑에게 보낸 편지, 시빌 골라크 수집.

2013년 12월 17일 대법원 판사 판결, 시빌 골라크 수집.

파리 '가족법에서 재산 및 세금 문제' 세미나 참여관찰, 2014년 12월 엘렌 슈타인메츠와 가브리엘 슈츠.

공증인 제롬 폴리와 심층면담 녹음, 2016년 2월 셀린 베시에르와 시빌 골라크.

'공증인회의'에서 파리 공증인학교의 사무총장과 인터뷰, 2004년 12월 시빌 골라크.

파리의 카롤 주브 변호사 사무실에서 발레리 파리앙리와의 상담 참여관찰, 2014년 11월 안나 샹프로와 시빌 골라크.

아르노 티에슬랭 변호사 사무실에서 그라스 뒤퐁베르나르 변호사, 마르크, 이자벨 쿠생의 4인 회의 참여관찰, 2014년 2월 셀린 베시에르와 오로르 코흘랭.

프랑스 동부 지방법원 소피 카살라드 변호사 사무실에서 심층면담 녹음, 2009년 2월 시빌 골라크와 라파엘 살렘.

미셸 아비트볼 변호사 사무실 참여관찰, 2016년 2월 셀린 베시에르와 가브리엘 슈츠.

파리 지방법원 재판 관찰, 2010년 1월 뱅자맹 포어와 엘렌 슈타인메츠.

## 6장

파리 지방법원 가족 사건 판사와 비공식 심층면담, 2015년 1월 시빌 골라크.

2007년에 파리 지방법원 보관 이혼 사건, 2009년 5월 윌프렝드 리그니에가 열람.

쟝 브루네티 판사와 심층면담 녹음, 2010년 3월 엘렌 슈타인메츠.

프랑스 동부 지방법원에서 이혼 사건이 진행되는 칼리 부부 사건, 2009년 2월 셀린 베시에르 열람.

프랑스 남동부 지방법원 2007년 이혼 사건, 2010년 3월 셀린 베시에르와 알리나 수루바루가 열람.

프랑스 서부 항소법원에서 도미니크 베르네샤텔 판사 사건 관찰 및 랑드로 부부 이혼 문서 열람, 2014년 셀린 베시에르, 아비가일 부르기뇽, 로맹 피케티.

도미니크 베르네샤텔 판사와 심층면담 녹음, 2014년 2월 셀린 베시에르, 아비가일 부르기뇽, 로맹 피케티.

항소법원의 가정법원장과 심층면담 녹음, 2014년 1월 쥘리 미녹.

플로랑스 시모낭 판사와 심층면담, 2013년 11월 셀린 베시에르와 니콜라 라팡.

파리 항소법원 심리 관찰, 2014년 11월 셀린 베시에르와 바네사 코다치오니.

파리 항소법원 기 로시오와 마르틴 프티 이혼 문서 열람, 2014년 12월 셀린 베시에르와 시빌 골라크.

변호사 카트린 뷜과 심층면담, 2014년 11월 시빌 골라크와 카미유 페.

변호사 미셸 아비트볼 사무실에서 스테파니 베를랑 및 그 아버지와의 상담 참여관찰, 2016년 2월 셀린 베시에르와 가브리엘 슈츠.

공증인 베르나르 르카르와 심층면담 녹음, 2015년 10월 셀린 베시에르와 시빌 골라크.

# 7장

파리 지방법원에서 디아키테-뎀벨레 사건, 안나 드 마테이 판사 참여관찰, 2009년 3월 마리옹 아주엘로와 엘렌 슈타인메츠.

파리 지방법원에서 카트린 블랑샤르 판사 사건 관찰, 2009년 12월 셀린 베시에르와 사브리나 누이리망골드.

파리 지방법원에서 불랭-마르티네즈 사건, 안나 드 마테이 판사 참여관찰, 2009년 3월 마리옹 아주엘로와 엘렌 슈타인메츠.

상드린 카베르네 판사와 심층면담, 2010년 3월 알리나 수루바루와 엘로디 에느캥.

프랑스 동부 법원에서 에티엔 팔르토 판사 사건 관찰, 2009년 2월 셀린 베시에르와 오렐리 피요샤보.

파리 법원의 뒤부아 아바디 사건, 이브 드페르 판사 사건 관찰 및 관련 문서 열람, 2009년 3월 셀린 베시에르와 제레미 망댕.

이브 드페르 판사와 심층면담 진행 2009년 3월 에밀리 빌랑과 제레미 망댕.

툴루즈 변호사협회 양육비 관련 심포지엄 참여관찰, 2014년 10월 셀린 베시에르와 뮈리엘 밀.

파리 법원에서 브누아 아르티그 판사 주재 가족 유기 형사사건 2건 참여관찰, 2013년 11월 셀린 베시에르.

파리 법원에서 브누아 아르티그 판사의 비서와 심층면담, 2013년 11월 셀린 베시에르, 오로르 코흘랭, 아리안 리샤르도.

## 감사의 말

먼저, 본서는 우리에게 본인들의 가족생활이나 직업적 실천에 대한 정보를 제공해 준 연구 참여자 없이는 존재하지 않았을 것이다. 연구 참여자 여러분께 감사의 말씀을 드린다. 본서는 매우 오랜 여정의 결실이다. 때로는 혼자, 대체로 매우 자주 친구들과 동료들 사이에서, 20년 가까이 수행한 연구다.

연구 기간 동안 우리는 각 연구소, 즉 처음에는 모리스할박센터, 이후 셀린의 경우 파리도핀대학교 사회과학학제간연구소IRISSO, 시빌의 경우 파리사회정치연구소 '도시 문화와 사회' 팀CRESSPPA-CSU 덕분에 물질적 지원과 지적 교류를 누릴 수 있었다. 또한 프랑스 국립연구기관('RUPTURES' 젊은 연구자 프로젝트), 법과정의연구단, CNAF, 파리시의 '이머전스' 프로그램 등으로부터 상당한 자금을 지원받았다.

우선 청년 연구 팀(RUPTURES와 JUSTINES)의 모든 구성원들에게 감사를 드린다. 2008년 이후의 이 공동연구는 세미나, 현장 연구, 원고 작성, 발표, 자료 처리 등 혼자서는 할 수 없었을 일을 신속하고 효율적으로 처리할 수 있게 해 주었다. 본서에 담긴 자료의 일부는 이 공동 연구 프로젝트에서 나온 것이다.

공저자인 셀린 베시에르는 직접 연구한 「가족의 부」 관련 학위취득위원회 구성원에게 감사를 드린다. 해당 연구는 2017년 프랑스 사회과학고등연구원EHESS에서 그를 지도하고 학위를 수여한 알렉시 스피어, 제롬 부르디외, 로즈마리 라그라브, 필리프 스테이네, 안카트린 바그너와 플로랑스 베베르가 지원했다. 또한 본서는 2016~2017년 프린스턴 고등연구소IAS가 탁월한 환경과 조건으로 지원하지 않고서는 탄생하지 못했을 것이다. 셀린은 비비아나 젤라이저, 조앤 스콧, 디디에 파상, 캐런 엥글, 앤드루 딜츠, 시다 리우, 토머스 도드먼, 피터 레드필드에게 초기 원고에 도움이 되는 의견을 준 데에 감사를 드린다.

또 다른 공저자 시빌 골라크는 델핀 세르가 작업을 끝마치기까지 주요한 역할을 해 준 데에 감사를 드린다. 또한 가족에 대한 선행 연구를 진행한 플로랑스 베베르에게도 감사를 드린다. 2011년 프랑스 사회과학고등연구원에서 시빌의 논문 「불화의 초석」을 승인해 박사학위를 수여한 지도교수 알랭 셰뉘, 장위그 데쇼, 아녜스 핀, 에블린 세르베랭, 필리프 스테이네에게 감사를 드린다. 그들은 이 연구를 단행본으로 이어 갈 수 있도록 조언하고 영감을 주었다. 또한 시빌은 자신의 분야를 개척한 경제학자에게도 감사를 드린다. 통계청 '자산' 조사를 사회학적으로 분석하는 일이 가치 있다고 믿게 해 준 니콜라 프레모, 안 라페레르, 토마 피케티, 뮈리엘 로저 등에게 감사를 드린다.

원고를 읽어 준 가족과 동료 들에게 감사를 드린다. 파멜라 보피스, 로르 베레니, 에밀리 빌랑, 이자벨 클레르, 안 골라크와 미셸 골라크, 카미유 에를랭지레, 폴 오베이카, 프레데릭 우소, 파스칼 마리샬라, 쥘리 미녹이 원고를 읽고 의견과 격려를 보내 준 점에 감사를 드린다.

마지막으로, 스테판 보, 스테파니 슈프리에, 오렐리 미셸, 폴 파스칼리, 마리솔린 루아이에, 레미 툴루즈, 파비앙 트루옹에게. 이 원고를 믿어 주어 책이 될 수 있도록 도와준 점에 감사를 드린다.

# 후주

## 들어가며

1 여러 기사와 인터뷰를 비롯해 언론에 언급된 잉그리드 르바바쇠르. Audrey Clier, « Qui est Ingrid Levavasseur, figure nationale des Gilets jaunes originaire de Pont-de-l'Arche ? », *Paris-Normandie*, 2019년 1월 12일 자 ; Virginie Ballet, « Ingrid Levavasseur, rond-point en suspension », *Libération*, 2019년 4월 1일 자 ; Ségolène Forgar, « Ingrid Levavasseur : être une femme célibataire est une galère au quotidien », *Madame Figaro*, 2019년 4월 11일 자.

2 Marie-Amélie Lombard-Latune et Christine Ducros, « Ces femmes Gilets jaunes qui ont investi les ronds-points », *Le Figaro*, 2018년 12월 13일 자 ; Emmanuelle Lucas, « Des mères isolées ont porté le gilet jaune », *La Croix*, 2019년 3월 7일 자.

3 « Des centaines de femmes Gilets jaunes manifestent dans plusieurs villes de France », *Le Monde*, 2019년 1월 6일 자.

4 Ana Perrin-Heredia, « La gestion du budget : un pouvoir paradoxal pour les femmes de classe populaire », *in* Anne Lambert, Pascale Dietrich-Ragon et Catherine Bonvalet, *Le Monde privé des femmes. Genre et habitat dans la société française*, INED Éditions, Paris, 2018, p. 93-212 ; Camille François, « Faire payer les femmes : le sexe du recouvrement des dettes

de loyer », *in ibid.*, p. 231-250 ; Matthew Desmond, *Avis d'expul-sion. Exploitation urbaine de la pauvreté*, Lux Éditeur, Québec, 2019 [2016].

5 여러 기사와 인터뷰를 비롯해 언론에 언급된 매켄지 베조스. Rebecca Johnson, « MacKenzie Bezos : writer, mother of four, and high-profile wife », *Vogue*, 2013년 2월 20일 자 ; Jonah Engel Bromwich et Alexandra Alter, « Who is MacKenzie Bezos ? » *New York Times*, 2019년 1월 12일 자.

6 Laura M. Holson, « Jeff Bezos of Amazon and MacKenzie Bezos plan to divorce », *New York Times*, 2019년 1월 9일 자 ; Lauren Feiner, « How the Bezos divorce could impact Amazon shareholders », CNBC, 2019년 1월 9일 자; Alexandre Piquard, « Le divorce de Jeff Bezos crée de l'incertitude sur Amazon et son empire », *Le Monde*, 2019년 1월 10일 자 ; Elsa Conesa, « Le buzz des États-Unis : le divorce de Jeff Bezos suscite des interrogations pour azon », *Les Échos*, 2019년 1월 10일 자.

7 Karen Weise, « Jeff Bezos, Amazon CEO, and MacKenzie Bezos finalize divorce details », *New York Times*, 2019년 4월 4일 자 ; Nicolas Rauline, « Amazon : MacKenzie et Jeff Bezos concluent un accord financier pour leur divorce », *Les Échos*, 2019년 4월 4일 자.

8 Camille Herlin-Giret, « Des affaires d'hommes », *in Rester riche, enquête sur les gestionnaires de fortune et leurs clients*, Le Bord de l'eau, Lormont, 2019, p. 69 및 그 이하.

9 Thomas Piketty, *Le Capital au xxie siècle*, Le Seuil, Paris, 2013. (토마 피케티 지음, 장경덕 옮김, 『21세기 자본』, 글항아리, 2014.)

10 https://cutt.ly/WeKrXIQ

11 예를 들어 Arnaud Parienty, *School Business. Comment l'argent dynamite le système éducatif*, La Découverte, Paris, 2015 ; Gabrielle Fack et Julien Grenet, « Sectorisation des collèges et prix des logements à Paris », *Actes de la recherche en sciences ales*, n° 180, 2009, p. 44-62.

12 Bernard Lahire (dir.), *Enfances de classe. De l'inégalité parmi les enfants*, Paris, Le Seuil, 2019.

13 Christine Delphy, « L'ennemi principal » [1970], *in L'Ennemi principal : économie politique du patriarcat*, Syllepse, Paris, 1998. (크리스틴 델피 지음, 이민경 · 김다봄 옮김, 『가부장제의 정치경제학 1 : 주적』, 봄알람, 2022.)

14 Sylvie Schweitzer, *Les femmes ont toujours travaillé. Une histoire du travail des femmes, xixe et xxe siècles*, Odile Jacob, Paris, 2002 ; Alice Kessler-Harris, *Women Have Always Worked : A Historical Review*, The Feminist Press, New York, 1981.

15 Françoise Battagliola, *Histoire du travail des femmes*, La Découverte, Paris, 2000.

16 Christine Delphy, « L'ennemi principal », *art. cit.* ; Mariarosa Dalla Costa et Selma James, *The Power of Women and the Subversion of the Community*, Falling Wall Press, Bristol, 1972 ; Sylvia Federici, *Point zéro : propagation de la révolution. Salaire ménager, reproduction sociale, combat féministe*. Éditions iXe, Donnemarie, 2016 [2012]. (실비아 페데리치 지음, 황성원 옮김, 『혁명의 영점』, 갈무리, 2013.)

17 Florence Jany-Catrice et Dominique Méda, « Femmes et richesse : au-delà du PIB », *Travail, genre et sociétés*, vol. 26, n° 2, 2011, p. 147-171 ; Maylin Waring, *If Women Counted : a New Feminist Economics*, Harper & Row, San Francisco, 1988 ; Ann Chadeau et Annie Fouquet, « Peut-on mesurer le travail domestique ? », *Économie et Statistique*, n° 136, 1981, p. 29-42.

18 Benjamin Bridgman, « Accounting for Household Production in the National Accounts : An Update, 1965-2014 », *Survey of Current Business*, vol. 96, n° 2, 2016, p. 1-5 ; Aurélien Poissonnier et Delphine Roy, « Household satellite account for France. Methodological issues on the assessment of domestic production », *The Review of Income and Wealth*, vol. 63, n° 2, 2017, p. 353-377.

19 출처: enquête « Emploi du temps » de l'INSEE(프랑스통계청 '시간 사용' 조사). Delphine Roy, « Le travail domestique : 60 milliards d'heures en 2010 », *INSEE Première*, n° 1423, 2012.

20 Ann Oakley, The Sociology of Ho*usework*, Basil Blackwell, Oxford, 1985 [1974] ; Danielle Chabaud-Rychter, Dominique Fougeyrollas-Schewebel et Françoise Sonthonnax, *Espace et temps du travail domestique*, Méridiens-Klincksieck, Paris, 1985.

21 François de Singly, *Fortune et infortune de la femme mariée*, Presses

universitaires de France, Paris, 2004 [1987].

22 Margaret Maruani (dir.), *Travail et genre dans le monde*, La Decouverte, Paris, 2013.

23 Marie Buscatto et Catherine Marry, « Le plafond de verre dans tous ses eclats. La feminisation des professions superieures au xxe siecle », *Sociologie du travail*, n° 51, 2009, p. 170-182 ; Catherine Marry, Laure Bereni, Alban Jacquemard, Sophie Pochic et Anne Revillard, *Le Plafond de verre et l'État. La construction des inégalités de genre dans la fonction publique*, Armand Colin, Paris, 2017.

24 유럽 국가 간 비교를 위해서는 Eva Sierminska, *Wealth and Gender in Europe, report for the European Commission*, Publication Office of the European Union, Luxembourg, 2017을 보라. 미국 상황에 대한 분석을 위해서는 Mariko L. Chang, *Shortchanged : Why Women Have Less Wealth and What Can Be Done About It*, Oxford University Press, Oxford, 2010을 보라. 개발 국가를 포함하여 국제적으로 비교한 분석을 참조하려면 Carmen Diana Deere et Cheryl Doss, « The gender asset gap : What do we know and why does it matter ? », *Feminist Economics*, vol. 12, n° 1-2, 2006, p. 1-50을 보라.

25 출처: enquête « Patrimoine » de l'INSEE, 2015(2015년 프랑스통계청 '자산' 조사) ; Nicolas Frémeaux et Marion Leturcq, *Inequalities and the Individualization of Wealth : Evidence from France*, 2019.

26 Jane Humphries, « Book review of *Capital in the Twenty-First Century* by T. Piketty », *Feminist Economics*, vol. 21, n° 1, 2015, p. 164-173.

27 Viviana Zelizer, *The Purchase of Intimacy*, Princeton University Press, Princeton, 2005. (비비아나 젤라이저 지음, 숙명여자대학교 아시아여성연구소 옮김, 『친밀성의 거래』, 에코리브르, 2008.)

28 2000년대 초 플로랑스 베베르. 특히 다음을 참조하라. Florence Weber « Pour penser la parenté contemporaine », *in* Danielle Debordeaux et Pierre Strobel (dir.), *Les Solidarités familiales en questions. Entraide et transmission*, Paris, LGDJ, Coll. « Droit et Société », vol. 34, 2002, p. 73-106 ; Florence Weber, *Penser la parenté aujourd'hui. La force du quotidien*, Éditions rue d'Ulm, Paris, 2013 [réactualisation augmentée

de *Le Sang, le nom, le quotidien. Une sociologie de la parenté pratique*. Aux lieux d'être, La Courneuve, 2005].

29 Céline Bessière, *De génération en génération. Arrangements de famille dans les entreprises viticoles de Cognac*, Raisons d'agir, Paris, 2010.

30 Sibylle Gollac, *La Pierre de discorde. Stratégies immobilières familiales dans la France contemporaine*, thèse de doctorat en sociologie sous la direction d Florence Weber, EHESS, 2011.

31 Viviana Zelizer, *The Purchase of Intimacy*, *op. cit.*

32 Florence Weber, « Transactions marchandes, échanges rituels, relations personnelles. Une ethnographie économique après le Grand Partage », *Genèses*, n° 41, 2000, p. 85-107.

33 이 공동연구는 이미 여러 번 발행되었으나 특히 다음을 참조하라. Collectif Onze, *Au tribunal des couples. Enquêtes sur des affaires familiales*, Odile Jacob, Paris, 2013. 연구 팀과 연구 활동에 대해서는 다음을 보라. http://justines.cnrs.fr

34 온라인으로 문서를 확인하려면 다음을 참조하라. « Intersectionnalité », *in Mouvements*, 12 février 2019, (http://mouvements.info/intersectionnalite/).

35 Rachel Sherman, *Uneasy Street, The Anxieties of Affluence*, Princeton University Press, Princeton, 2017 ; Benoît Coquard, « "Nos volets transparents". Les potes, le couple et les sociabilités populaires au foyer », *Actes de la recherche en sciences sociales*, n° 215, 2016, p. 90-101.

36 Pierre Bourdieu, *Raisons pratiques. Sur la théorie de l'action*, Points, Paris, 1994. (피에르 부르디외 지음, 김웅권 옮김, 『실천이성』, 동문선, 2005.)

**1장**

1 Nielsen의 추정치, 조회수는 고려하지 않음. Facebook과 Twitter 및 YouTube (https://cutt.ly/SeLnyQa).

2 2016년 9월 26일 자 텔레비전 토론 내용, la National Public Radio에서 방송됨, Céline Bessière 옮김. (https://cutt.ly/KeLnpKf).

3 *Ibid.*

4 Peter Grant et Peter Nicholas, « Trump's father helped GOP candidate with numerous loans ; although Donald Trump says he built his empire from a $1 million loan from his father, a court document shows frequent borrowing from Fred Trump and his companies », *Wall Street Journal*, 2016년 9월 23일 자.

5 David Barstow, Susanne Craig et Russ Buettner, « Trump engaged in suspect tax schemes as he reaped riches from his father », *New York Times*, 2018년 10월 2일 자.

6 Philippe Steiner, « L'héritage au xixe siècle en France. Loi, intérêt de sentiment et intérêts économiques », Revue économique, vol. 59, n° 1, 2008, p. 75-97 ; Philippe Steiner, « L'héritage égalitaire comme dispositif social », *Archives européennes de sociologie*, XLVI, I, 2005, p. 127-149.

7 Alexis de Tocqueville, *De la démocratie en Amérique*, 특히 그중 « Influences de ocratie sur la famille », tome II, 1840. (알렉시 드 토크빌 지음, 임효선 · 박지동 옮김, 『미국의 민주주의 2』, 한길사, 1997.)

8 Émile Durkheim, « La famille conjugale » [1892] *in Textes III. Fonctions sociales et institutions*, Éditions de Minuit, Paris, 1975, p. 44.

9 Thomas Piketty, *Le Capital au xxie siècle*, *op. cit.*

10 Philippe Ariès, *L'Enfant et la vie familiale sous l'Ancien Régime*, Points, Paris, 2014 [1960]. (필리프 아리에스 지음, 문지영 옮김, 『아동의 탄생』, 새물결, 2003.)

11 Jean-Louis Flandrin, *Famille, parenté, maison, sexualité dans l'ancienne société*, Le Seuil, Paris, 1984 [1976].

12 Lawrence Stone, *The Family, Sex and Marriage in England, 1500-1800*, Weidenfeld and Nicolson, Londres, 1977.

13 Edward Shorter, *Naissance de la famille moderne xviiie-xxe siècles*, Points, Paris, 1981 [1975].

14 Alfred Chandler, *The Visible Hand : The Managerial Revolution in American Business*, Harvard University Press, Cambridge, 1977. (앨프리드 챈들러 지음, 김두얼 · 신해경 · 임효정 옮김, 『보이는 손 1 · 2』, 지식을만드는지식, 2014.)

15 Pierre Bourdieu, *Esquisse d'une théorie de la pratique. Précédé de « Trois Études d'ethnologie kabyle »*, Librairie Droz, Genève, 1972 ; *Le Sens pratique*, Éditions de Minuit, Paris, 1980 ; *Le Bal des célibataires*, Points, Paris, 2002.

16 Pierre Bourdieu et Jean-Claude Passeron, *Les Héritiers*, Editions de Minuit, Paris, 1964, p. 36.

17 Pierre Bourdieu et Jean-Claude Passeron, *La Reproduction. Éléments pour une théorie du système d'enseignement*, Éditions de Minuit, Paris, 1970.

18 Pierre Bourdieu, Luc Boltanski et Monique de Saint-Martin, « Les stratégies de reconversion. Les classes sociales et le système d'enseignement », *Social Sciences Information*, vol. 12, n° 5, 1973, p. 88.

19 Pierre Bourdieu, « Classement, déclassement, reclassement », *Actes de la recherche en sciences sociales*, n° 24, 1978, p. 2-22.

20 Pierre Bourdieu, « Le mort saisit le vif. Les relations entre l'histoire réifiée et l'histoire incorporée », *Actes de la recherche en sciences sociales*, n° 32/33, p. 3-14, 1980.

21 François de Singly, *Sociologie de la famille contemporaine*, Nathan, Paris, 1993, p. 23.

22 Jean-Hugues Déchaux, *Le Souvenir des morts. Essai sur le lien de filiation*, Presses universitaires de France, Paris, 1997.

23 Janet Finch et Jennifer Mason, *Passing on : Kinship and Inheritance in England*, Routledge, Londres, 2000.

24 Anne Gotman, *Hériter*, Presses universitaires de France, Paris, 1988 ; Elsa Ramos, « Des stratégies individuelles de composition avec les règles de transmission : de l'héritage à l'héritier », *Lien social et Politiques*, n° 53, 2005, p. 45-55.

25 이러한 관점에 대한 비판은 Tiphaine Barthélemy, « L'héritage contre la famille ? De l'anthropologie à l'économie, des approches plurielles », *Sociétés contemporaines*, n° 56, 2004, p. 5-18을 보라.

26 Robert Castel, *Les Métamorphoses de la question sociale. Une chronique du salariat*, Gallimard, coll. « Folio Essais », Paris, 1999 [1995].

27 Danielle Debordeaux et Pierre Strobel (dir.), *Les Solidarités familiales en*

*questions. Entraide et transmission*, LGDJ, coll. « Droit et Société », vol. 34, Paris, 2002.

28 Jean-Hugues Déchaux, *Sociologie de la famille*, La Découverte, coll. « Repères », Paris, 2009 [2007].

29 Collectif ACIDES, *Arrêtons les frais ! Pour un enseignement supérieur gratuit et émancipateur*, Raisons d'agir, Paris, 2015.

30 Jean-Christophe François et Franck Poupeau, « Les déterminants sociaux-spatiaux du placement scolaire. Essai de modélisation statistique appliquée aux collèges parisiens », *Revue française de sociologie*, n° 49-1, 2008, p. 93-126 ; Gabrielle Fack et Julien Grenet, « Sectorisation des collèges et prix des logements à Paris », *art. cit.*

31 Arnaud Parienty, *School Business*, *op. cit.*

32 Luc Arrondel, Bertrand Garbinti et André Masson, « Inégalités de patrimoine entre générations : les donations aident-elles les jeunes à s'installer ? », *Économie et statistique*, n° 472-473, 2014, p. 65-100 ; Sibylle Gollac, « Travail indépendant et transmissions patrimoniales : le poids des inégalités au sein des fratries », *Économie et statistique*, n° 417, 2008, p. 55-75 ; Anne Laferrère, « Devenir travailleur indépendant », *Économie et statistique*, n° 319-320, 1998, p. 13-28.

33 Richard Arum et Walter Müller (dir.), *The Re-Emergence of Self-Employment*, Princeton University Press, Princeton, 2004.

34 출처: enquête « Emploi » de l'INSEE, 2015(2015년 프랑스통계청 '고용' 조사). Laure Omalek et Laurence Rioux, « Emploi et revenus des indépendants », *INSEE Références*, 2015.

35 Sarah Abdelnour, *Moi, petite entreprise. Les autoentrepreneurs de l'utopie à la réalité*, Presses universitaires de France, Paris, 2017.

36 Julie Landour, *Sociologie des Mompreneurs. Entreprendre pour mieux « concilier » travail et famille ?*, Presses universitaires du Septentrion, Lille, 2019.

37 Fanny Bugeja-Bloch, *Logement, la spirale des inégalités. Une nouvelle dimension de la fracture sociale et générationnelle*, Presses universitaires de France, Paris, 2013.

38 Anne Lambert, *« Tous propriétaires ! » L'envers du décor pavillonnaire*, Le Seuil, Paris, 2015.

39 Lorraine Bozouls, *« Pour vivre heureux, vivons cachés ». Pratiques résidentielles, styles de vie et rapports de genre chez les classes supérieures du pôle privé*, thèse de doctorat en sociologie, IEP de Paris, 2019.

40 Fanny Bugeja, « Les inégalités d'accès à la propriété et leurs déterminants institutionnels. Étude comparative entre la France et le Royaume-Uni (1980-2005) », *Revue française de sociologie*, vol. 52, n° 1, 2011, p. 37-69.

41 Thomas Piketty, *Le Capital au xxie siècle*, *op. cit.* ; Nicolas Frémeaux, *Les Nouveaux Héritiers*, Le Seuil, Paris, 2018 ; Branco Milanović, *Inégalités mondiales. Le destin des classes moyennes, les ultra-riches et l'égalité des chances*, La Découverte, Paris, 2019.

42 Bertrand Garbinti, Jonathan Goupille-Lebret et Thomas Piketty, « Accounting for wealth inequality dynamics : Methods, estimates and simulations for France (1800-2014) », *WID Working Paper*, n° 5, 2016, p. 25.

43 Facundo Alvaredo, Bertrand Garbinti et Thomas Piketty, « On the share of inheritance in aggregate wealth : Europe and the USA, 1900-2010 », *Economica*, vol. 84, 2017, p. 237-260 ; Nicolas Frémeaux, *Les Nouveaux Héritiers*, *op. cit.*, p. 11-24.

44 Jonathan Goupille-Lebret, Bertrand Garbinti et Thomas Piketty, « Income inequality in France, 1900-2014 : Evidence form distributional national accounts (DINA) », *WID Working Paper*, n° 4, 2017.

45 Nicolas Frémeaux, *Les Nouveaux Héritiers*, op. cit., p. 24-25.

46 Maury Gittleman et Edward N. Wolff, « Racial differences in pattern of wealth accumulation », *The Journal of Human Resources*, vol. 39, n° 1, 2004, p. 193-227 ; Signe-Mary McKernan, Caroline Ratcliffe, Margaret Simms et Sisi Zhang, « Do racial disparities in private transfers help explain the racial wealth gap ? New evidence from longitudinal data », *Demography*, vol. 51, n° 3, 2014, p. 949-974.

47 Thomas M. Shapiro, *The Hidden Cost of Being African American. How Wealth Perpetuates Inequality*, Oxford University Press, Oxford, 2004.

48 Marie Cartier, Isabelle Coutant, Olivier Masclet et Yasmine Siblot, *La France des petits moyens. Enquête sur la banlieue pavillonnaire*, La Découverte, Paris, 2008 ; Anne Lambert, « Tous propriétaires ! », *op. cit.* ; Violaine Girard, *Le Vote FN au village. Trajectoires de ménages populaires du périurbain*, Éditions du Croquant, Vulaines-sur-Seine, 2017.

49 Margot Delon, « Des "Blancs honoraires" ? Les trajectoires sociales des Portugais et de leurs descendants en France », *Actes de la recherche en sciences sociales*, n° 228, 2019, p. 4-28.

50 *Ibid.* ; Jennifer Bidet, « Habiter "à la française" ou "à l'algérienne" ? Aménagement et appropriation de maisons construites en Algérie par des migrants et leurs enfants », *in* Susanna Magri, Fabrice Ripoll et Sylvie Tissot, *Explorer la ville contemporaine par les transferts. Catégories de l'action, formes urbaines, pratiques sociales*, Presses universitaires de Lyon, Lyon, 2016.

51 출처: enquête « Patrimoine » de l'INSEE, 2010. Bertrand Garbinti, Pierre Lamarche et Laurianne Salembier, « Héritages, donations et aides aux ascendants et descendants », *in Le Revenu et le patrimoine des ménages*, INSEE, 2012.

52 계산 결과는 다음과 같다. 프랑스 기부연구소는 2016년 프랑스 비영리 단체가 받은 기부금을 10억 유로로 추정한다. 같은 해, 증여 혹은 상속으로 인해 이전된 자산의 금액은 약 2500억 유로에 달한다. *Cf.* Daniel Bruneau, Laurence de Nervaux, Jean-François Tchernia et Alix Pornon, « Panorama national des générosités », *Les Études de l'Observatoire*, Observatoire de la philanthropie, avril 2018, p. 30 ; Clément Dherbécourt, « Peut-on éviter une société d'héritiers ? », *France stratégie*, n° 51, janvier 2017, p. 3.

53 출처: *Survey of Consumer Finances*, entre 1989 et 2007. Edward Wolff et Maury Gittleman, « Inheritances and the distribution of wealth or whatever happened to the great inheritance boom ? » *The Journal of Economic Inequality*, vol. 12, n° 4, 2014, p. 446. 가구가 이전받은 부 가운데 69%는 부모, 19%는 조부모, 22%는 기타 친척으로부터 왔고, 친구나 가족 외부인으로부터 받은 이전은 4%에 불과했다.

54 Merlin Schaeffer, « The social meaning of inherited financial assets. Moral ambivalences of intergenerational transfers », *Historical Social Research/Historische Sozialforschung*, vol. 39, n° 3, 2014, p. 289-317.

55 Nicolas Frémeaux, *Les Nouveaux Héritiers*, *op. cit.*, p. 27-29.

56 *Ibid.*, p. 29.

57 Jérôme Bourdieu, Lionel Kesztenbaum et Gilles Postel-Vinay, « L'enquête TRA, une matrice d'histoire », *Population*, vol. 69, n° 2, 2014, p. 232-237.

58 출처: enquête « Patrimoine » de l'INSEE, 2004. André Masson, « Famille et héritage : quelle liberté de tester ? », *Revue française d'économie*, vol° 21, n° 2, 2006, p. 90.

59 Nicolas Frémeaux, *Les Nouveaux Héritiers*, *op. cit.*, p. 30.

60 André Masson, « Famille et héritage : quelle liberté de tester ? », *art. cit.*, p. 90.

61 *Ibid.*

62 Nathalie Blanpain, « Les hommes cadres vivent toujours six ans de plus que les ouvriers », *INSEE Première*, n° 1584, 2016.

63 Nicolas Frémeaux, *Les Nouveaux Héritiers*, *op. cit.*, p. 35-37.

64 André Masson, « Famille et héritage », *art. cit.*, p. 91 ; Nicolas Herpin et Jean-Hugues Déchaux, « Entraide familiale, indépendance économique et sociabilité », *Économie et statistique*, n° 373, 2004, p. 3-32.

65 Jean-Hugues Déchaux, *Sociologie de la famille*, *op. cit.*, p. 101 및 그 이하.

66 Sibylle Gollac, *La Pierre de discorde*, *op. cit.*, p. 405-420 ; Caitlin Zaloom, *Indebted : How Families Make College Work at Any Cost*, Princeton University Press, Princeton, 2019.

67 Thibaut de Saint Pol, Aurélie Deney et Olivier Monso, « Ménage et chef de ménage : deux notions bien ancrées », *Travail, genre et sociétés*, n° 11, 2004, p. 63-78.

68 Rémi Lenoir, *Généalogie de la morale familiale*, Le Seuil, Paris, 2003, p. 39.

69 예를 들어 Thomas Piketty, *Le Capital au xxie siècle*, *op. cit.*, p. 390, 시공간에 따라 드러나는 소득 및 자본의 총 불평등에 대한 자료를 보라.

70 Bertrand Garbinti, Jonathan Goupille-Lebret et Thomas Piketty, «

Accounting for wealth inequality dynamics… », *art. cit.*, p. 17.

71 Carmen Diana Deere et Cheryl Doss, « The gender asset gap : what do we know and why does it matter ? », *Feminist Economics*, vol. 12, n° 1-2, 2006, p. 1-50 ; Olivier Donni et Sophie Ponthieux, « Approches économiques du ménage : du modèle unitaire aux décisions collectives », *Travail, genre et sociétés*, vol. 26, n° 2, 2011, p. 67-83.

72 소득 불평등에 사용되는 표현은 Margaret Maruani, *Les Mécomptes du chômage*, Bayard, Paris, 2002를 보라. 또한 Danièle Meulders et Sile O'Dorchai, « Le ménage, cache-sexe de la pauvreté des femmes », *Revue de la sécurité sociale belge*, 2009, p. 599-617도 보라.

73 Carole Bonnet, Alice Keogh et Benoît Rapoport, « Quels facteurs pour expliquer les écarts de patrimoine entre hommes et femmes en France ? » *Économie et statistique*, n° 472-473, 2014, p. 101-123.

74 출처: enquête « Patrimoine » de l'INSEE. Nicolas Frémeaux et Marion Leturcq, *Inequalities and the Individualization of Wealth : Evidence from France*, *op. cit.*

75 Éric Gautier et Cédric Houdré, « Estimation des inégalités dans l'enquête "Patrimoine" 2004 », *Économie et statistique*, n° 417-418, 2008, p. 135-152.

76 Nathalie Blanpain, « Le patrimoine des indépendants diminue fortement lors du passage à la retraite ». INSEE *Première*, n° 739, 2000.

77 Camille Herlin-Giret, *Rester riche*, *op. cit.*, p. 74 ; 오직 독일에서 이루어진 연구에서만 가구의 부에 대해서 물을 때 부부 모두에게 질문하여 여성과 남성이 같은 답을 하지 않음을 보여 주었다. Markus Grabka, Jan Marcus et Eva Sierminska, « Wealth distribution within couples », *Review of Economics of the Household*, n° 13, 2015, p. 459-486.

78 Thomas Piketty, *Le Capital au xxie siècle*, *op. cit.* ; Nicolas Frémeaux, *Les Nouveaux Héritiers*, *op. cit.*, p. 88 및 그 이하.

79 Collectif Onze, *Au tribunal des couples. Enquête sur des affaires familiales*, Odile Jacob, Paris, 2013.

80 미국에서 이루어진 다음의 선구적인 연구를 참조하라. Panel Study of Income Dynamics, 연구자는 Greg Duncan et Saul Hoffman, « A

reconsideration of the economic consequences of marital dissolution », *Demography*, vol. 22, n° 4, 1985, p. 485-497 ; 또한 Richard Peterson, « A re-evaluation of the economic consequences of divorce », *American Sociological Review*, vol. 61, n° 3, 1996, p. 528-536도 보라.

81 Wilfred Uunk, « The economic consequences of divorce for women in the European Union : the impact of welfare state arrangements », *European Journal of Population*, n° 20, 2004, p. 251-284, 유럽연합 국가 간 비교를 위해서는 1994년과 2000년 사이의 European Community Household Panel (ECHP).

82 Yves Jauneau et Émilie Raynaud, « Des disparités importantes d'évolutions de niveau de vie », *in Les Revenus et le patrimoine des ménages*, INSEE, 2009, p. 36, European panel의 데이터 사용, « Statistiques sur les ressources et les conditions de vie ».

83 Carole Bonnet, Bertrand Garbinti et Anne Solaz, « Gender inequality after divorce : the flip side of marital specialization. Evidence from a French administrative database », *Série des documents de travail de la direction des études et synthèses économiques*, INSEE, Paris, 2016. 남성 5만 6500명, 여성 6만 4600명 대해 실시된 연구로, 사회수당은 세원에는 미포함되었으나 가구별로 다르게 구성되었다.

84 Collectif Onze, « Le prix inégal de la rupture », *in Au tribunal des couples*, *op. cit.*, p. 205 및 그 이하.

85 Christine Delphy, *L'Ennemi principal*, *op. cit.*

86 Ann Oakley, *The Sociology of Housework*, Basil Blackwell, Oxford, 1985 [1974] ; Danielle Chabaud-Rychter, Dominique Fougeyrollas-Schewebel et Françoise Sonthonnax, *Espace et temps du travail domestique*, Méridiens-Klincksieck, Paris, 1985.

87 Christine Delphy, *L'Ennemi principal*, *op. cit.*, p. 50.Christine Delphy, « Mariage et divorce, l'impasse à double face » [1974], in *L'Ennemi principal*, *op. cit.* p. 121-135. Leonore J. Weitzman, *The Divorce Revolution. The Unexpected Social and Economic Consequences for Women and Children in America*, The Free Press, Londres et New York, 1985 ; Carol Smart, *The Ties that Bind : Law, Marriage and the Reproduction of*

*Patriarchal Relations*, Routledge Revivals, Abingdon et New York, 2012 [1984].

88 Christine Delphy, « Mariage et divorce, l'impasse à double face » [1974], in *L'Ennemi principal, op. cit.* p. 121-135. Leonore J. Weitzman, *The Divorce Revolution. The Unexpected Social and Economic Consequences for Women and Children in America*, The Free Press, Londres et New York, 1985 ; Carol Smart, *The Ties that Bind : Law, Marriage and the Reproduction of Patriarchal Relations*, Routledge Revivals, Abingdon et New York, 2012 [1984].

89 Monique Wittig, *La Pensée straight*, Éditions Amsterdam, Paris, 2007 [1992] (모니크 위티그 지음, 허윤 옮김, 『모니크 위티그의 스트레이트 마인드』, 행성비, 2020.) ; Elsa Dorlin, *Sexe, genre et sexualités, introduction à la théorie féministe*, PUF, Paris, 2008

90 Rose-Marie Lagrave, « Recherches féministes ou recherches sur les femmes ? », *Actes de la recherche en sciences sociales*, vol. 83., 1990, p. 27-39.

91 François de Singly, *Sociologie de la famille contemporaine*, Nathan, Paris, 2014 [1993] ; Anthony Giddens, *La Transformation de l'intimité. Sexualité, amour et érotisme dans les sociétés modernes*, Éditions du Rouergue, Rodez, 2004 [1992] (앤서니 기든스 지음, 배은경 · 황정미 옮김, 『현대사회의 성 사랑 에로티시즘 - 친밀성의 구조 변동』, 새물결, 2001.) ; Anthony Giddens, « Family », *in Runaway World. How Globalization is Reshaping our Lives*, Routledge, New York, 2000 [1999] ; Ulrich Beck et Elisabeth Beck-Gernsheim, *The Normal Chaos of Love*, Polity Press, Cambridge, 1995 [1990]. (울리히 벡 · 엘리자베트 벡 게른스하임 지음, 배은경 · 권기돈 · 강수영 옮김, 『사랑은 지독한, 그러나 너무나 정상적인 혼란』, 새물결, 1999.)François de Singly, *Séparée. Vivre l'expérience de la rupture*, Armand Colin, Paris, 2011.

92 François de Singly, *Séparée. Vivre l'expérience de la rupture*, Armand Colin, Paris, 2011.

93 François de Singly, *Libres ensemble*, Pocket, Paris, 2009 [2000] (프랑수아 드 생글리 지음, 최은영 옮김, 『공동생활 속의 개인주의』, 동문선, 2003.) : "사회라는 하늘 전체를 관찰할 수 없다면, 중심에 놓인 별자리가 시스템의

규범을 더 뚜렷하게 드러내 보여 줄 수 있다. 현대적 정체성을 구성하는 원칙은 교육 수준이 높은 집단, 특히 고등교육을 받은 여성에게서 생겨났다." (p. 17).

94 Beverly Skeggs, *Class, Self, Culture*, Routledge, Londres & New York, 2004, p. 54.

95 Maurice Godelier, *Horizon, trajets marxistes en anthropologie*, Maspero, Paris, 1973, p. 18.

96 Claude Meillassoux, *Femmes, greniers et capitaux*, Maspero, Paris, 1975 ; Florence Weber, *Brève Histoire de l'anthropologie*, Flammarion, coll. « Champs Essais », Paris, 2015, chapitre 8.

97 Gary Becker, *A Treatise on the Family*, Harvard University Press, Cambridge, 1991 [1981] ; Theodore C. Bergstrom, « A survey of theories of the family », *in* Mark Rosenzweig et Oded Stark, *Handbook of Population and Family Economics*, North-Holland, Amsterdam, vol. I, 1997, p. 21-79.

98 Julien Ténédos et Florence Weber, *L'Économie domestique. Entretien avec Florence Weber. Ethnographie du quotidien*, Aux Lieux d'être, La Courneuve, tome I, 2006, p. 19 ; Caroline Dufy et Florence Weber, *L'Ethnographie économique*, La Découverte, coll. « Repères », Paris, 2007.

99 Florence Weber, Agnès Gramain et Séverine Gojard (dir.), *Charges de famille. Dépendance et parenté dans la France contemporaine*, La Découverte, Paris, 2003 ; Céline Bessière, *De génération en génération*, *op. cit.* ; Sibylle Gollac, *La Pierre de discorde*, *op. cit.*

100 Viviana Zelizer, « Transactions intimes », *Genèses*, n° 42, 2001, p. 125.

101 Viviana Zelizer, *The Purchase of Intimacy*, *op. cit.* ; Viviana Zelizer, Florence Weber와의 인터뷰, « L'argent social », *Genèses*, n° 65, 2006, p. 126-137.

102 Robert O. Blood et Donald M. Wolfe, *Husbands and Wives : the Dynamics of Married Living*, The Free Press, New York, 1960 ; Gérald W. McDonald, « Family power : the assessment of a decade of theory and research, 1970-1979 », *Journal of Marriage and the Family*, vol. 42, n° 4, 1980, p. 841-854.

103 Nicolas Journet (dir.), « L'argent en famille », *Terrain*, n° 45, 2005 ; Hélène Belleau et Caroline Henchoz (dir.), *L'Usage de l'argent dans le couple : pratiques et perceptions des comptes amoureux. Perspective internationale*, L'Harmattan, Paris, 2008 ; Agnès Martial (dir.), *La Valeur des liens. Hommes, femmes et transactions familiales*, Presses universitaires du Mirail, Toulouse, 2009 ; Laurence Bachmann, *De l'argent à soi. Les préoccupations sociales des femmes à travers leur rapport à l'argent*, Presses universitaires de Rennes, Rennes, 2009 ; Hélène Belleau et Agnès Martial (dir.), *Aimer et compter ? Droits et pratiques des solidarités conjugales*, Presses universitaires de Québec, Québec, 2011.

104 Sandra Collavechia, « Doing moneywork : le travail domestique des femmes dans la gestion des finances familiales », *in* Hélène Belleau et Caroline Henchoz, *L'Usage de l'argent dans le couple*, *op. cit.*, p. 183-218.

105 Carolyn Vogler et Jan Pahl, « Money, power and inequality within marriage », *The Sociological Review*, vol. 42, n° 2, 1994, p. 263-288 ; Delphine Roy, « "Tout ce qui est à moi est à toi ?" Mise en commun des revenus et transferts d'argentt dans le couple », *Terrain*, n° 45, 2005, p. 41-52 ; Sophie Ponthieux, « La mise en commun des revenus dans le couple », *INSEE Première*, n° 1409, 2012.

106 Pierre Bourdieu et Jean-Claude Passeron, *La Reproduction*, *op. cit.*

**2장**

1 N=312. 프랑스 한정 유로프레스 데이터베이스, 검색어 키워드는 "Hallyday" 및 "héritage". 2018년 2월 12일부터 18일까지.

2 Pierre Lamaison, « La diversité des modes de transmission : une géographie tenace », *Études rurales*, n° 110-111-112, 1988, p. 119-175 ; Georges Augustins, *Comment se perpétuer ? Devenir des lignées et destins des patrimoines dans les paysanneries européennes*, Société d'ethnologie, Nanterre, 1989.

3 Alexis de Tocqueville, *De la démocratie en Amérique*, notamment le

tome II, chapitre « Influences de la démocratie sur la famille », 1840.

4 Anne Gotman, *Hériter, op. cit.*, p. 6.

5 https://cutt.ly/IeZbKyc (사이트 접속일 2019년 8월 21일).

6 Pierre Bourdieu et Jean-Claude Passeron, *La Reproduction, op. cit.*

7 Pierre Bourdieu, « Les stratégies matrimoniales dans le système de reproduction », *Annales ESC*, n° 4-5, 1972년 7월~10월, p. 1105-1127 (텍스트는 다음에 재수록됨. *Le Bal des célibataires, Crise de la société paysanne en Béarn*, Points, Paris, 2002) ; *Le Sens pratique, op. cit.*

8 Sibylle Gollac, « Faire ses partages. Le règlement d'une succession et sa mise en récits dans un groupe de descendance », *Terrain*, n° 45, 2005, p. 113-124.

9 François Héran, *Le Bourgeois de Séville. Terre et parenté en Andalousie*, Presses universitaires de France, Paris, 1990.

10 Daniel Bertaux et Isabelle Bertaux-Wiame, « Le patrimoine et sa lignée : transmissions et mobilité sociale sur cinq générations », *Life stories/Récits de vie*, n° 4, 1988, p. 8-25.

11 출처: enquête « Patrimoine » de l'INSEE, 2004. Sibylle Gollac, « Travail indépendant et transmissions patrimoniales : le poids des inégalités au sein des fratries », *Économie et statistique*, n° 417-418, 2008, p. 62.

12 Céline Bessière, « Trois transmissions pour une reprise », *in De génération en génération, op. cit.*, p. 51 및 그 이하.

13 Charlotte Delabie, « Les hommes héritent, les femmes méritent. La place des sexes au sein d'une entreprise de sous-traitance », *in* Dominique Jacques-Jouvenot et Yvan Droz, *Faire et défaire des affaires en famille*, Presses universitaires de Franche-Comté, Besançon, 2015, p. 107-134.

14 Bernard Zarca, « L'héritage de l'indépendance professionnelle selon les lignées, le sexe et le rang dans la fratrie », *Population*, n° 2, 1993, p. 284.

15 Céline Bessière, « Héritière, repreneuse, viticultrice ? », *in De génération en génération, op. cit.*, p. 93 및 그 이하.

16 Sibylle Gollac, « Travail indépendant et transmissions patrimoniales : le poids des inégalités au sein des fratries », *art. cit.*, p. 66 ; Bernard Zarca,

« L'héritage de l'indépendance professionnelle selon les lignées, le sexe et le rang dans la fratrie », *Population*, n° 2, 1993, p. 275-306, et « L'héritage de l'indépendance professionnelle : un ou plusieurs élus au sein de la fratrie ? », *Population*, n° 4, 1993, p. 1015-1042.

17 Pierre Bourdieu, Luc Boltanski et Monique de Saint-Martin, « Les stratégies de reconversion. Les classes sociales et le système d'enseignement », *Social Sciences Information*, vol. 12, n° 5, 1973, p. 61-113.

18 Lise Bernard, *La Précarité en col blanc. Une enquête sur les agents immobiliers*, Presses universitaires de France, Paris, 2017.

19 Pierre Bourdieu, « Les stratégies matrimoniales dans le système de reproduction », *art. cit.*

20 Maurice Godelier, *L'Énigme du don*, Fayard, Paris, 1996, p. 7. (모리스 고들리에 지음, 오창현 옮김, 『증여의 수수께끼』, 문학동네, 2011.)

21 Annette Weiner, *Inalienable Possessions. The Paradox of Keeping-While-Giving*, University of California Press, Berkeley, 1992.

22 Vanessa Bellamy, « En 2014, 818 565 bébés sont nés en France. Un nouveau-né sur dix porte le nom de ses deux parents », *INSEE Focus*, n° 9, 2015.

23 Marie-France Valetas, « La subordination patronymique de la femme », *Travail, genre et sociétés*, 7, 2002, p. 180-184.

24 Wilfried Rault, « Garder l'usage de son nom et le transmettre. Pratiques de la loi française de 2002 sur le double nom », *Clio, femmes, genre et histoire*, n° 45, 1, 2017, p. 129-149.

25 Virginie Descoutures, « Le nom des femmes et sa transmission », *Mouvements*, n° 82, 2015, p. 43-48.

26 Fabienne Daguet, « De plus en plus de couples dans lesquels l'homme est plus jeune que la femme », *INSEE Première*, n° 1613, 2016.

27 Michel Bozon et François Héran, *La Formation du couple. Textes essentiels pour la sociologie de la famille*, La Découverte, Paris, 2006 ; Marie Bergström, *Les Nouvelles Lois de l'amour. Sexualité, couple et rencontres à l'heure du numérique*, La Découverte, Paris, 2019.

28 Margaret Maruani et Monique Méron, *Un siècle de travail des femmes en France. 1901-2011*, La Découverte, Paris, 2012.

29 Marie Buscatto et Catherine Marry, « Le plafond de verre dans tous ses éclats. La féminisation des professions supérieures au xxe siècle », *Sociologie du travail*, n° 51, 2009, p. 170-182 ; Catherine Marry, Laure Béréni, Alban Jacquemard, Sophie Pochic et Anne Revillard, *Le Plafond de verre et l'État. La construction des inégalités de genre dans la fonction publique*, Armand Colin, Paris, 2017.

30 Rachel Silvera, *Un quart en moins. Des femmes se battent et obtiennent l'égalité des salaires*, La Découverte, Paris, 2014.

31 Amine Chamkhi et Fabien Toutlemonde, « Ségrégation professionnelle et écarts de salaires femmes-hommes », *DARES Analyses*, n° 82, 2015.

32 Clara Champagne, Ariane Pailhé et Anne Solaz, « Le temps domestique et parental des hommes et des femmes : quels facteurs d'évolutions en vingt-cinq ans ? », *Économie et statistique*, n° 478-480, 2015, p. 209-242.

33 Thomas Morin, « Écarts de revenus au sein des couples. Trois femmes sur quatre gagnent moins que leur conjoint », *INSEE Première*, n° 1492, 2014.

34 Céline Bessière, « Ne pas avoir travaillé pour rien », *in De génération en génération*, *op. cit.*, p. 33 및 그 이하.

35 *Ibid.*

36 부부는 필요한 대출을 받을 방법이 없을까 봐 두려워한다. 게다가 은행은 종종 부부 두 명 다 공동 대출자가 되고, 각각 대출을 보증하는 소득 증명을 제시해야 한다고 한다. Jeanne Lazarus, *L'Épreuve de l'argent. Banques, banquiers, clients*, Calmann-Lévy, Paris, 2012 ; Cédric Houdré, « Offre de travail et accession à la propriété : l'impact des contraintes d'emprunt sur l'activité des femmes en France », *Économie et statistique*, n° 417-419, 2009, p. 153-172를 보라.

37 Nicolas Frémeaux et Marion Leturcq, *Inequalities and the Individualization of Wealth : Evidence from France*, *op. cit.*

38 INSEE, « Mariages, Pacs, Divorces », *Tableaux de l'économie française*, 2018, 다음 링크에서 확인 가능(https://cutt.ly/1eZOfn9).

39 부부 중 별산제로 부부재산계약을 한 이들의 비율은 1992년 6.1%에서 2010년 10%로 늘었다. 2010년에는 결혼 기간이 6년 미만인 부부 가운데 15%가 이 유형에 해당했다. *Cf.* Nicolas Frémeaux et Marion Leturcq, « Plus ou moins mariés, l'évolution du mariage et des régimes matrimoniaux en France », *Économie et statistique*, 462-463, 2013, p. 132.

40 Nicolas Frémeaux et Marion Leturcq, « Plus ou moins mariés », *art. cit.*, p. 137.

41 Sébastien Durier, « Après une rupture d'union, l'homme reste plus souvent dans le logement conjugal », *INSEE Focus*, n° 91, 2017.

42 Giulia Ferrari, Carole Bonnet et Anne Solaz, « "Will the one who keeps the children keep the house?" Residential mobility after divorce by parenthood status and custody arrangements in France », *Demographic Research*, vol. 40, n° 14, 2019, p. 359-394.

43 Thomas Deroyon, « En 2018, l'espérance de vie sans incapacité est de 64,5 ans pour les femmes et de 63,4 ans pour les hommes », *Études et résultats*, n° 1127, DREES, 2019.

44 « Les retraités et les retraites », *Panoramas de la DREES*, 2018.

45 Carole Bonnet et Jean-Michel Hourriez, « Égalité entre hommes et femmes à la retraite : quels rôles pour les droits familiaux et conjugaux ? », *Population*, n° 67, 2012, p. 133-158.

46 Marianne Müller, « 728 000 résidents en établissements d'hébergement pour personnes âgées en 2015. Premiers résultats de l'enquête EHPA 2015 », *Études et résultats*, DREES, n° 1015, 2017.

47 Solène Billaud, *Partager avant l'héritage,, financer l'hébergement en institution. Enjeux économiques et mobilisations familiales autour de personnes âgées des classes populaires*, thèse de sociologie, EHESS, 2010, p. 105-108.

1 Nicolas Herpin et Jean-Hugues Déchaux, « Entraide familiale, indépendance économique et sociabilité », *art. cit.* 노동계층 여성은 별거 혹은 사별한 경우 주거 환경이 허락하는 한 자녀와 함께 살거나 연로한 부모를 돌볼 가능성이 더 높았다.

2 Emilia Schijman, *À qui appartient le droit ? Ethnographier une économie de pauvreté*, LGDJ, Paris, 2019.

3 Florence Weber, *Penser la parenté aujourd'hui*, *op. cit.*

4 Jean de La Fontaine, *Fables, les animaux malades de la peste*, 1678.

5 Nicolas Herpin, *L'Application de la loi. Deux poids, deux mesures*, Le Seuil, Paris, 1977 ; Marc Galanter, « Why the "haves" comes out ahead : speculations on the limits of legal changes », *Law and Society Review*, n° 33, 1974, p. 95-160.

6 William Felstiner, Richard Abel et Austin Sarat, « The emergence and transformation of disputes : naming, blaming, claming », *Law and Society Review*, n° 15, 1981, p. 631-654 ; Patricia Ewick et Susan Silbey, *The Common Place of Law : Stories From Everyday Life*, University of Chicago Press, Chicago, 1998.

7 비평을 살피기 위해서는 Laura B. Nielsen, « Situating legal consciousness. Experiences and attitudes of ordinary citizens about law and street harassment », *Law and Society Review*, n° 34, 2000, p. 1055-1090 ; Lorenzo Barrault-Stella et Alexis Spire, « Quand les classes supérieures s'arrangent avec le droit », *Sociétés contemporaines*, n° 108, 2017, p. 5-14를 보라.

8 1945년 11월 2일 행정명령 n° 45-2590, 조항 1.

9 Ezra N. Suleiman, *Les Notaires. Les pouvoirs d'une corporation*, Le Seuil, Paris, 1987.

10 Lucien Karpik, *Les Avocats. Entre l'État, le public et le marché, xiiie-xxe siècles*, Gallimard, Paris, 1995 ; Christian Bessy, *L'Organisation des activités des avocats, entre public et marché*, LGDJ, Paris, 2015.

11 수치는 다음과 같다: 공증인들은 50만 건이 넘는 사망 중에서 상속 약 30만

건을 등기한다.

12 Annie Fouquet, « Les femmes chefs d'entreprise : le cas français », *Travail, genre et sociétés*, vol. 13, n° 1, 2005, p. 31-50 ; Annie Fouquet, Jacqueline Laufer et Sylvie Schweitzer, « Les femmes chefs d'entreprise : la parité pour demain ? », *in* Jean-Claude Daumas (dir.), *Dictionnaire historique des patrons français*, Flammarion, Paris, 2010, p. 816 및 그 이하.

13 Sébastien Ruz, *Pour une sociologie des sociétés civiles immobilières. Logiques patrimoniales, dynamiques familiales et professionnelles, identités sociojuridiques. Le cas de la région lyonnaise (1978-1998)*, thèse de doctorat en sociologie et anthropologie, université Lumière-Lyon 2, Lyon, 2005.

14 Camille Herlin-Giret, *Rester riche*, *op. cit.*, p. 69-88.

15 2010년 프랑스 공증인이 등기한 상속 신고 건수는 33만 건이었으나 법원에 회부된 상속 증서는 1만 6836건에 불과했다. 부부 재산 청산 분쟁을 해결하기 위해 법원을 찾은 이혼한 부부는 4753쌍인데, 이는 같은 해 이혼소송 17만 5261건의 3%에도 채 미치지 못하는 수치다.

16 https://cutt.ly/KeXkvDm

17 Éric Bureau et Emmanuel Marolle, « Héritage Hallyday, le temps de l'apaisement », *Le Parisien/Aujourd'hui en France*, 16/10/2019.

18 Robert H. Mnookin et Lewis Kornhauser, « Bargaining in the shadow of the law : the case of divorce », *The Yale Law Journal*, vol. 88, n° 5, 1979, p. 950-997.

19 Corinne Delmas, *Les Notaires en France. Des officiers de l'authentique entre héritage et modernité*, Presses universitaires de Rennes, Rennes, 2019.

20 « Rapport sur les professions réglementées de l'Inspection générale des finances », n° 2012 M05703, ministère de l'Économie et des Finances, mars 2013, tome I 에 따르면, 공증사무소는 2.2개년 치 수익에 양도된다(p. 52). 새로 진입하기 위해서 드는 비용(개인 사무실 혹은 법인 비용을 개인 지분별로 나누거나)은 2011년 기준 65만 2831유로였다(p. 37).

21 Ezra N. Suleiman, *Les Notaires*, *op. cit.*, p. 88.

22 George Marcus et Peter Hall, *Lives in Trust : the Fortunes of Dynastic Families in Late Twentieth-Century America*, Westview Press, Boulder, 1992.

23 Autorité de la concurrence, « Avis n° 18-A-08 du 31 juillet 2018 relatif à la liberté d'installation des notaires et à une proposition de carte révisée des zones d'implantation, assortie de recommandations sur le rythme de création de nouveaux offices notariaux », p. 62.

24 Corinne Delmas, « Le genre d'une profession à patrimoine », *Travail, genre et sociétés*, n° 41, p. 127-145.

25 Autorité de la concurrence, *art. cit.*, p. 63.

26 *Ibid.*, p. 64.

27 분석을 실시한 연구자는 Céline Bessière, Muriel Mille 및 Gabrielle Schütz 이다. « Les avocat·e·s en droit de la famille et leurs client·e·s. Variations sociales dans la normalisation de la vie privée », *Sociologie du travail*, n° 2, 2020.

28 2011년 프랑스 전국변호사협회가 프랑스 205개 로펌(전 분야) 대상으로 실시한 설문조사에 따르면 평균 수임료는 시간당 163~247유로에 달한 반면, 가족법을 다루는 82개 로펌 수임료는 시간당 144~209유로로 확실히 낮았다. Christian Bessy, *L'Organisation des activités des avocats*, *op.cit.*, p. 101.

29 Défenseur des droits, « Conditions de travail et expériences des discriminations dans la profession d'avocat·e en France », 2018.

30 « 4000 Affaires familiales »("가족 사건 4000건") (부록에서 방법론 참조), 재판상 이혼 758건

31 의뢰인 직업을 알 수 없는 경우(5건) 평균 상담 시간이 31분으로 더 짧았다.

32 Brooke Harrington, *Capital Without Borders. Wealth Managers and the One Percent*, Harvard University Press, Cambridge et Londres, 2016 ; Camille Herlin-Giret, *Rester riche*, *op. cit.*

33 Gilles Laferté, *L'Embourgeoisement : une enquête chez les céréaliers*, Raisons d'agir, Paris, 2018.

34 Philip Milburn, « L'honoraire de l'avocat au pénal : une économie de la relation professionnelle », *Droit et société*, n° 26, 1994, p. 175-195.

35 연구 당시 기준으로, 완전히 법률구조를 받는 합의이혼은 세금 제외 685유로, 재판상 이혼은 세금 제외 776.56유로에 추가 사건 발생시 세금 제외 365유로까지 추가로 보상받을 수 있다.

36 Michel Pinçon et Monique Pinçon-Charlot, *Grandes Fortunes. Dynasties familiales et formes de richesse en France*, Payot, Paris, 1996.

37 Olivier Schwartz, « Peut-on parler des classes populaires ? », *La Vie des idées*, 2011 [1998] (http://www.laviedesidees.fr/Peut-on-parler-des-classes.html).

38 Céline Bessière et Sibylle Gollac, « Des exploitations agricoles au travers de l'épreuve du divorce. Rapports sociaux de classe et de sexe dans l'agriculture », *Sociétés contemporaines*, n° 96, p. 77-108, 2014.

39 Céline Bessière et Sibylle Gollac, « Des usages sociaux différenciés d'un nouvel outil juridique : la mise en œuvre des renonciations en matière successorale dans les offices notariaux », *in* Cécile Péres (dir.), *Renonciations et successions, quelles pratiques ?* Defrénois, coll. « Expertise notariale », Issy-les-Moulineaux, 2017.

40 2001년 법은 증여를 수혜할 수 있는 범위를 모든 생존배우자에게까지로 확대했다.

41 Céline Bessière, Émilie Biland, Abigail Bourguignon, Sibylle Gollac, Muriel Mille et Hélène Steinmetz, « "Faut s'adapter aux cultures, maître !" La racialisation des publics de la justice familiale en France métropolitaine », *Ethnologie française*, vol. 1, n° 169, 2018, p. 131-140.

42 출처: *Affaires familiales*에 기초하여, 2013 기준 이혼 및 법 외 이혼 사건과 관련하여 변호사를 선임한 소송인 수는 4450명이다.

**4장**

1 여성이 남성과 동등한 상속권을 보장받는 문제는 현재 튀니지와 모로코를 비롯한 여러 이슬람 국가, 혹은 정치 단체가 종교에 따라 가족 내 개인의 지위를 청원하는 세네갈과 같은 국가에서 논쟁의 대상이 되고 있다. 이 주제에 대한 논의를 더 알고 싶은 경우에는, Marième N'Diaye, *La Réforme du droit de la famille. Une comparaison Sénégal-Maroc*, Les Presses de l'université de Montréal, Montréal, 2016를 보라.

2 Pierre Lamaison, « La diversité des modes de transmission : une

géographie tenace », *Études rurales*, n° 110-111-112, 1988, p. 119-175 ; Hervé Le Bras et Emmanuel Todd, *L'Invention de la France. Atlas anthropologique et politique*, Gallimard, Paris, 2012 [1981].

3 Lee Holcombe, *Wives and Property : Reform of the Married Women's Property Law in Nineteenth-Century England*, University of Toronto Press, Toronto, 1983.

4 Carole Shammas, « Re-assessing the married women's property acts », *Journal of Women's History*, vol. 6, n° 1, 1994, p. 9-28.

5 Jean-Louis Halpérin, « Le droit privé de la Révolution : héritage législatif et héritage idéologique », *Annales historiques de la Révolution française*, n° 328, 2002, p. 135-151 ; *Histoire du droit privé français depuis 1804*, Presses universitaires de France, Paris, 2012.

6 이는 19세기에 한 제도 혹은 여러 제도의 적용을 받는 미국의 여러 주를 서로 비교하면 드러난다. *Cf.* Carole Shammas, Marylynn Salmon et Michel Dahlin, *Inheritance in America, From Colonial Time to the Present*, Rutgers University Press, New Brunswick, 1987, p. 84. 이 결과는 오늘날에도 유효한데, 부부재산공동제(부분적 혹은 전체적)를 기본으로 삼는 국가에서는 부부별산제가 기본적인 나라에 비해서 성별에 따른 부의 불평등이 덜 심각하기 때문이다. *Cf.* Carmen D. Deere et Cheryl R. Doss, « The gender asset gap… », *art. cit.*

7 "상속 시점 당시 상속권자인 아들에게 하는 증여 혹은 유증은 항상 신고가 면제되는 것으로 간주한다. 아버지는 이를 신고할 의무가 없다"(민법 제847조, 현행 효력), "마찬가지로 승계 대상인 아들은 승계를 승낙한 경우에도 증여를 신고할 의무가 없으나, 대습상속의 경우 승계를 거부해도 증여를 신고해야 한다"(민법 제848조, 현행 효력)라고 규정하고 있다).

8 Stéphanie Hennette-Vauchez, Marc Pichard et Diane Roman (dir.), *La Loi et le genre. Études critiques de droit français*, CNRS Éditions, Paris, 2014, p. 315 및 그 이하.

9 미국법에 대한 사회학적 관점은 다음을 참조하라. Jon B. Gould et Scott Barclay, « Mind the gap : the place of gap studies in sociolegal scholarship », *Annual Review of Law and Social Science*, n° 8, 2012, p. 323-335 ; Lauren Edelman, *Working Law : Courts, Corporations, and Symbolic*

*Civil Rights*, University of Chicago Press, Chicago, 2016.

10 Céline Bessière, « Reversed accounting : Legal professionals, families and the gender wealth gap in France », *Socio-Economic Review*, 2019.

11 "손익에 관계없이 농업에 직접적이고 실질적으로 참여하며 그 대가로 급여를 금전으로 받지 않는 농민의 후손 중 성인은 공동상속인이 지급하는 상속분을 결정 시 이 급여를 고려하지 않고 이연 급여 고용 계약의 수혜자로 간주된다." 다음 ( ) 안의 법률 조문. (code rural, art. L. 321-13 à L. 321-21).

12 Luc Boltanski et Arnaud Esquerre, *Enrichissement. Une critique de la marchandise*, Gallimard, Paris, 2017, p. 132.

13 직업적 재산의 상속에서 남성이 유리하다는 점은 다양한 국가에서 통계자료로 입증된 바 있다. 프랑스의 경우는, Sibylle Gollac, « Travail indépendant… » *art. cit.* ; Luc Arrondel et Anne Lafferère, « Les partages inégaux de successions entre frères et sœurs », *Économie et statistique*, n° 256, 1992, p. 29-42 ; 미국은, Andrew Burke, Felix FitzRoy et Michael Nolan, « What makes a die-hard entrepreneur ? Beyond the "employee or entrepreneur" dichotomy », *Small Business Economics*, n° 31, 2008, p. 93-115 ; 호주는, Siobhan Austen, Therese Jefferson et Rachel Ong, « The gender gap in financial security : what we know and don't know about Australian households », *Feminist Economics*, n° 3, 2014, p. 25-52.

14 Céline Bessière, *De génération en génération*, *op. cit.*, p. 183 및 그 이하.

15 2010년 '자산' 조사에 따르면, 은퇴한 농업인이나 자영업자(수공업자, 상점 주인, 회사 대표)는 연령, 재산 및 소득 수준, 학력 수준, 자녀 수와 같이 다른 조건이 같다고 할 때, 재산을 생전 증여할 가능성이 더 높다. *Cf.* Bertrand Garbinti, Pierre Lamarche et Laurianne Salembier, « Héritages, donations et aides aux ascendants et descendants », *INSEE Références. Les revenus et le patrimoine des ménages*, 2012, p. 62.

16 예를 들어, Céline Bessière, *De génération en génération*, *op. cit.*, p. 95 및 그 이하.

17 https://www.notaires.fr/fr/entreprise/transmission-reprise/la-transmission-d'une-entreprise [조회일: 2019년 3월 6일].

18 https://www.notaires.fr/fr/donation-succession/donation/aménager-la-réserve-héréditaire-le-pacte-de-famille ; https://www.notaires.fr/

fr/donation-succession/donation/succession-donation-partage-et-donation-transgénérationnelle, entre autres [조회일: 2019년 3월 6일].

19 https://www.notaires.fr/fr/immobilier-fiscalité/fiscalité-et-gestion-du-patrimoine/la-société-civile-immobilière-familiale-sci [조회일: 2019년 3월 6일]

20 « La donation-partage », *Les Mémos-Conseils par des notaires*, Paris, 2004.

21 Groupe Monassier, *Patrimoine et entreprise*, n° 61, 2015, p. 4.

22 *Ibid.*

23 특히, Marion Galy-Ramounot, « Læticia Hallyday, la disgrâce d'une reine », *Madame Figaro*, 2018년 3월 1일 자.

24 Élise Karlin, « Du fric, des larmes et des images », *L'Express*, n° 3477, 2018년 2월 21일 자.

25 Stéphanie Marteau, « La guerre de la com' », *L'Express*, n° 3482, 2018년 3월 28일 자.

26 Pascale Robert-Diard, « À l'audience sur la succession de Johnny Hallyday, l'affaire familiale devient cause patriotique », *Le Monde*, 2018년 3월 31일 자.

27 보고서 n° 378(2000-2001)에 따르면, 생존배우자의 권리에 관한 법안 초안, 생존배우자의 권리 및 생활 조건 개선, 민법상 자녀, 친자 또는 혼외자 상속 평등법 초안을 법사위의 이름으로 제출했다. Nicolas About, p. 11-12 (http://www.senat.fr/dossier-legislatif/ppl00-224.html).

28 2004년 5월 16일~19일 제100회 프랑스 공증인회의, 프랑스 파리, « code civil, les défis d'un nouveau siècle », Sophie Chaine 주재 ; 제4회 위원회 « Liberté, Égalité, Familles », Didier Coiffard 주재, Yves Delecraz 서기, 4번째 주제: « La réserve conjugale ».

29 Didier Coiffard, « La réserve conjugale », *Droit et patrimoine*, n° 125, 2004, p. 40-46.

30 줄리 미녹은 이렇게 사별한 여성의 자산을 자녀를 대신해 관리하는 또 다른 방법으로는 법적 보호 요청이 있는데, 절반의 경우가 가까운 사람(70대 이상의 경우 주로 자녀)이 이를 하게 된다고 설명한다. Julie Minoc, « Psychiatrisation des décisions de protection judiciaire des majeurs et *social blind* », communication présentée au séminaire JUSTINES

– Justice et inégalités au prisme des sciences sociales, Cresppa-CSU, Paris, 2019년 6월 17일.

31 Céline Bessière et Sibylle Gollac, « Des exploitations agricoles au travers de l'épreuve du divorce. Rapports sociaux de classe et de sexe dans l'agriculture », *Sociétés contemporaines*, n° 96, 2014, p. 77-108.

32 Alexandre Piquard, « Le divorce de Jeff Bezos crée de l'incertitude sur Amazon et son empire », *Le Monde*, 2019년 1월 20일 자.

33 Sébastien Durier, « Après une rupture d'union, l'homme reste plus souvent dans le logement conjugal », *art. cit.*

34 Giulia Ferrari, Carole Bonnet et Anne Solaz, « "Will the one who keeps the children keep the house ?" », *art. cit.*, p. 376.

35 부모(결혼을 하거나 하지 않은 상태)가 이혼소송을 제기할 경우, 자녀의 70%는 어머니와 거주하도록 정해지며, 12%만이 아버지와 살고 18%는 번갈아 가며 거주한다. *Cf.* Maud Guillonneau et Caroline Moreau, *La Résidence des enfants de parents séparés. De la demande des parents à la décision du juge. Exploitation des décisions définitives reçues par les juges aux affaires familiales au cours de la période comprise entre le 4 juin et le 15 juin 2012*, ministère de la Justice, pôle d'évaluation de la justice civile, 2013.

36 출처: « 4000 Affaires familiales » (방법론적 부록을 보라), 이혼 당시 전 배우자가 주택의 소유주였고 이 재산의 향방을 알 수 있었던 재산 청산 사례 259건.

37 출처: 2013년 9월 16일부터 10월 25일까지 프랑스 및 프랑스 식민지 지방법원에서 판결된 이혼 1219건 중 위자료 청구가 포함된 모든 건(n = 3200). *Cf.* Zakia Belmokhtar et Julie Mansuy, « En 2013, neuf prestations compensatoires sur dix sous forme de capital », *Infostat Justice*, n° 144, 2016.

38 Pierre Bourdieu, *Le Sens pratique*, Éditions de Minuit, Paris, 1980, p. 10.

## 5장

1 Sibylle Gollac, « Faire ses partages. Le règlement d'une succession et sa

mise en récits dans un groupe de descendance », *Terrain*, n° 45, 2005, p. 113-124

2 Pauline Grégoire-Marchand, « La fiscalité des héritages : connaissances et opinions des Français », *Document de travail, France stratégie*, n° 2, 2018.

3 Jens Beckert, *Inherited Wealth*, Princeton University Press, Princeton, 2008 [2004].

4 Nicolas Frémeaux, *Les Nouveaux Héritiers, op. cit.*, p. 60 및 그 이하 ; Jens Beckert, « Why is the estate tax so controversial ? », *Society*, vol. 45, n° 6, 2008, p. 521-528.

5 Nicolas Frémeaux, *Les Nouveaux Héritiers, op. cit.*, p. 93.

6 Nicolas Delalande et Alexis Spire, *Histoire sociale de l'impôt*, La Découverte, Paris, 2010, p. 99.

7 Jonathan Goupille-Lebret, « Combien ont coûté les réformes de l'impôt sur les successions mises en place en France depuis 2000 », *Revue économique*, vol. 67, n° 4, 2016, p. 913-936.

8 Emmanuel Saez et Gabriel Zucman, *Le Triomphe de l'injustice. Richesse, évasion fiscale et démocratie*, Le Seuil, Paris, 2020 [2019].

9 Clément Dherbecourt, « Peut-on éviter une société d'héritiers ? », *Note d'analyse, France Stratégie*, n° 51, 2017.

10 출처: 2015년 프랑스 국민계정, Jonathan Goupille-Lebret et Jose Infante, « Behavioral responses to inheritance tax : evidence from notches in France », *Journal of Public Economics*, n° 168, 2018, p. 21-34.

11 세법 제787조.

12 Alexis Spire, *Résistances à l'impôt, attachement à l'État. Enquête sur les contribuables français*, Le Seuil, Paris, 2018.

13 https://www.notaires.fr/fr/le-tarif-du-notaire [조회일: 2017년 6월 1일].

14 Alexis Spire, *op. cit.*, p. 117 및 그 이하.

15 Camille Herlin-Giret, *Rester riche, op. cit.* ; Michel Pinçon et Monique Pinçon-Charlot, *Tentative d'évasion (fiscale)*, La Découverte, Paris, 2015.

16 Alexis Spire, « La domestication de l'impôt par les classes dominantes », *Actes de la recherche en sciences sociales*, n° 190, mai 2011,

p. 58-71.

17 출처: 2012년 가정법원에서 판결한 3895건 표본조사. Zakia Belmokhtar, « Une pension alimentaire fixée par les juges pour deux tiers des enfants de parents séparés », *Infostat Justice*, n° 128, 2014.

18 Émilie Biland, *Gouverner la vie privée. L'encadrement inégalitaire des séparations conjugales en France et au Québec*, ENS Éditions, Lyon, 2019, p. 180.

19 Justine Faure, interview de Stéphanie Lamy, « Comment en finir avec les pensions alimentaires non payées ? », *LCI*, 2019년 2월 25일 자.

20 Camille Herlin-Giret, *Rester riche*, *op. cit.*

21 *Ibid.*

22 Robert Proctor et Londa Schiebinger (dir.), *Agnotology. The Making and Unmaking of Ignorance*, Stanford University Press, Stanford, 2008 ; Emmanuel Henry, *Ignorance scientifique et inaction publique. Les politiques de santé au travail*, Les Presses de Sciences Po, Paris, 2017.

23 Nicholas Confessore, « How to hide $400 million », *The New York Times Magazine*, 2016년 11월 30일 자.

24 Florence Weber, *Le Travail au noir : une fraude parfois vitale ?* Éditions Rue d'Ulm, Paris, 2008.

25 Irène Théry, *Le Démariage. Justice et vie privée*, Odile Jacob, Paris, 1993.

## 6장

1 Constance Gay, « Justice : entre femmes juges et prévenues, existe-t-il une solidarité féminine ? », *Le Point*, 2012년 8월 30일 자.

2 아이가 어머니와 같이 살도록 결정되는 결과를 법관의 여성화와 연결 짓는 부권 단체의 수사법에 대해서는, Aurélie Fillod-Chabaud, « Les JAF sont-ils anti-papas ? », *Délibérée*, n° 2, 2017, p. 92-95를 보라.

3 Isabelle Sayn et Cécile Bourreau-Dubois, *Le Traitement juridique des conséquences économiques du divorce*, Bruylant, Bruxelles, 2018, 특히 Yann Favier, « Les justifications des prestations entre ex-époux : modélisation

des formes de compensation des inégalités post-conjugales dans neuf pays européens », p. 39-49.

4 *Ibid.*, p. 14.

5 예를 들어 Carole Bonnet et Jean-Michel Hourriez, « Veuvage, pension de réversion et maintien du niveau de vie suite au décès du conjoint : une analyse sur cas types », *Retraite et société*, vol. 56, n° 4, 2008, p. 71-103을 보라.

6 Lucy ApRoberts, « Les pensions de réversion du régime général : entre assurance retraite et assistance veuvage », *Retraite et société*, vol. 54, n° 2, 2008, p. 93-119.

7 Paul Hobeika, « Retraite, veuvage, réversion : comment les rapports sociaux de sexe se recomposent-ils à l'âge de la retraite ? », Journée d'études « Intersectionnalité en pratique. Approches empiriques et méthodologiques de l'imbrication des rapports de domination », Centre Maurice-Halbwachs, 2019년 6월 11일.

8 Hélène Belleau, *Quand l'amour et l'État rendent aveugles : le mythe du mariage automatique*, Presses universitaires de Québec, Québec, 2011 ; Émilie Biland-Curinier et Gabrielle Schütz, « Les couples non mariés ont-ils des droits ? Comment juristes, intellectuels et journalistes ont construit l'affaire "Éric c Lola" », *Canadian Journal of Law and Society/Revue canadienne droit et société*, vol. 30, n° 3, 2015, p. 323-343 ; Rosemary Auchmuty, « The limits of marriage protection : in defence of property law », *Oñati Socio-legal Series*, vol. 6, n° 6, 2016, p. 1196-1224 (https://ssrn.com/abstract=2887017) ; Michelle Cottier et Johanna Muheim, « Travail de care non rémunéré et égalité de genre en droit de la famille suisse. Une évaluation critique du nouveau droit de l'entretien de l'enfant », *Revue de droit suisse*, 2019, p. 61-88.

9 Marine Boisson et Vanessa Wisnia-Weill, « Désunion et paternité », *Note d'analyse. Questions sociales*, Centre d'analyse stratégique, n° 294, 2012, p. 15 ; Bruno Jeandidier, « Prestation compensatoire : étendre la solidarité aux conjoints de fait », *in* Isabelle Sayn et Cécile Bourreau-Dubois, *Le Traitement juridique des conséquences économiques du divorce*, *op. cit.*,

p.73-88.

10 Anne Revillard, « Le droit de la famille : outil d'une justice de genre ? Les défenseurs de la cause des femmes face au règlement juridique des conséquences financières du divorce en France et au Québec (1975-2000) », *L'Année sociologique*, n° 59, 2009, p. 345-370.

11 Zakia Belmokhtar et Julie Mansuy, *art. cit.*, p. 4. Ce chiffre atteignait 97 % en 2003 comme en 1994, voir Ève Roumiguières, « Des prestations compensatoires sous forme de capital et non plus de rente », *Infostat Justice*, n° 77, 2004.

12 Arnaud Régnier-Loilier, « Nouvelle vie de couple, nouvelle vie commune ? Processus de remise en couple après une séparation », *Population*, vol. 74, n° 1-2, 2019.

13 Ève Roumiguières, *art. cit.*

14 Zakia Belmokhtar et Julie Mansuy, « En 2013, neuf prestations compensatoires sur dix sous forme de capital », *Infostat Justice*, n° 144, 2016.

15 Collectif Onze, *op. cit.*, p. 236에서 인용.

16 Cécile Bourreau-Dubois, Bruno Jeandidier et Julie Mansuy, « Les enjeux redistributifs de la prestation compensatoire : une analyse statistique de 5000 décisions de divorce », *in Le Traitement juridique des conséquences économiques du divorce*, *op. cit.* p. 127-150. 2013년 9월 16일에서 10월 25일까지의 기간 안에 프랑스와 프랑스 식민지 지방법원에서 진행된 이혼 판결 1만 4219건 중 위자료가 청구된 판결(n = 3224) 전체와 위자료 비청구 2250건을 무작위 추출해 표본을 모집하였다.

17 Zakia Belmokhtar et Julie Mansuy, « En 2013, neuf prestations sur dix sous forme de capital », *art. cit.*

18 Collectif Onze, *Au tribunal des couples*, *op. cit.* p. 51 및 그 이하.

19 Isabelle Sayn, « Recourir à un barême pour fixer la prestation compensatoire ? Portée et limite de l'outil », *op. cit.* p. 151-167.

20 Christine Delphy, « Agriculture et travail domestique : la réponse de la bergère à Engels », *Nouvelles Questions féministes*, n° 5, 1983, p. 3-18 ; Alice Barthez, *Famille, travail et agriculture*, Economica,

Paris, 1982 ; Rose-Marie Lagrave (dir.), *Celles de la terre. Agricultrices : l'invention politique d'un métier*, éditions de l'EHESS, Paris, 1987 ; Odile Dhavernas, *Le Partage professionnel de l'entreprise conjugale : travail des femmes et discours juridique*, CNRS, Paris, 1986.

21 Ariane Pailhé et Anne Solaz « Inflexions des trajectoires professionnelles des hommes et des femmes après la naissance d'enfants », *Recherches et prévisions*, n° 90, 2007, p. 5-16.

22 Collectif Onze, *op. cit.*, p. 240.

23 Cécile Bourreau-Dubois et Myriam Doriat-Duban, « La couverture des coûts du divorce : le rôle de la famille, de l'État et du marché », *Population*, vol. 71, n° 3, 2016, p. 489-512, et sa critique, notamment Céline Bessière et Sibylle Gollac, « Le cache-sexe de la théorie économique », *Population*, vol. 71, n° 3, 2016, p. 519-523.

24 델핀 세르와 안 파이예는 소년법원 판사가 업무에서 보이는 차이를 연구하며 성별 고정관념과 젠더 관계를 강조한다. 여성 판사는 모성으로 수렴될 수 있는 관행과 담론을 최대한 제한해 성별 고정관념과 거리를 두려 하는 반면, 남성 판사는 이런 영역에 신경을 쓰는 비중이 현저히 적다. *Cf.* Anne Paillet et Delphine Serre, « Les rouages du genre. La différenciation des pratiques de travail chez les juges des enfants », *Sociologie du travail*, vol. 56, n° 3, 2014, p. 342-364.

25 Céline Bessière et Muriel Mille, « Le juge est (souvent) une femme. Conceptions du métier et pratiques des magistrates et magistrats aux affaires familiales », *Sociologie du travail*, vol. 55, n° 3, 2013, p. 341-368.

26 Yoan Demoli et Laurent Willemez, « Les magistrats, un corps professionnel féminisé et mobile », *Infostat Justice*, n° 161, 2018.

27 Laurence Bachmann, *De l'argent à soi. Les préoccupations sociales des femmes à travers leur rapport à l'argent*, Presses universitaires de Rennes, Rennes, 2009.

28 출처: « 4000 Affaires familiales ».

29 우리가 조회한 재판상 이혼 563건(2013년) 중 전 부부가 판결 전 재산을 청산한 경우는 26%밖에 되지 않았다(출처: « 4000 Affaires familiales »).

30 Thomas Morin, « Écarts de revenus au sein des couples », *art. cit.*

31 이는 1980년대에 가족문제에 대한 선구적 연구를 진행한 이렌 테리의 연구에서 확인되었고, 2010년대에는 '콜렉티브옹즈'의 연구에서 확인된 바 있다. 다음을 보라. Irène Théry, *Le Démariage*, *op. cit.* ; Collectif Onze, *op. cit.*

32 2012년에서 2017년까지, 프랑스 통계청(INSEE)의 '생활환경 및 안전' 조사에 따르면, 지난해 (전) 배우자에게 폭력을 당한 이 가운데 71%가 여성이었다. *Cf.* Hélène Guedj et André Moreau, *Rapport d'enquête « cadre de vie et sécurité » 2018. Victimation, délinquance et sentiment d'insécurité*, ministère de l'Intérieur, décembre 2018.

33 Catherine Cavalin, « Comment le genre habite-t-il les violences ? (et *vice versa*) », postface de l'ouvrage d'Anne Lambert, Pascale Dietrich-Ragon et Catherine Bonvalet (dir.), *Le Monde privé des femmes. Genre et habitat dans la société française*, éditions de l'INED, Paris, 2018, p. 307.

34 Solenne Jouanneau et Anna Matteoli, « Les violences au sein des couples au prisme de la justice familiale. Invention et mise en œuvre de l'ordonnance de protection », *Droit et société*, n° 99, 2018, p. 305-321.

### 7장

1 Olivier Schwartz, « Peut-on parler des classes populaires ? », *La Vie des idées*, 2011 [1998] (http://www.laviedesidees.fr/Peut-on-parler-des-classes.html).

2 Thomas Morin, « Écarts de revenus au sein des couples. Trois femmes sur quatre gagnent moins que leur conjoint », *INSEE Première*, n° 1492, 2014.

3 *Ibid.* 이 비율은 2분위에서 22%, 3분위에서 32%, 4분위 이상에서 50%, 그 외 모든 분위에서 60~70%로 분위별로 급격히 증가한다.

4 Anne Eydoux et Marie-Thérèse Letablier, « Familles monoparentales et pauvreté en Europe : quelles réponses politiques ? L'exemple de la France, de la Norvège et du Royaume-Uni », *Politiques sociales et familiales*, n° 98, 2012, p. 21-36.

5 출처: INSEE, 2015. Observatoire des inégalités, « Famille monoparentale

rime souvent avec pauvreté », 2017년 11월 30일 (https://www.inegalites.fr/Famille-monoparentale-rime-souvent-avec-pauvrete?id_theme=15) [조회일: 2019년 9월 20일].

6 « Pauvreté en condition de vie de 2004 à 2016. Enquête statistique sur les ressources et conditions de vie », 결과는 다음의 링크에서 확인할 수 있다. https://www.insee.fr/fr/statistiques/3135789?sommaire=3135798#consulter-sommaire.

7 출처: échantillon démographique permanent de l'INSEE, 2015. Sébastien Durier, « Après une rupture d'union, l'homme reste plus souvent dans le logement conjugal », *op. cit.*

8 출처: enquête « Logement » de l'INSEE, 2006〔2006년 프랑스 통계청 '주택' 조사〕. Corentin Trevien, « Habiter en HLM : quel avantage monétaire et quel impact sur les conditions de logement ? », *Économie et Statistique*, n° 471, 2014, p. 38.

9 *Ibid.*

10 Rémi Lenoir, *Généalogie de la morale familiale*, Le Seuil, Paris, 2003 ; Jacques Commaille, Pierre Strobel et Michel Villac, *La Politique de la famille*, La Découverte, Paris, 2002.

11 Émilie Biland, *Gouverner la vie privée*, *op. cit.*

12 « Rapport sur la création d'une agence de recouvrement des impayés de pension alimentaire », Inspection générale des affaires sociales, Inspection des finances et Inspection générale des services judiciaires, 2016년 9월(다음 링크에서 확인 가능: http://www.igas.gouv.fr/IMG/pdf/2016-071R.pdf).

13 Collectif Onze, *Au tribunal des couples*, *op. cit.*, p. 218-219.

14 « 4000 Affaires familiales »에 기초하면, 1313건이 법 외 이혼 혹은 이혼 후 사건이었다.

15 Richard Hoggart, *La Culture du pauvre*, Éditions de Minuit, Paris, 1991 [1957]. (리처드 호가트 지음, 이규탁 옮김, 『교양의 효용』, 오월의봄, 2016.)

16 Yasmine Siblot, « Je suis la secrétaire de la famille ! La prise en charge féminine des tâches administratives entre subordination et ressource », *Genèses*, n° 64, 2006, p. 46-66.

17 Zakia Belmokhtar, « Une pension alimentaire fixée par les juges pour deux tiers des enfants de parents séparés », *Infostat Justice*, n° 128, 2014.

18 Cécile Bourreau-Dubois, Bruno Deffains, Myriam Doriat-Duban, Eliane Jankeliowitch-Laval, Bruno Jeandidier, Ouarda Kherlifi, Éric Langlais et Jean-Claude Ray, *Les Obligations alimentaires vis-à-vis des enfants de parents divorcés : une analyse économique au service du droit*, rapport pour la Mission de recherche droit et justice du ministère de la Justice et de la Mission recherche (MiRE) du ministère de l'Emploi et de la Solidarité, 2003.

19 Collectif Onze, *Au tribunal des couples*, *op. cit.*, p. 208 및 그 이하.

20 Valérie Carrasco et Clément Dufour, « Les décisions des juges concernant les enfants de parents séparés ont fortement évolué dans les années 2000 », *Infostat Justice*, n° 132, 2015.

21 Émilie Biland, *Gouverner la vie privée*, *op. cit.*, p. 198.

22 Françoise Dekeuwer-Deffossez, *Rénover le droit de la famille. Propositions pour un droit adapté aux réalités et aux aspirations de notre temps*, 법무부 장관 보고, ministre de la Justice, La Documentation française, Paris, 1999 ; 원칙과 실제 적용 사례에 대해서는, Le Collectif Onze, *Au tribunal des couples*, *op. cit.*, p. 178 및 그 이하 ; Émilie Biland, *Gouverner la vie privée*, *op. cit.*

23 Anne-Marie Devreux, « Autorité parentale et parentalité. Droits des pères et obligations des mères ? », *Dialogue*, n° 165, 2004, p. 57-68.

24 다음을 보라. http://www.justice.fr/simulateurs/pensions/bareme ; sur l'histoire de la mise en place de ce barème en France, Émilie Biland, *Gouverner la vie privée*, *op. cit.*, p. 193 및 그 이하.

25 Cécile Bourreau-Dubois, Bruno Jeandidier et Bruno Deffains. « Un barème de pension alimentaire pour l'entretien des enfants en cas de divorce », Rev*ue française des affaires sociales*, n° 4, 2005, p. 101-132 ; Isabelle Sayn, Bruno Jeandidier et Cécile Bourreau-Dubois, « La fixation du montant des pensions alimentaires : des pratiques et un barème », *Infostat Justice*, n° 116, 2012.

26 Henri Martin, « Calculer le niveau de vie d'un ménage : une ou plusieurs

échelles d'équivalence ? », *Économie et statistique*, n° 491-492, 2017, p. 101-119.

27 « Le "coût de l'enfant" », 2015년 7월 9일에 열린 가족고등평의회(le Haut Conseil de la famille) 회의에서 합의에 의해 채택된 보고서 및 제안서 (다음에서 확인 가능: http://www.hcfea.fr/IMG/pdf/Note_Cout_de_l_enfant_DEF.pdf).

28 특히 Ana Perrin-Heredia, « Faire les comptes : normes comptables, normes sociales », *Genèses*, vol. 84, n° 3, 2011, p. 69-92를 보라.

29 Florence Weber, *Le Travail au noir : une fraude parfois vitale ?*, *op. cit.*

30 Zakia Belmokhtar, « La contribution à l'entretien et l'éducation de l'enfant, deux ans après le divorce », *Infostat Justice*, n° 141, avril 2016, p. 4.

31 Solène Cordier, « Pensions alimentaires : un nouveau système pour lutter contre les impayés », *Le Monde*, 19 septembre 2019.

32 Émilie Biland, *Gouverner la vie privée*, *op. cit.*, p. 196 및 그 이하.

33 국가사회보장기금연합(Union des caisses nationales de la Sécurité sociale), « Document de support concernant l'instance nationale de concertation branche famille », Paris, 2017년 7월 12일.

34 Amandine Mathivet, Hélène Ceretto, Hayet Iguertsira et Xavier Zunigo, « Étude sur l'allocation de soutien familial en lien avec la contribution à l'entretien et l'éducation de l'enfant », *Dossier d'études CNAF*, n° 172, 2014년 8월.

35 Nathalie Auphant, « Pensions alimentaires : bientôt un service public », *Actualités sociales hebdomadaires*, 2019년 9월 27일.

36 Justine Faure, interview de Stéphanie Lamy, *art. cit.*

37 Louis Morice, interview de Stéphanie Lamy, « Le non-versement des pensions alimentaires est une violence faite aux femmes », *L'Obs*, 2019년 3월 8일.

38 Émilie Biland, *Gouverner la vie privée*, *op. cit.*

39 Alexis Spire는 세무 행정의 측면에서, 서로 다른 부처에서 파일을 교차 검토할 수 있기 때문에 부유층보다 서민층 납세자의 소득을 통제하는 게 더 쉬워진다는 사실을 보여 주었다. Alexis Spire, *Faibles et puissants face à l'impôt*, Raisons d'agir, Paris, 2012.

40 Marcel Mauss, *Essai sur le don. Forme et raison de l'échange dans les sociétés archaïques*, Presses universitaires de France, Paris, 2007 [1925]. (마르셀 모스 지음, 이상률 옮김, 『증여론』, 한길사, 2002.)

41 Émilie Biland, *Gouverner la vie privée, op. cit.*, p. 189.

42 *Ibid.*

43 Collectif Onze, *Au tribunal des couples, op. cit*, p. 219-224.

44 Ana Perrin Heredia, « La gestion du budget : un pouvoir paradoxal pour des femmes de classes populaires », *in* Anne Lambert, Pascale Dietrich-Ragon et Catherine Bonvalet (dir.), *Le Monde privé des femmes, op. cit.*, p. 193-212.

45 Louise Michel, *Mémoires de Louise Michel écrits par elle-même*, F. Roy libraire-éditeur, Paris, chapitre IX, 1886, p. 100-112.

## 끝맺으며

1 다음의 프랑스어 참고도서 두 권이 이를 증명한다. Laure Bereni, Sébastien Chauvin, Alexandre Jaunait et Anne Revillard, *Introduction aux études sur le genre*, De Boeck Université, Bruxelles, 2012 ; Isabelle Clair, *Sociologie du genre*, Armand Colin, Paris, 2012.

2 Laure Béréni, « Une nouvelle génération de chercheuses sur le genre. Réflexions à partir d'une expérience située », *Contretemps*, 2012, (2012년 6월 19일 조회, https://www.contretemps.eu/une-nouvelle-generation-de-chercheuses-sur-le-genre-reflexions-a-partir-dune-experience-situee).

3 Isabelle Clair et Maxime Cervulle, « Lire entre les lignes : le féminisme matérialiste face au féminisme poststructuraliste », *Comment s'en sortir ?*, n° 4, 2017, p. 1-22.

4 Joan Scott, « Genre : une catégorie utile d'analyse historique », *Cahiers du GRIF*, n° 37-38, 1988 [1986].

5 Lucie Bargel, Céline Bessière, Magali Della Sudda, Sibylle Gollac, Stéphanie Guyon, Alexandra Oeser et Séverine Sofio, « Appropriations

empiriques du genre », introduction du numéro spécial *(En)quêtes de genre, Sociétés et Représentations*, n° 24, 2007, p. 5-10.

6 Tania Angeloff et Céline Bessière, « Enseigner le genre, un devoir de dissidence. Retour sur quatre années d'introduction à la sociologie du genre à l'université Paris-Dauphine », *Travail, genre et sociétés*, n° 31, 2014, p. 85-100 [A. Bonduelle, J. Dabert et G. Laval의 참여].

7 Rose-Marie Lagrave, « Recherches féministes ou recherches sur les femmes ? », *Actes de la recherche en sciences sociales*, n° 83, 1990.

8 Danielle Chabaud, Virginie Descoutures, Anne-Marie Devreux et Eleni Varikas, *Sous les sciences sociales, le genre*, La Découverte, Paris, 2010.

9 Laure Bereni *et al.*, *Introduction aux études sur le genre*, *op. cit.*, p. 18.

10 Christine Delphy, *L'Ennemi principal*, *op. cit.* ; Andrée Michel, *Sociologie de la famille et du mariage*, Presses universitaires de France, Paris, 1986 [1972] ; Colette Guillaumin, *Sexe, race et pratique du pouvoir*, Côté-femmes, Paris, 1992.

11 Silvia Federici, *Revolution at Point Zero. Housework, Reproduction, and Feminist Struggle*, Common Notions/PM Press, Brooklyn/Oakland, 2012.

12 Danièle Kergoat, *Se battre, disent-elles...*, La Dispute, Paris, 2012.

13 1999년 *Travail, genre et sociétés* 창간이 증언하는바, 저자: Marlaine Cacouault-Bitaud, Delphine Gardey, Jacqueline Laufer, Margaret Maruani, Chantal Rogerat, Rachel Silvera et Philippe Alonzo.

14 Rémi Lenoir, *Généalogie de la morale familiale*, *op. cit.*

15 프랑스의 특수성은 프랑스-퀘벡 비교연구로 확실하게 알아볼 수 있다. Anne Revillard, *La Cause des femmes dans l'État. Une comparaison France-Québec*, Presses universitaires de Grenoble, Grenoble, 2016 ; Émilie Biland, *Gouverner la vie privée*, *op. cit.*

16 Monique Wittig, *La Pensée straight*, Éditions Amsterdam, Paris, 2018 [1992] ; David Halperin, « The normalization of queer theory », *Journal of Homosexuality*, vol. 45, 2003.

17 Anne-Marie Devreux, « "Le droit, c'est moi". Formes contemporaines de la lutte des hommes contre les femmes dans le domaine du

droit », *Nouvelles Questions féministes*, vol. 28, 2009, p. 36-51 ; Aurélie Fillod-Chabaud, « Dénonciation, régulation et réforme du droit de la famille par les groupes de pères séparés : ce que nous apprend la comparaison France-Québec », *Revue Femmes et Droit*, vol. 28, n° 2, 2016, p. 617-641 ; Édouard Leport, « Construire les hommes comme des victimes irresponsables », *GLAD !* ( 2018년 7월 1일 업로드, 2019년 8월 14일 조회, https://www.revue-glad.org/1048).

18 Pauline Delage, *Violences conjugales : du combat féministe à la cause publique*, Presses de Sciences Po, coll. « Domaine genre », Paris, 2017 ; Océane Pérona, « La difficile mise en œuvre d'une politique du genre par l'institution policière : le cas des viols conjugaux », *Champ pénal/Penal field*, vol. 14, 2017 ; Solenne Jouanneau et Anna Matteoli, « Les violences au sein du couple au prisme de la justice familiale », *art. cit.*

19 Bernard Lahire, *Tableaux de famille. Heurs et malheurs scolaires en milieu populaires*, Gallimard, Paris, 1995 ; Gaële Henri-Panabiere, *Des « héritiers » en échec scolaire*, La Dispute, Paris, 2010.

20 Pierre Bourdieu (dir.), *La Misère du monde*, Le Seuil, Paris, 1993, 중 일부. p. 711-718. (피에르 부르디외 지음, 김주경 옮김, 『세계의 비참 1 · 2 · 3』, 동문선, 2000-2002.)

21 Anaïs Collet, *Rester bourgeois. Les quartiers populaires, nouveaux chantiers de la distinction*, La Découverte, Paris, 2015.

22 Guy Desplanques, « La chance d'être aîné », *Économie et statistique*, n° 137, 1981, p. 53-56 ; Bernard Lahire, *Tableaux de famille*, *op. cit.* ; Wilfried Lignier, *La Petite Noblesse de l'intelligence. Une sociologie des enfants surdoués*, La Découverte, Paris, 2012.

23 Sylvie Cromer, Sandrine Dauphin et Delphine Naudier. « L'enfance, laboratoire du genre. Introduction », *Cahiers du Genre*, vol. 49, n° 2, 2010, p. 5-14 ; Muriel Darmon, *La Socialisation*, Armand Colin, Paris, 2016 ; Martine Court, *Sociologie des enfants*, La Découverte, Paris, 2017.

24 Stéphane Beaud, *80 % au bac… et après ? Les enfants de la démocratisation scolaire*, La Découverte, Paris, 2003.

25 Anne Revillard, Karine Lenpen, Laure Béréni, Alice Debauche et

Emmanuelle Latour, « À la recherche d'une analyse féministe du droit dans les écrits francophones », *Nouvelles Questions féministes*, vol. 28, 2009, p. 4-10 ; Anne-Marie Devreux et Coline Cardi, « Le genre et le droit : une co-production », *Cahiers du genre*, n° 57, 2014, p. 5-18 ; Stéphanie Hennette-Vauchez, Marc Pichard et Diane Roman (dir.), *La loi et le genre*, *op. cit.*

## 옮긴이의 글

옮긴이의 글을 쓰는 지금, 내가 있는 이 섬은 한국으로부터 아주 멀다. 비행기를 열두 시간, 버스를 한 시간, 또 버스를 여덟 시간, 배를 한 시간, 자동차를 두 시간 타야 한다. 그런데 마침 이 책의 번역을 마무리하던 날에도 같은 곳에 있었다. 우연히 같은 곳에 있는 김에 이야기하자면, 여기는 본토로부터 배로 열두 시간 이상 가야 할 만큼 떨어진 그리스의 한 섬이다. 아시안이라고는 내가 유일하고, 당일에도 배송을 받아 볼 수 있는 우리나라와는 달리 마음에 드는 테이블 하나 구입하기 힘든 곳이다. 공산품이라고는 찾아보기 어려운 이 섬에 있노라면 인간이 삶을 영위할 때 꼭 필요한 게 무엇인지 자주 생각하게 된다.

그 무엇을 두 가지로 추린다면 '친밀감'과 '거래'가 될 수 있겠다. 생존을 위하여 상대가 가진 것과 내 것을 교환하는 본능과도 같은 행위, 그리고 그 행위를 이어 나가게 하는 삶의 원동력. 교환의 결과물을 가지고 돌아갈 곳. 혹은 친밀감과 거래는 반대로, 안과 밖을 갈라 나의 내부를 결정할 경제적 필요로 만들어진 감정과 그에 기반한 행위라고도 설명할 수 있겠다. 이 섬에 마음 나눌 사람 하나 없다면 생존이 어려울 것은 물론이요 가진 게 많다고 해 봤자 시들할 뿐이겠고, 내 편이라고 여겨지는 사람 없이는 쓸쓸할 뿐 아니라 무엇도 나눌 수가 없을 것이다. 그러니 두 설명이 다 옳아 보인다.

그런 인간에게 친밀감과 거래가 동시에 일어나는 단위가 있다면 어떨까. 한번에 둘 모두 충족되므로 삶이 안정될 수도 있고, 얼굴 붉히기 쉬운 거래를 친밀한 감정을 지속하면서도 유지하자니 추가적인 노력이 들어 삶이 번거로워진다고도 볼 수 있다. 이때에도 둘 다 옳다면, 인간은 번거로움을 감수하고 안정감을 가지기 위해 이 단위에 속하기를 택해 왔을 것이다. 이 외딴섬에 있어 보니 그런 단위가 있다면 감정을 적정하게 유지하기 위한 노동을 감수하고라도 거래를 지속하는 편을 택하고 싶어진다.

나처럼 역자의 말부터 읽어 보는 사람이 아니라면 이미 다 읽었을 내용이니 이쯤 하자면, 이 단위는 가족이다. 타인과 함께 만들어 낸, 타인들이 모여 이룬 단위. 친밀한 거래를 지속하는 집단. 사회의 정의와 일치한다. 그러나 이 사회가 나의 '바깥'으로부터 구별되는 '안'이라고 여기기 위해서는 믿어야 한다. '이 사회는 자연이다'라고.

페미니스트들은 이렇게 만들어 낸 믿음을 굳이 들춘다. 심지어 이 책을 쓴 셀린 베시에르와 시빌 골라크는 20여 년이나 쏟아 들추어냈다. 생존에 불리할 길을 자처하기 위함일까? 그보다는 믿음이 너무 두꺼우면 현실을 덮어 버리기 때문일 것이다. 두 저자는 '여러 가족 중 어떤 가족은 빈곤하다'라는 잘 알려진 명제를 넘어 '하나의 가족 내에서도 어떤 사람은 빈곤하다'라는 사실을 진실로 만드는 지식화 작업을 했다. 그렇다. 가족'이' 여성을 빈곤하게 한다는 것이다.

가족이 자연이 아닌 사회의 일부라는 사실을 이해하지만 가족이 여성을 빈곤하게 한다는 주장은 비약적으로 느껴진다면, 여전히 성별에 따른 경제적 불평등이 가족 내부의 사정과는 무관하리라는 믿음이 통하고 있다는 뜻이겠다.

글 첫머리에 이야기했던, 내가 지금 있는 이 섬의 이름은 레스보스다. 알려졌다시피 '레즈비언'의 어원이다. 이 섬에서는 그리스 시인 사포가 여자들과 공동체를 만들어 살았던 사실을 역사화하면서 현대에도 레즈비언들이 공동체를 이루어 살고 있다. 여자들이 자기들끼리 결혼도 하고 아이도 가지고, 함께 경작하거나 동물을 키우며 살아간다. 본토인 그리스가 유럽연합에 속한 만큼, 유럽 물정 이야기가 오가는 것은 이 섬 역시 유럽 여느 곳과 다르지 않다. 그러나 이 섬에서는 유럽 안의 어느 나라가 여성 부부의 인공수정을 위한 의료비를 지원하고, 어느 나라가 레즈비언 부부를 법적인 테두리 안에 넣지 않는지 같은 이야기들이 시위 현장이 아닌 한낮의 카페에서 매일 들려온다. 가족이야말로 인간의 상상력이 만들어 낸 인공물이라는 사실이, 테이블 하나 배송받기 힘든 자연 속에서 여실히 드러나는 곳이다.

사포가 살았다는 사실이 현대 레즈비언들에게는 삶의 터전을 형성하는 근거가 되었듯이, 이 책의 두 저자인 셀린 베시에르와 시빌 골라크의 연구도 프랑스 유물론 페미니즘의 맥락 위에 놓여 있다. 프랑스 유물론 페미니즘의 선구자인 크리스틴 델피는 '가족은 비시장적 거래가 일어나는 공간'이라는 명제를 만들었다. 우리는 시장에서 이루어지는 거래에는 가치를 부여하지만 가정 내에서 일어나는 노동은 거래하지 않음으로써 가치가 없게끔 만든다는 것이다. 그리하여 가족 간의 불평등에 주목하는 마르크스주의가 실은 남편과 남편 간을 비교하는 데 그치고 만다고 비판했다. 『자본의 성별』을 쓴 두 연구자는 델피의 이 연구를 디딤돌 삼아, 가족이 어떻게 내부의 여성 구성원을 빈곤하게 만드는지에 대하여 두 사건을 중심에 놓고 살핀다. 바로 상속과 이혼이다. 한 구성원이 사망하면서 다른 구성원에게 이전해야 하는 자산이 생기고, 영원하기를 맹세한 결혼이 깨어지면서 결혼 생활 동안 축적한 자산을 어떻게 처분할지 결정해야 한다. 이 두 사건은 자연의 일부로 여겨져 흘러가던 가족이라는 인공물이 작동을 멈추는 계기가 된다. 이를 통하여 가족 내부에 쌓인 비시장적 자산이 법의 언어로 바깥에 드러난다.

『자본의 성별』은 내가 프랑스 서점의 매대에서 원서를 발견하고, 출판사에 연락을 취해 판권을 구입할 수 있는지 직접 물어보고 들여온 저작이다. 한국 사회에서 가족 내 경제 불평등에 대해 이야기할 수 있게 해 줄 새로운 지식이라고 생각했기 때문이다. 프랑스 페미니스트들이 만들어 낸 연구의 맥락이 한국 사회에서 곧바로 받아들여지기는 쉽지 않을 수 있다. 그러나 이들의 주장은 우리가 직관적으로 이해할 수 있고, 한국 사회의 현실에도 적용할 수 있다. 한국에서도 여성들이 상속이나 이혼이라는 사건을 통과하며 경험하는 배제와 빈곤이 존재한다. 그리고 개인적으로 나는 여성들이 동순위 상속인인 남자 형제에게 투여하는 교육적 지원을 분석할 때 이 책의 관점을 활용할 수 있다고 본다. 이때 교육이 부의 대물림 혹은 자녀 세대의 계급 상승을 위한 열망을 담은 일종의 제도적 절차로 활용되었음은 크리스틴 델피가 부르디외의 논의를 분석하면서 주장한 바 있거니와, 국내 독자들은 해당 논의를 경유하지 않더라도 한국 사회의 맥락에 비추어 아주 쉽게 이해할 수 있을 것이다.

이 책의 본문에는 세상이 사실상 간단한 절차를 일부러 복잡하게 만들고 어려운 용어로 둘러 상대적으로 소외된 계층, 특히 여성의 접근을 제한해 경제적 불평등을 영속화하는 기제가 나온다. 해결하기 위해서는 가까이 가야 하기 때문에 모른다고 느껴지게 만들어 멀리 떨어진 위치에 머무르게 하는 전략이다. 그런 만큼, 상속이니 재산분할이니 하는 말들이 나올 때 어쩌면 어떤 여성 독자는 자신이 그런 세계를 알 자격을 갖지 못한 것만 같고, 생각만으로도 머리 아프고 말을 시작하기 어렵다고 느낄지도 모른다. 그러나 그런 독자에게야말로 이 책이 의미 있게 가닿을 것이라 믿는다. 성별에 따른 경제적 차별, 가족 내부에서 만들어지는 경제적 불평등은 반드시 이야기해야 하는 주제이기 때문이다.

매 번역 작업이 그러했지만, 두 인간이 목숨의 4분의 1쯤 될 시간을 들여 '믿음'의 그 두꺼운 장막을 애써 걷어 내어 전한 소중한 지식이 자칫하면 고작 언어의 경계 때문에 우리에게 쓸모를 갖지 못할 뻔했을 것을 상상하니 유독 아찔했다. 타국 프랑스에서 그들의 역사에 걸쳐 축적되는 지식이라고 해도 우리에게 멀고 낯선 것으로 존재해야 할 이유는 없다. 언어의 경계만 넘는다면 이 지식을 얼마든지 활용하여 우리 주위 세상을 변혁할 수 있다.

번역자는 한눈에 보아 이해되지 않으니 몰라 마땅하다고 여겨지는 지식을 어쩌면 알아낼 수도 있다고 덤벼들기 좋아하는 사람 같다. 그렇게 해서 경계 바깥에 위치한 지식을 내부로 끌고 들어온다. 겉으로는 멋져 보일지 몰라도, 내체로는 제 몸에 비해 큰 각설탕을 욕심내는 개미처럼 버거울 때가 많았다. 경계 밖에 있는 것에 덤벼드는 성질은 나의 경우 언어에만 국한되지 않았다. 그래서 이 책을 번역하는 동안도 아주 많은 국경을 넘나들었다. 열두 시간 넘게 배를 타고 들어오는 루트를 택해서 처음으로 이 섬에 들어오는 동안, 내내 원고와 씨름하다가 마무리에 다다랐을 때 배도 항구에 도착하고 있었다. 긴 시간 꼼짝 않고 작업하다가 기지개를 켜면서 선실 바깥으로 나간 기억이 선하다. 책을 들여오는 순간에만 국경을 넘은 것이 아니라 국경을 넘나드는 시간들 속에서 완성된 작업이었다는 점까지도 이번 번역의 일부였음을, 역자에게 허락된 작은 공간을 빌려 밝혀 본다. 특히 『자본의 성별』은 번역자로서의 업을 마무리하는 작업으로 택한 책이었기에 개인적인 애정이 더욱 크다.

이 책은 아주 쉽지는 않다. 그러나 보통의 상식을 가진 독자들이 충분히 이해할 수 있는 범위 내에 있다. 그리고 다소 머리가 아플지언정 소화해 내야 하는 지식이 들어 있다. 연구자인 저자들이 밝혀낸 결론은 가족이 불평등을 재생산한다는 것이다. 그러나 결과만큼이나 중요한 부분은 상속과 이혼이라는 두 가지 사건으로부터 어떻게 가족 내 여성의 빈곤이 드러나게 되는지를 기술한 과정에도 있다. 과정을 살피는 독서는 이 책이 지식화한 진실에 성실히 접근하는 일이 될 것이다. 우리가 알 수 없으리라고 전제되어 왔던 지식에 접근하여, 해결할 수 없으리라고 여겼던 문제를 해결해 나가기를 소망해 본다.

### 셀린 베시에르 Céline Bessière

파리도핀대학교Paris-Dauphine University 사회학 교수이자 사회과학학제간연구소IRISSO 소속 연구원. 가족기업, 자산의 이전과 축적, 이혼, 부부 간 분업 등 가족의 물질적, 경제적, 법적 측면에 학문적 관심을 두고 있다. 프린스턴고등연구소IAS 사회과학부 연구원, 베를린 훔볼트대학교 방문학자로 있었다. 2021년 국제여성의날을 맞아 주한프랑스대사관에서 개최한 토론회에서 시빌 골라크와 함께 '자본과 성 불평등'을 주제로 발표했다. 지은 책으로 『세대에서 세대로De génération en génération』와 『부부의 법정에서Au tribunal des couples』(공저) 등이 있다.

### 시빌 골라크 Sibylle Gollac

프랑스 국립과학연구소CNRS 소속 사회학자. 파리사회정치연구소CRESPPA의 '도시 문화와 사회' 팀에서 연구를 진행한다. 부동산의 가족적 측면에 대한 논문을 쓴 뒤 성별, 가족, 법, 주택, 혈연 내 경제 관계에 관한 사회학 전문가로 활동 중이다. 법률 전문가와 사법기관이 상속 및 이혼 절차를 구성하는 방식에 주목하고 있다. 2021년 국제여성의날을 맞아 주한프랑스대사관에서 개최한 토론회에서 셀린 베시에르와 함께 '자본과 성 불평등'을 주제로 발표했다. 공저한 책으로 『가족 이야기Histoires de famille』와 『부부의 법정에서Au tribunal des couples』 등이 있다.

### 옮긴이 이민경

연세대학교에서 불문학과 사회학을 공부했다. 한국외국어대학교 통번역대학원 한불과에서 국제회의 통역 석사학위를, 연세대학교에서 문화인류학 석사학위를 받았다. 지은 책으로 『게릴라 러닝』 『꼬리를 문 뱀』 『탈코르셋: 도래한 상상』 『우리에겐 언어가 필요하다』 『피리 부는 여자들』(공저) 등이 있고 옮긴 책으로 『컬티시: 광신의 언어학』(공역) 『워드슬럿: 젠더의 언어학』 『임신중지』 『가부장제의 정치경제학』(전 4권, 공역) 등이 있다.

Philos Feminism 7

# 자본의 성별

1판 1쇄 인쇄 2024년 2월 16일
1판 1쇄 발행 2024년 3월 4일

지은이 셀린 베시에르 시빌 골라크
옮긴이 이민경
펴낸이 김영곤
펴낸곳 (주)북이십일 아르테

책임편집 최윤지 이한솔
편집 김지영
디자인 Choipiece
기획위원 장미희
출판마케팅영업본부 본부장 한충희
마케팅 남정한 한경화 김신우 강효원
영업 최명열 김다운 김도연 권채영
해외기획 최연순
제작 이영민 권경민

출판등록 2000년 5월 6일 제406-2003-061호
주소 (10881) 경기도 파주시 회동길 201(문발동)
대표전화 031-955-2100 팩스 031-955-2151 이메일 book21@book21.co.kr

ISBN 979-11-7117-456-0 (03300)

---